Ein Leben nach dem Überleben

Leon Zelman

Ein Leben nach dem Überleben

aufgezeichnet von
Armin Thurnher

WIEN · MUENCHEN · ZUERICH
K&S

Gedruckt mit Förderung des Bundesministeriums
für Bildung, Wissenschaft und Kultur in Wien

ISBN 3-218-00750-X

Gestaltung des Schutzumschlags: Media & Grafik, Wien
Fotos auf dem Schutzumschlag: privat (links), Heribert Corn (rechts)
Satz: Zehetner Ges. m. b. H., A-2105 Oberrohrbach
Druck und Bindung: GGP Media GmbH, Pößneck

Allen Müttern

Ich will kein Holocaust-Buch schreiben. So vieles ist schon beschrieben, analysiert, in Zahlen gefaßt. Ich möchte nur eine kleine Geschichte erzählen, die mitten durch den Horror des Holocaust hindurchführte. Meine Geschichte.

Alles mögliche hätte sich der kleine Leon träumen lassen, aber nicht das, was ihm widerfuhr. Tatsächlich träumte er eine ganze Menge, Tagträume vor allem, sehnsüchtige Träume, vage und ungenau. Es scheint mir heute, als sei die Umgebung, in der er dies tat, ganz danach angetan gewesen, diese Träume zu begünstigen.

Ich will kein Buch über berühmte Leute schreiben. Ich will ein Buch schreiben über die jüdische Mamme, über die Mädchen und Burschen in einem jüdischen Stetl zu einer Zeit, in der ich und andere zu träumen begannen. Ehe die Normalität diese Träume auf den Boden holen konnte, wie man es vom Leben üblicherweise erwartet, wurde die Gemeinschaft der Träumer zerrissen und zerstört, die Träumer selbst ermordet und vernichtet.

Kaum begann die Knospe dieser Jugend sich zu öffnen, wurde sie zertreten. Viel später, als man mich für mein Leben und mein Überleben ehrte, sagte ich: „Hier steht einer der letzten aus jener Generation vor euch, die nicht überlebt hat; die auf den Rampen in Auschwitz, in Ghettos, auf Todesmärschen zugrunde gegangen ist. Wovon ich nur reden will, ist, was das für eine Generation war."

Ich will von ihr erzählen und davon, was mit ihres- und unseresgleichen zugrunde gegangen ist. Hitler wollte unsere Gene-

ration mit seiner Politik ausrotten. Ich will zeigen, wie er uns entmenschlichen wollte, von allem Menschlichen entkleiden: uns dazu zu bringen, daß, wenn der Vater starb, wir nur daran dachten, ihm das Brot wegzunehmen; wenn der Freund zusammenbrach, ihm zuerst die guten Schuhe von den Füßen zu ziehen. Daß wir stahlen, logen und betrogen, alles, nur um am Leben zu bleiben.

Es ging Hitler darum, die Kraft und die Selbstachtung ganzer Generationen von Juden zu zerstören. Zu „Untermenschen", zu „Menschentieren" sollten wir durch die „Herrenmenschen" der SS gemacht werden. Es geht mir darum, zu beweisen, daß ihm das in meinem Fall nicht gelungen ist. Nicht nur meinetwegen, sondern auch all derer wegen, die mein Schicksal teilen.

Wenn ich meinen Freunden davon berichte, daß ich vorhabe, meine Autobiographie zu erzählen, merke ich, daß sie auf mich stolz sind. Ich bin wie sie einer, der als Kind die Lager überlebt hat und der ihm zugedachten Vernichtung entgangen ist. Anders als sie habe ich keinen bürgerlichen Beruf ergriffen. Geld oder Karriere haben mich nie interessiert. Ich lernte es, mich zu artikulieren, mich auszudrücken und durchzusetzen, um meinen moralischen Kampf mit Hitler austragen zu können. Darauf sind meine Freunde stolz, und deswegen schreibe ich dieses Buch nicht nur für mich, sondern auch für sie.

Kehren wir zurück an den Anfang der Geschichte. Kehren wir zurück in das kleine polnische Stetl, in dem ich 1928 geboren wurde.

Kapitel 1

LEON TAUBENZÜCHTER

Ich bin nie mehr dort gewesen. Lange habe ich versucht, mich nicht zu erinnern, obwohl ich wußte, daß sein Bild mich immer begleitete. Jetzt, da ich mich zu erinnern versuche, fällt mir zuerst ein sanftes, trauriges Lied ein, das mir meine Mutter gesungen hat: „Mein Stetele Bels". Es war ein Abendlied, und sowenig es das Stetele Bels je irgendwo anders als idealtypisch gegeben hat, sowenig gibt es unser Stetl noch.

Unser Stetl ist erloschen, zugrunde gegangen, zerstört, verbrannt und verweht wie die Spuren meiner Verwandten, die im Vernichtungssturm der Nazis umkamen. Vergessen aber sollen sie nicht sein, und vergessen soll das Stetl nicht sein. Lassen Sie mich erzählen.

Gott Abrahams, Isaaks und Jakobs
Der heilige Sabbat geht zu Ende
Möge die neue Woche zu uns kommen
Mit Gesundheit, Leben und allem Guten;
Möge sie uns Nahrung und gute Botschaft bringen,
Erlösung und Trost – Amen

So betete die Mutter, wenn der Sabbat zu Ende ging. Der Vater hatte die Kerzen gelöscht, man wünschte sich, wie jede Woche, eine gute Woche und ging zu Bett.

Szczekociny, so hieß unser Stetl, liegt in Schlesien zwischen den Städten Zawiercie und Kielce. Die Juden stellten den Großteil der Bevölkerung. Händler, Handwerker, Schuster, Schneider und Hufschmied lebten in Gemeinschaft miteinander, mit Gott und seinem Gesetz, der Thora. Sie lebten in diesem geschlossenen kleinen Kosmos, ohne jede Vorstellung, etwas könnte anders sein, als es war. Die Zeit floß so gleichmäßig dahin wie die Pilica, der Strom, der die Stadt in zwei Teile teilte.

Auf der einen Seite wohnten Juden, auf der anderen Seite war die Bevölkerung gemischt. Es gab dort eine große Kirche, die Juden hatten ihre zwei Synagogen. Juden und Christen lebten nebeneinander, ohne einander zu behelligen. In ruhiger Folge glitten die Ereignisse des Jahres an der Gemeinde vorüber. Ein Jahr glich dem anderen. Einmal ereignete sich ein Brand, bei dem die halbe Stadt vernichtet wurde. An diesem Ereignis, meinte man, würden ganze Generationen Gesprächsstoff haben.

Das religiöse Leben bestimmte den Lauf des Geschehens. Während der Woche konzentrierte sich alles auf zwei Pole, die Tage vor und die Tage nach dem Sabbat. Der Sabbat ist der Tag des Gottesdienstes, der Ruhe, des Friedens und der Freude. Er soll den Menschen einen „Vorgeschmack des Paradieses" auf Erden vermitteln. Sein Gegenpol ist der Mittwoch, der Markttag, der Tag der Hetze nach dem Erwerb.

Vor dem Sabbat dient alles der Vorbereitung auf den Festtag. Am Freitag, dem *erev schabbes,* dem Vor-Samstag, steht die Hausfrau unter großem Streß, sie muß einkaufen, das weiße Festtagsbrot backen, das Festmahl für Freitagabend und den Sabbat vorbereiten, das Haus blankputzen, am Abend die Kinder waschen, Festkleider für alle herrichten. Denn wenn am Freitag die Sonne untergeht, darf keine Arbeit mehr verrichtet werden.

Am späten Nachmittag ruft der *schammes,* der Synagogendiener, die Männer und Knaben ins rituelle Badehaus, die *mikve.* Anschließend begeben sich die Männer in die Synagoge, während die Frau, bereits festlich gekleidet, zu Hause die Sabbatkerzen anzündet und betend auf die Rückkehr der Männer wartet, die vermutlich einen Gast mitbringen.

Am Samstag vormittag bewegt sich die ganze Familie würdigen Schrittes zur Synagoge, um am Gottesdienst teilzunehmen. Zwischen Anfang und Ende der Lesungen mag es vorkommen, daß kleinere oder größere Grüppchen sich entfernen und vor der Synagoge eine Unterhaltung beginnen. Nach dem Essen zu Hause herrscht Ruhe; Vater und Mutter schlafen, das ganze Stetl liegt wie ausgestorben da. Nicht einmal ein Licht durften die Juden anzünden, und sie taten es auch nicht.

Nicht nur der Ablauf der Tage, auch der Ablauf der Jahre im Stetl war religiös bestimmt. Die überwiegende Mehrzahl der Juden war orthodox. Hochzeiten, Krankheit, Tod, Glück und Unglück standen im Zeichen der Frömmigkeit und ordneten sich den Geboten des Glaubens unter.

Ebenso wie den Lauf der Zeit prägte der Glaube die soziale Ordung des Stetls. „Du sollst deine Kinder Gottes Gebote sorgfältig lehren. Und du sollst von ihnen sprechen, wenn du in deinem Hause sitzest und wenn du deiner Wege gehst und wenn du dich niederlegst und wenn du aufstehst", lautet eines der wichtigsten aller 613 Gebote. Nicht einmal die frömmsten aller Juden konnten alle Gebote befolgen. Wenn aber eines von allen befolgt wurde, war es dieses.

Lernen ist also eine *mizwe,* eine von Gott befohlene Handlung. Dementsprechend standen die Gelehrten und Rabbiner in hohem Ansehen, man nannte sie die *schejnen,* die schönen und ehrenwerten Juden, während sich am anderen Ende der Skala die *prosten,* die gewöhnlichen Juden befanden, die ungebildeten Marktfrauen, die groben Handwerker und armen Wasserträger. Gelehrsamkeit ist schön. Man konnte also ein *schejner* Jude sein, ohne reich zu sein. Zwischen beiden Extremen gab es die mittleren Bürger, zu denen meine Eltern zählten. Angesehen, fromm, aber nicht gelehrt, gehörten sie zur breiten Mittelschicht im Stetl, weder *proste* noch *schejn,* weder Plebs noch fein.

Alle jüdischen Kinder im Stetl gingen in den *chejder,* die religiöse Vorschule, in der bereits Dreijährige mit dem Studium der heiligen Schriften begannen. Die Kinder frommer Juden blieben dann im *chejder* und durchliefen alle Stadien orthodoxer Ausbildung. Ich hingegen besuchte nach den Jahren im *chejder* die polnische Volksschule.

Zwar war das Diktat religiösen Lebens nicht mehr so allumfassend wie in den Jahrhunderten zuvor. Wohl versuchte die eine oder andere Familie, sich ein wenig davon zu emanzipieren, von Assimilation war aber nicht die Rede. An wen auch? Alle Juden befolgten die religiösen Gesetze, an den Feiertagen war die Synagoge voll, und Geld blieb am Sabbat unberührbar.

In der Mitte des Stetls lag der Antipode des religiösen Lebens, der Haupt- und Marktplatz, Zentrum aller bedeutenden Ereignisse, Mittelpunkt der Kommunikation. Dort ging es nur um Erwerb, um Tausch von Geld und Waren. Fast alle Geschäfte und Lokale, die ihn umsäumten, waren jüdisch, mit Ausnahme von Kaletta, dem großen, beherrschenden Wirtshaus. Die Juden gingen dort nicht so gern hin. Wenn sie etwas zu feiern hatten, eine Beschneidung, eine Hochzeit oder einen anderen religiösen Anlaß, zogen sie es vor, unter sich zu bleiben.

Das Radio war gerade aufgekommen, aber es diente mehr als Spielzeug denn als Kommunikationsmittel. Als mir meine Eltern einen primitiven Kristalldetektor schenkten, nahm ich ihn stolz in die Schule mit, um ihn herumzuzeigen. Man legte sich die Kopfhörer an die Ohren – und tatsächlich, man hörte Musik! Bald hatte auch das große gojische Wirtshaus am Markt ein Radio. Aber eines mit einem Lautsprecher, der über der Theke montiert war und zur Türe hinausplärrte.

Allerlei Klänge aus der Fremde mischten sich in die Geräusche des Marktplatzes, ins Marktgeschrei, ins Räderrollen der Pferdefuhrwerke, in den Hammerschlag des Schmiedes, in das Plätschern des zentralen Brunnens, in die Unterhaltungen zwischen Bauern und Händlern.

Das Alltagsleben spielte sich auf den Straßen ab. Die meisten, nicht gepflastert, führten in Sackgassen. Viele Häuser waren alt, einige sogar noch mit Stroh gedeckt, manche wirkten baufällig. In ihren einfachen Buden, die sich um den Marktplatz drängten, saßen die Handwerker, achtunggebietende, würdige und oft zugleich abgerisssene Gestalten, die mit ihren weißen Bärten und ihren langen Haaren den kleinen Leon, der an ihren Buden vorbeispazierte, mit Respekt erfüllten.

Die Händler und Handwerker führten ihr Leben so, wie es ihnen von Gott vorgezeichnet schien, in Armut und Bescheidenheit. Sie dienten nicht der Gelehrsamkeit, sie verbrachten ihr Leben mit der mühsamen Jagd nach dem kargen Lebensunterhalt. Die meisten waren sehr arm. Samstag war ihr großer, schöner Tag. An diesem gönnten sie sich ihr Bestes, so wenig das auch gewesen sein mag. Keiner verzichtete auf sein Festmahl oder darauf, sich nobel zu kleiden, schon gar nicht auf die schöne Sitte, einen noch Bedürftigeren einzuladen, wenn er es sich nur irgendwie leisten konnte. Die Christen respektierten den Sabbat, denn da hielten die jüdischen Geschäfte geschlossen. Die Juden achteten dafür den Sonntag.

Mit einem Gemisch aus Respekt und Neugier gingen wir Kinder an der großen Kirche der Christen vorbei; es war ein bombastischer Barockbau, hinter dem sich ein Palast befand. Es seien sehr reiche Leute, die da aus und ein gingen, erzählten wir Kinder einander und staunten.

Fünftausend Menschen lebten im Stetl, woran man erkennt, daß Szczekociny kein Dorf war, sondern eine kleine Stadt. Die meisten waren Juden. Unter den Juden überwogen die frommen mit ihrem nach Gottes Gnade ausgerichteten Leben. In ihrem Lebensplan war es nicht vorgesehen, sich gegen das Schicksal zu wehren. „Gott wird uns beschützen", war ihr Motto, das ihnen das Leben erleichterte und zugleich erschwerte. Der Zusammenhalt dieses Lebens bestand im Verzicht darauf, aus dem auszubrechen, was ein kluger Mann den engen Käfig genannt hat, in den sich ihre Vorfahren eingesperrt hatten.

Es war eine in sich geschlossene, in sich ruhende Welt, die bewußt auf mehr als den nötigen Kontakt zur Außenwelt verzichtete. Und doch brach die äußere Welt in sie herein. Auf die Welt des Wasserträgers, der in die Wohnungen kam, um das Wasser zu bringen, traf die Welt des Radios und der Zeitung. Es war eine neue Welt, die ganz anderen Gesetzen folgte. Der Wasserträger redete mit uns Kindern, obwohl wir ihn seiner Gestalt wegen verspotteten. Er nahm es gutmütig hin und erzählte uns, den alten und den jungen, die ihm am Brunnen lauschten, seine Märchen. Wir aber wußten, daß es Radios und Wasserleitungen gab und riefen ihm freche Namen nach. Er nahm es gutmütig hin, denn auch das hatte Gott so gewollt: den Spott und die Wasserleitung.

*

Die Türen bei Kaletta, dem gojischen Wirtshaus am Markt, standen stets offen, man konnte von draußen die Leute an der Theke stehen sehen. Radiosendungen wehten aus diesen offenen Wirtshaustüren einen Hauch von Weltpolitik auf den Marktplatz des Stetls. Mitunter dröhnte auch die Übertragung einer Hitlerrede über den Platz; ich verstand kaum etwas davon, außer dem drohenden Ton, der mir angst machte.

Als Marschall Pilsudski 1935 starb, war das Ende einer Ära für viele Juden absehbar. Wie immer nationalistisch und diktatorisch der Autokrat Pilsudski Polen regiert haben mochte, die Juden hatten ihn als eine Art Schutzbeauftragten akzeptiert. Es gab ein kulturelles Leben in den großen Städten, die Juden konnten sich entfalten, Emanzipation und Toleranz schienen möglich. Mit Pilsudskis Nachfolgern änderte sich das; plötzlich kamen beispielsweise Diskussionen über rituelles Schlachten auf.

Eine Abgeordnete hatte im Sejm, dem polnischen Parlament, ein Gesetz gegen das rituelle Schlachten eingebracht. Darüber erschrak man auf dem Markt in Szczekociny. Ich war damals elf Jahre alt und wußte nicht, was Antisemitismus bedeutet. Ich hörte das Wort zum ersten Mal. Später wurde mir klar, daß Antisemitismus wohl ein Thema gewesen sein muß, die Zeitungen waren voll davon. In unser kleines Stetl aber ist der Antisemitismus, zumindest in der Erinnerung des Knaben, nicht tief eingedrungen.

Wie die meisten jüdischen Knaben gingen mein Bruder und ich in die normale Schule und fühlten uns als Polen. Nichts anderes konnten und mochten wir uns vorstellen. Zwei Schulen gab es, die jüdische und die polnische. Die Wohlhabenderen schickten ihre Kinder in die polnische Schule, weil sie besser war, und unterrichteten sie nebenbei in Hebräisch. Ich selbst lernte kein Hebräisch.

In der Früh gingen wir auf den Hof und sangen die Hymne, Gott möge Polen schützen mit all seiner Macht. Selbst die Zionisten sangen polnische Lieder. Die Schule hatte drei, vier Klassen, und die Lehrer mochten mich, weil ich so gut Gedichte deklamieren konnte – auf polnisch natürlich. Wenn ich Freitagnachmittag nach Hause kam, legte ich mich auf einen weichen Teppich auf dem Boden und las den polnischen Nationalautor Hernryk Sienkiewicz, aber auch Jules Verne und Karl May.

Die Mutter sah das gerne. Auch wenn es keine frommen Texte waren, diente das Lesen doch der Gelehrsamkeit. Mein Cousin hatte ein ganzes Bett voller Bücher – er schlief buchstäblich unter Büchern! Als ich ihn in Zawiercie besuchte, sah ich es. In Szczekociny gab es eine städtische Bücherei, in der Schule außerdem eine Leihbücherei. Überhaupt herrschte reger Bücheraustausch unter den Kindern. Wenn jemand nach Kattowice, Warschau oder Krakau fuhr, brachte er Bücher mit – alle auf polnisch, selbstverständlich. Aber aus Paris kam auch das eine oder andere französische

Buch. Die Mädchen hatten Illustrierte aus Paris und Berlin. Das waren Dinge, die es bei uns nicht gab, mit heißen Ohren blätterten wir in Ansichten von nie geahnter Eleganz und Mondänität. Die Schwestern Schwarzbaum und ihre Freundin Hanka Rinsky, gerade zwölf Jahre alt, führten sich auf wie Damen der großen Gesellschaft, nur weil sie in den Besitz solcher Magazine kamen. Wir waren süchtig nach allem Gedruckten, das uns von draußen erzählte.

Ich erinnere mich an einen Mitschüler, den wir seines Aussehens wegen Trotzki riefen. Er war sehr intelligent, natürlich ein Linker. Aber man sieht, wir kannten Trotzki, den großen jüdischen Revolutionär! Darauf konnte man stolz sein, egal, was man von der Revolution hielt. Auch, daß es jüdische Abgeordnete in Warschau gab, schwellte uns aus dem gleichen Grund die Brust. Gern phantasierten wir nach Knabenart vom Krieg. Für uns junge Leute war der Krieg eine große Sache. Polen würde glorreich siegen. Man sagte uns, die berittenen polnischen Ulanen mit ihren Lanzen würden, falls die Deutschen sie herausforderten, in ein, zwei Tagen in Berlin sein.

Das eigentliche Leben in der Stadt spielte sich um den Brunnen am Marktplatz ab. Dort stand auch das Reiterdenkmal des Generals Kósciuszko; er war polnischer Nationalheld, hatte als Adjutant Washingtons am amerikanischen Unabhängigkeitskrieg teilgenommen und später vor Warschau gegen die Preußen gekämpft. Für uns junge Juden aber gab es einen besonderen Grund, ihn zu verehren: Ein jüdischer Oberst namens Berek Joselewicz hatte an seiner Seite gekämpft. Ihn verehrten wir, wenn wir Kósciuszkos Heldendenkmal betrachteten.

Selbstverständlich bestand der Hauptteil unserer Marktgespräche nicht aus Heldenverehrung, sondern aus Klatsch. Man beredete, wer zu Besuch gekommen war, wer in wen verliebt war, wer mit wem im Stroh verschwand. Auf dem Markt traf man auch auf Heimaturlaub befindliche Studenten. Es gab keine Universität in Szczekociny. Die Kinder der Wohlhabenden mußten also in die großen Städte, um zu studieren, nach Lodz, nach Warschau, viele gingen auch nach Wien, manche gar nach Paris. An lauen Sommerabenden erzählten sie uns von der ganz großen Welt.

Dieses Ausweichen in die ganz große Welt geschah übrigens nicht immer ganz freiwillig; es gab nämlich an den polnischen Universitäten einen Numerus clausus für Juden. Der Stolz des Stetls waren die Söhne der Familien Engländer, Greipner und Borenstein, die nach Paris studieren gingen. Aber sie hatten nach Paris gehen müssen, weil sie in Warschau keinen Studienplatz fanden – nicht, weil sie nicht begabt genug gewesen wären, sondern weil sie Juden waren. Darüber sprach man weniger gern – man hatte einen Studenten in Paris, das war großartig. Was sollte man davon reden, daß er in Warschau zurückgewiesen worden war?

Großräumig und rechteckig war der Marktplatz. Alle wichtigen Geschäfte am Platz waren in jüdischer Hand, auch unser Lebensmittelgeschäft befand sich dort. Wir hatten das Monopol auf Zucker und Salz. Auch Petroleum führten wir. Sogar eine Tankstelle gab es im Stetl. Es fuhren Autobusse, ab und zu reiste jemand mit einem Privatauto an. Dann war das Aufsehen groß, wir Kinder liefen ihm in Scharen nach. Die Automobilisten trugen Knickerbocker, Fliegerbrillen und Lederkappen und waren sich ihrer Bedeutung durchaus bewußt.

Mindestens so spannend wie die Automobilisten war Mondschein, der Schmied. Dem kleinen, kräftigen Mann mit seiner Lederschürze konnte ich stundenlang zuschauen, wie er die Eisen in der Esse aufglühen ließ, wie er die unruhigen Gäule durch Streicheln zur Ruhe brachte, ihnen die Hornspäne von den Hufen schabte und sie frisch beschlug. Seine Schmiede lag beim Fluß. Ich habe mich immer gewundert, wie er es schaffte, in seinem Feuer das Eisen so stark zu erhitzen, daß er es mit dem Hammer formen konnte.

Silberstein hieß der Schuster, auch ihm habe ich gerne zugesehen, vor allem als ich einmal Schuhe bekam, die er eigens für mich mit der Hand genäht hatte. Er besaß sogar eine kleine Manufaktur, wo die Schuhe maschinell gefertigt wurden, und ein Geschäft am Marktpatz, wo er sie verkaufte. Aber Silbersteins handgenähte Schuhe waren eben etwas Besonderes. Manche dieser Handwerker waren Philosophen, und wenn sie auch die Welt nicht verändern wollten, redeten sie doch stundenlang über den Lauf der Dinge.

Meine Familie war, wie gesagt, weder reich noch arm; es gab keine richtig reichen Leute in Szczekociny. Für die Kinder der Armen spendeten die Eltern an den Feiertagen Kleider, weil dann jeder gut angezogen sein sollte. Jeder strengte sich an, um am Freitagabend einen gutgedeckten Tisch zu haben und womöglich einen ärmeren Mitbürger, einen *chejder*-Schüler oder einen Handelsreisenden zum Essen einzuladen. Jeder wußte, daß es noch Ärmere gab, denen gegenüber man sich verpflichtet fühlte. Diese Ärmeren standen am Freitag abend grüppchenweise vor dem Tempel, und jeder, der es vermochte, nahm einen oder eine ganze Familie zum Essen mit nach Hause. Sie erzählten, woher sie kamen, was sie auf ihren Reisen gesehen und erlebt hatten. So lernte und erfuhr man voneinander, bereicherte sich gegenseitig, indem man einander Informationen gab.

Rundum lagen die kleineren Dörfer und Stetl, deren Bewohner nach Szczekociny kamen, um ihre landwirtschaftlichen Produkte gegen Werkzeug, Kleidung, Hüte und ähnliches zu tauschen. Auf dem Markt trafen so Juden und christliche Bauern aufeinander und tauschten Waren. Denn den Juden verbot die Religion den Landbesitz. Auf diese Weise erfuhren Juden und Christen voneinander und hielten sich übereinander auf dem laufenden.

Jeden Mittwoch war Markttag. Von überallher kamen Pferdefuhrwerke, Bauern verkauften ihre Waren, brachten ihre Tiere, Hühner, Hasen und Ziegen, nahmen mit dem erlösten Geld Waren aus dem Stetl mit nach Hause und frequentierten die jüdischen Wirtshäuser. Die Hauptattraktion am Platz war für uns Kinder Lentschner, das große Caféhaus an der Ecke des Marktes. Dort gab es die feinsten Kuchen, dort kauften wir mit den gesparten Groschen auf dem Nachhauseweg von der Schule einen Lutscher oder ein bißchen Schokolade.

*

Die Welt unseres Stetls war aber keineswegs so homogen, wie es von außen her den Anschein haben mochte. Von neuen Ideen hörte man am Brunnen oder im kleinen, feinen Restaurant Sonnenschein, wo die welterfahrene Jugend verkehrte. Und es gab Radio und Zeitungen. Ins gojische Wirtshaus gingen die Juden nicht, im Sonnenschein mußte man nicht mit Betrunkenen rechnen. Umgekehrt frequentierten die Nicht-Juden gern die jüdischen Lokale. Natürlich war ich zu klein, um bei Sonnenschein einzukehren, aber oft ging ich vorbei und sah den Zwanzigjährigen beim Diskutieren zu; manchmal ging ich auch hinein, um mir ein belegtes Brötchen zu kaufen. Man aß sehr gut bei Sonnenschein. Wie habe ich die älteren Burschen beneidet, die die großen Mädchen dorthin zum Essen einluden!

Wenngleich bei weitem nicht alle Jungen wußten, was genau sie anders machen würden, hing doch der Himmel voller Ideale. Man wollte mit der alten Welt nicht brechen, legte es auch nicht auf feindselige Konfrontation mit ihr an, aber man wollte aus ihr ausbrechen. Aufbruchsstimmung wäre vielleicht das richtige Wort, um die Atmosphäre zu beschreiben. Man tauschte Bücher, Informationen und gab einander Anregungen, und alles unter dem erotischen Schleier der Jugend, unter Liebeleien und kleinen Affären.

Von einem gewissen Herzl war oft die Rede, der eine Sache namens Zionismus aufgebracht hatte. Es war einKonzept, das durch und durch im Widerspruch zur frommen

Welt des Stetls stand. „Wir suchen unser Reich auf dieser Welt", riefen die Zionisten, und sie packten es gleich handfest an.

Kleine Gruppen von Leuten bildeten sich, die sich *challutzim* nannten: Leute, die sich nicht mehr allein auf Gottes Liebe und Gottes Gnade verlassen wollten, sondern ihr Schicksal selbst in die Hand nahmen und sich auf die Emigration ins Heilige Land vorbereiteten, zionistische Pioniere. Es gab Neureiche, die ihre Kinder nach Palästina geschickt hatten. Als diese zurückkehrten, erzählten sie von der Schwere des Pionierdaseins, von den Härten des Alltags. Es hielt die *challutzim* nicht ab, von diesem Land zu träumen, es beflügelte sie sogar noch.

Mit heißen Ohren lauschte man solchen Plänen. Die Reden einer anderen Gruppe standen der Tradition des Stetls näher, ohne daß es den Beteiligten auf allen Seiten klar gewesen wäre. Die jungen Sozialisten berichteten vom Sozialismus, von einer Welt voll Gleichheit und Verbrüderung, vom großen Rußland. Sie standen mit ihren Reden in der Tradition der *haskala,* der jüdischen Aufklärung, die als einzige Eingang in den geschlossenen Kosmos des Stetls gefunden hatte, weil ihr Aufbegehren von intellektueller, gelehrter Art war.

Die Söhne dieser behüteten, wohlhabenden Leute nahmen nun mit dem Recht der Jugend für sich in Anspruch, zu solchen Gruppen zu gehören, von Utopien zu wissen, an Perspektiven teilzuhaben, die aus der Welt des Gestern herausführten. Mit einem Wort, sie strebten nach einer neu interpretierten Form von Gelehrsamkeit. Es war natürlich ein romantisch verklärtes Bild vom Sozialismus, das sie zeichneten, vom realen Kommunismus oder gar von Stalin wußten die jungen Leute nichts.

Dagegen verblaßten die Märchen, die der Wasserträger den Kindern erzählte. Das hier waren andere Geschichten, Geschichten von der großen weiten Welt. Der kleine Leon hörte sie mit glänzenden Augen und beschloß, wie diese erwachsenen und unendlich welterfahrenen Jünglinge und Mädchen, demnächst etwas zu erleben. Er wußte zwar nicht, was, aber es würde etwas Großes sein, etwas Kühnes, und es würde ihn in fremde Länder führen.

Was er nicht verstand, wohl aber intuitiv erfaßte, war: Hier, in der Nußschale dieses kleinen Stetls, standen einander zwei Welten gegenüber: die alte des orthodoxen Gottvertrauens und die neue eines selbstbewußten Judentums. Was der kleine Leon nicht ahnen konnte: Beide sollten zerstört werden. Nicht nur eine, nein, gleich drei, vier Generationen auf einmal sollten ausgerottet werden.

Die Sozialisten waren in der Mehrzahl. Sie warfen den Alten vor, sich nicht um die Zukunft zu scheren. Manche gingen nicht mehr in die Synagoge, die meisten aber doch, aus Rücksichtnahme gegen Großvater und Vater. Eines Sabbats warfen junge Sozialisten sogar eine weiße Taube in die Synagoge, um die Andacht zu stören. Die Rabbis waren entsetzt und schimpften im Hof. „Eine Chuzpe, eine Chuzpe!" schrien sie, und die Jungsozialisten, in Wahrheit nichts als bessere Lausbuben, lachten sich ins Fäustchen.

Der Großvater dieser Missetäter hätte ihnen eine Ohrfeige gegeben, hätte er sie erwischt, und die Revolutionäre hätten es wohl hingenommen. Denn was immer an Provokation und Rebellion im Stetl geschah, den Respekt und die Achtung vor den Älteren legte man niemals ab.

Harmlose Streiche und Sticheleien fielen genügend vor. Im gojischen Wirtshaus gab es hervorragende Schinken. Welche Lust, diese den Juden sowieso verbotene Speise öffentlich, und dazu noch am Sabbat, zu verzehren. Auch das ließen sich junge Frechdachse nicht entgehen, und wieder erreichten sie damit ihr Ziel, die älteren Orthodoxen in Rage zu bringen. Ich muß zugeben, einer der Frechdachse, denen es jede Art Hochgenuß bereitete, mit einer Schinkensemmel Skandal zu machen, hieß Leon Zelman und war elf Jahre alt.

Trotz allen Wunsches nach Konfrontation blieb der Konflikt der Generationen weit von einem groben Bruch entfernt. Die Jungen respektierten in Wahrheit die Alten. Insofern erwies sich diese Welt noch als standfest. Die Jungen wollten die Welt zwar anders, aber sie wollten den Alten nicht weh tun. Im übrigen kaufte vielleicht einer eine Schinkensemmel bei Kaletta, holte sich aber den Tee bei Sonnenschein, denn dort war er koscher.

Es war ein sanftes Tasten nach einer neuen Welt, die durch die Ritzen der alten Welt hereinbrach wie das Licht durch geschlossene Jalousien. „Gott segne dich", sagten die Alten zu einem Jungen, der sich nach Paris, Palästina oder Wien verabschiedete, und sie meinten: „Werden wir dich in unserem Leben je wiedersehen in unserem kleinen Stetl, oder wirst du dich über uns erheben und uns vergessen und nie mehr zu uns zurückkehren?"

Aufbruch und Beharrung lagen in Szczekociny eng beisammen. In den großen Städten wie Zawiercie und Lodz war das Gären der neuen Zeit weit stärker zu spüren, die Tradition weit schwächer. Egal, welcher Sozialutopie einer nachhing, egal, welcher sozialen Klasse er angehörte, im Stetl mußte der Freitagabend ein wunderschöner Abend sein, auch wenn man kein Geld hatte. Und das Essen mußte ein Festmahl sein. Ohne Huhn und ohne Fisch war es nicht auszudenken.

Während der Woche hatten die Leute nicht sehr viel Zeit, sie achteten auch nicht auf gemeinsame Mahlzeiten, gar auf Üppigkeit oder familiäres Zusammensein, die Kleidung war in der Regel nicht mehr traditionell. Jeder aß und trank, wenn er Zeit hatte. Aber am Sabbat nahm man sich Zeit füreinander, am Sabbat herrschte Ruhe. Nicht mehr die Religion selbst, aber diese Ruhe, die sie dem Stetl noch aufzuerlegen vermochte, vermittelte allen, Alten und Jungen, *rebbe* und *challutzim,* Wasserträger und sozialistischem Studenten, das Gefühl, zusammenzugehören.

Zu hohen Feiertagen, zu Ostern und Neujahr, waren wir Kinder schön angezogen und spielten und tanzten auf dem Platz vor der Synagoge. Ich tanzte aus der Reihe. Ich wollte immer zuhören, wenn die Erwachsenen ihre Reden führten. Erwachsene, das waren welche, die zwei, drei Jahre älter waren als ich, mehr nicht. Aber sie disputierten mit den Alten. Da hörte ich manches Wort, das ich nicht verstand. Zum Beispiel das Wort „Antisemitismus" oder die Frage, was mit Polen geschehen werde. Die Alten hatten nur eine Antwort. Gottvertrauen. Das genügte den Jungen nicht.

In der Nähe des Stetls lag ein herrlicher Wald. Die Jungen diskutierten nicht mehr nur vor der Synagoge, wo man mit den Alten nicht wirklich streiten konnte und auch nicht wollte. Was sollte man einem würdigen Handwerker mit weißem Bart vom Sozialismus erzählen, gar von Rußland oder Paris, wenn er dabei nur Gotteslästerung verstand.

Samstag und Sonntag gingen also die *challutzim* wie auch die Sozialisten in diesen Wald. Die einen, um sich sportlich zu üben, hebräische Lieder zu singen, sich nach Herzls Ideen auf Palästina vorzubereiten, die anderen, um das Reich der Gerechtigkeit auf Erden herbeizureden. Es war die erste Generation, die nicht mehr die religiösen Schulen besuchte, die da in den Wald ging. Eine Generation im Aufbruch. Ihr war nicht bewußt, daß schon vor hundert Jahren jüdische Jungen wie sie heimlich in den Wald gegangen waren, um Schiller zu lesen. Auch die jüdische Aufklärung mußte zu ihrer Zeit aus dem Wald in die Welt des Stetls geschmuggelt werden.

Ich durfte am Sabbat nicht in den Wald. Ein anständiger jüdischer Junge fährt am Sabbat nämlich nicht mit dem Fahrrad. Es war die beste Jugend, die sich da traf. Alle waren nach Neuem gierig, wollten Neues hören und lernen, wollten sich weiterentwickeln, gelehrter werden. Es war die Blüte eines Landes, im Begriff aufzublühen und auf neue Weise dem alten Ideal der Weltverbesserung durch Gelehrsamkeit zu entsprechen. Sie respektierte das Alte, aber sie akzeptierte es nicht. Sie fuhr am Sabbat nicht mit dem Fahrrad in den Wald, um Debatten über Sozialismus und Zionismus zu lauschen. Sie fuhr erst am Sonntag, wenn auch der Rabbiner nichts gegen Fahrradfahren einwenden konnte.

Diese Jugend lehnte sich auf gegen den Fatalismus, der im tiefen, bedingungslosen Gottesglauben ihrer Eltern und Großeltern lag. Vielleicht spürte sie auch die Gefahr, durch diesen Fatalismus wehrlos zu werden. Denn nur so konnte die Hitler-Katastrophe geschehen. Junge Leute flüchteten, wenn sie konnten, nach Rußland, in die Emigration, nach Palästina. Die alten aber blieben Fatalisten. Bereit zu sterben im Namen Gottes, gingen sie in die Synagoge und zogen das heilige Gewand an. Als draußen geschossen wurde, beteten sie drinnen, statt sich zu wehren.

*

Von meinen eigenen Großeltern liebte ich eine Großmutter besonders. Ich liebte sie am meisten von all unseren Verwandten, und das waren nicht wenige, zusammen über 400 allein im Stetl. Die Gasse, die zum Haus meiner Großmutter führte, war nicht asphaltiert. Üblicherweise besuchten wir sie am Sabbat, und obwohl sie mir irgendwie Angst einjagte, weil sie so groß und stattlich war, überwog doch meine Liebe, denn es gab nicht nur köstliches Backwerk bei Großmutter, sondern auch stets große Gesellschaft. Die Kinder anderer Verwandter versammelten sich bei ihren zahlreichen Hühnern, Gänsen und Ziegen, mit denen der kleine Leon gern spielte.

Die Frauen waren die Starken in der Stetl-Gesellschaft, stärker als die Männer. Sie lebten das praktische Leben, das ein Kind verstand. Die Väter arbeiteten, um Geld zu verdienen, und studierten, um sich Gott anzunähern. Die Frauen waren uns Kindern näher, wir lebten mit ihnen, wir lebten durch sie. Wenn meine Mutter den Sabbat vorbereitete, wenn sie das weiße Sabbatbrot in den Ofen schob, wenn sie die Kerzen anzündete und dazu ihre melancholischen Lieder sang, wenn sie auf dem Markt um den besten Preis für einen schönen Fisch kämpfte, wenn sie mir nach einem Fahrradsturz ein Pflaster aufklebte und mir gleichzeitig einen Klaps gab, weil sie immer um mich bangte, wenn ich mit dem Fahrrad fuhr, dann konnte ich das begreifen, erfassen. Dann war sie mir nah.

Wenn mein Vater sich seinen religiösen Pflichten hingab, mit ernster Miene zur *mikve* ging, um sich zu säubern, wenn er auf hebräisch den rituellen Prolog zum Sabbatessen sprach, mit Worten, die ich nicht verstand, wenn er in seinen Schriften las oder in die Synagoge ging, um mit anderen zu studieren, selbst wenn er mich befragte und sich am Sabbat nach dem Fortschreiten meiner Kenntnisse erkundigte, schien er mir fern und fremd. Ich achtete sein Tun, aber ich erlebte es nicht aus der Nähe wie das der Mutter. So will es die traditionelle Rollenteilung im Stetl, so hielten es auch die Zelmans. Leon und sein kleiner Bruder Schajek waren bei der Mutter. Der Vater blieb eine distanzierte Figur.

Andere aus der Verwandtschaft sind mir lebendiger geblieben. Cousine Idka war Schneiderin; sie war sehr schön, und ich habe sie sehr bewundert, weil sie schon mit erwachsenen Burschen ging. Wobei zu bedenken ist, daß mir jeder, der zwei Jahre älter war als ich, bereits erwachsen schien. Sie zog mit ihrer Mutter, Tante Mejci und ihrer Familie 1937 nach Lodz. Ich sollte sie später dort wiedersehen, unter weit weniger glücklichen Umständen.

Mutter fand, ein Aufenthalt bei einer religiösen Familie könne mir nicht schaden, und schickte mich viermal im Jahr nach Zawiercie, wo eine andere ihrer Schwestern lebte, Tante Ruchele, meine Lieblingstante. Ihr Mann Jakob war Glaser. Er war aber auch ein Gelehrter, ein Weiser, ein Philosoph, wie man sie unter jüdischen Handwerkern öfter findet. Er war klein, trug selbstverständlich einen äußerst gepflegten Bart, wie ihn das jüdische Ideal der Gelehrsamkeit forderte. Immer ärmlich, aber sauber gekleidet, hatte er eine merkwürdige Art, durch die Dinge des materiellen Lebens hindurch in die Luft zu blicken. Ging man mit ihm an Geschäften vorbei oder über einen Marktplatz, schien das, was für mich Knaben unendliche Attraktivität besaß, für meinen Onkel gar nicht zu existieren. Auch mit seinem Äußeren und der Äußerlichkeit seines Benehmens zeigte er sich nicht nur als frommer, sondern auch als weiser Jude – was ohnehin fast das gleiche war.

Onkel Jakele nahm mich bei der Hand und führte mich in den Tempel, um zu beten, aber auch, um mir viele religiöse Dinge zu erklären. Obwohl er ein einfacher Handwerker war und mein Vater ein Händler, sollten die Söhne sich nach Möglichkeit über ihren Stand erheben, und dazu brauchten sie Wissen.

Wir hatten tiefe Ehrfurcht vor dem Glaser und seiner Gelehrsamkeit, und trotz aller Neugier nach der neuen Welt, trotz aller inneren Abwendung vom traditionellen Judentum, trotz eines leichten Gefühls von Langeweile, das sich in das der Ehrfurcht mischte, ließen wir uns willig an der Hand nehmen, in den Tempel führen und uns die heilige Thora erklären.

Durch den hohen Stellenwert der Gelehrsamkeit im Stetl existierte Analphabetismus unter den Juden praktisch nicht mehr. Es gab kaum Juden, die nicht lesen konnten, ganz im Unterschied zur bäuerlichen Bevölkerung der Umgebung. Auch deshalb fand das Neue, das in Gestalt niedergeschriebener Utopien daherkam, bei den Juden leichter Eingang als in ihrer Umgebung. Und waren wir nicht alle auf der Suche nach dem Erlöser? Wer sagte, daß er nur in der Synagoge zu finden war und nicht in der Sowjetunion oder in Palästina?

Aber es waren eher vorsichtige Mutmaßungen, die hier angestellt wurden, als mit demagogischer Sicherheit ausposaunte Gewißheiten. Sie blieben höchstens eine flüchtige

Irritation oder ein leichtes Ärgernis für den ruhigen Strom althergebrachten Lebens, weit davon entfernt, ihn umzuleiten oder einzudämmen. „Leon“, sagten später Freunde zu mir, „es waren lauter arme Leute im Stetl, aber sie waren alle gern jüdisch.“ Sie liebten dieses Miteinander, die Sicherheit dieser geschlossenen Welt mit ihrem Sabbatfrieden und ihren Vor-Sabbat-Aufregungen. Dieses Leben, das fast nur aus Vor- und Nach-Sabbat bestand und auf seine bescheidene Art durch und durch heilig war, wurde getragen von den fürsorglichen Müttern wie meiner Mutter und Tante Ruchele und von ernsten Männern wie meinem Vater und dem Glaser-Onkel. Und irgendwie gehörten auch die schlimmen Buben dazu.

Dieses Leben blieb auch heilig, als die moderne Zeit ins Stetl zu ziehen begann; sogar, als einer den ersten Autobus zwischen Szczekociny und Zawiercie verkehren ließ; und auch, als man nicht mehr mit langsam rumpelnden Pferdefuhrwerken und der langsam zuckelnden Bahn auf Besuch zu Tante Ruchele fuhr, wozu man einen Tag brauchte, sondern höchst modern in ein paar Stunden mit dem Bus. Es war übrigens mein Cousin Silberstein, der mit der Idee einer Buslinie zu Geld gelangte. Auch die nach dem Brand im Stetl errichteten Neubauten gaben Zeugnis von dieser neuen Zeit. Am meisten aber wurde die neue Zeit dadurch vorbereitet, daß Kinder in auswärtige Schulen geschickt wurden.

Ich war ein kluges Kind und lauschte allen Gesprächen, denen der jungen, hochnäsigen Rückkehrer aus der weiten Welt, denen der alten, gottergebenen Juden, die in allem auf Gott vertrauten, den Gesprächen junger Verliebter, bei denen ich zwar nicht genau wußte, worauf es ankam, bei denen mich aber doch eine schöne Sehnsucht erfaßte, und auch den aufgeregten Disputen politisierender Jungen, die über Bücher sprachen, von welchen ich natürlich gar nichts verstand. Sehnsucht nach mehr hatte mich ergriffen, nach Erweiterung des Horizonts, nach Älterwerden, Reisen, die

Sehnsucht danach, Liebe und Leben kennenzulernen. Diese Sehnsucht nach mehr, nach anderem, nach draußen bestimmte den Grundton meiner Kindheit.

Da ich ein heikles Kind war, freute ich mich nicht nur auf neue Gesprächspartner und auf eine neue Stadt, sondern auch auf die berühmten Buchteln Tante Rucheles, die übrigens nicht nur eine hervorragende Köchin, sondern auch wunderschön anzusehen war. Sie entschädigten mich für die Mühsal religiös-philosophischer Unterweisung auf irdische Art mehr als reichlich.

Von ihren zwei Söhnen war Uscher, der älteste, Sozialist. Er führte hochfliegende Reden mit vielen mir unbekannten Wörtern. Der jüngere, kleinere, Schmulek, war ein stiller zionistischer Träumer, der viel über Palästina las. Die Schwester Hanka war in meinem Alter. Von allen Mitgliedern der etwa 80 Familien, mit denen unsere Familie in Szczekociny verwandt war, hat sie als eine der ganz wenigen überlebt. Sie und ihr Mann Jack sind heute wie Bruder und Schwester für mich. Hanka wurde später mein einziger Bezugspunkt zur Familiengeschichte und eine meiner wichtigsten Quellen.

Einmal sollte ein Familienfoto aller Verwandten angefertigt werden. Die Zeremonie geriet zu einem Familienfest auf der Pilica-Wiese. Es schien eine Ewigkeit zu dauern, bis alle so aufgestellt waren, daß der Fotograf zufrieden war. Dann verschwand er unter seinem Tuch und erschreckte uns mit einem Kolophoniumblitz. Das Foto ist verlorengegangen wie alles. Ich weiß nur noch, daß wir auf der Wiese standen, hinter uns Buschwerk, und daß der kleine Leon barfuß in die Kamera grinste.

*

Ich hatte viele Freunde, darunter eine ganze Menge nichtjüdischer. An ihnen interessierte mich gerade, daß sie nicht zu unserer Welt gehörten. Meine Freundin hieß Basia. Ich habe diese kleine Christin so idealisiert, daß sie mir vorkam wie das

Mädchen in Sienkiewiczs „Wüste und Dornbusch“, das ich damals las. Jeder im Stetl wußte, daß wir ineinander verliebt waren und lächelte über uns, nur wir beide glaubten, ein Geheimnis daran zu haben.

Wir jungen Juden fühlten uns im Stetl nicht in einem Ghetto. Differenzen zwischen Juden und Christen gab es nicht. Höchstens am Markttag, wenn sich ein Bauer von einem Juden, dessen meist überlegener Bildung er stets Mißtrauen entgegenbrachte, einmal übervorteilt fühlte. Aber derlei konnte auch zwischen Christen und zwischen Juden vorkommen. Wir Juden fühlten uns nicht diskriminiert, im Gegenteil, manche sahen sogar mit leisem Mitleid auf die Christen, die den Sabbat nicht ehrten und dadurch um dessen Segnungen nicht wußten.

Es gab keine Absperrungen zu anderen Stadtteilen, wir jungen Leute hatten durch die Schule regen Umgang mit polnischen Christen, ich hatte meine Freundin, wir schrieben einander Briefe, steckten die Köpfe zusammen, einmal küßten wir uns sogar, was uns dann doch sehr komisch vorkam, nicht weil ich Jude und sie Christin war, sondern weil Kinder sich beim Küssen eben komisch vorkommen. Und natürlich war sie blond und hatte blaue Augen. Ich habe sie nie mehr wiedergesehen, die Deutschen haben sofort nach dem Einmarsch die ganze Familie erschossen.

Freilich hatte ich auch jüdische Freundinnen, darunter ein besonders liebes Mädchen, deren Eltern eine *mikve,* ein rituelles Bad, besaßen. Ihr Name ist mir entfallen, nicht vergessen habe ich aber die seltsamen Bilder, die ich sah, wenn ich sie besuchte. Ein junger Mensch, ihr Bruder, führte mich. Er sah aus wie fünfzig, war aber erst fünfundzwanzig. Das junge Mädchen war ebenso schön wie das Bad abstoßend. Die nackten Orthodoxen waren ein Schock für mich verliebten Knaben, die herunterhängenden Brüche, die bleichen Körper im Dampf und fahlen Licht – es war gespenstisch. Ich hielt es nur des Mädchens wegen dort aus, das im Haus seiner Eltern wohnte. Es war klar, hier würde sie nicht mehr lange bleiben, sie wollte fort aus dieser Welt.

Ein anderes Objekt meiner frühen Sehnsucht war die Tochter eines Tuchfabrikanten, dessen Geschäft sich am Marktplatz befand. Manches Mädchen zog die noch undeutliche Begierde des kleinen Leon auf sich. Aber was bedeutete schon Verliebtsein unter Elfjährigen. Anbetung aus der Ferne, Träume, zarte Berührungen, nicht mehr.

Nadja Münz hieß eine andere, ein besonders schönes Mädchen, das aus dem nahegelegenen Szosnowiecz im Sommer nach Szczekociny kam; das war schon eine größere Stadt. Ihr Bruder erzählte mir später, daß ich immer wieder versuchte, sie in den Zirkus einzuladen, obwohl ich kein Geld hatte. Ich borgte es mir einfach bei ihrem Bruder selbst aus, der sich deshalb auch daran erinnert. Er lebt heute noch in Israel. Nadja hat nicht überlebt. Auf unseren Spaziergängen mit ihr hatten meine Freunde und ich nur ein Thema, die Befriedigung unserer Neugier. Es muß der kleinen, anziehenden Großstädterin ganz schön auf die Nerven gegangen sein, daß wir sie dauernd ausfragten, wie es denn dort draußen aussah.

Das Leben bestand nicht nur aus Lernen, Lesen und Lieben. Mit meinem Fahrrad machte ich das Stetl unsicher, mit ihm warf ich mich die abschüssigen Wege hinunter, was meine Mutter in Angst und Schrecken versetzte, wenn ich nicht pünktlich heimkam. Auch andere Kinder hatten Fahrräder bekommen, so konnten mich meine Eltern nicht gut ohne Fahrrad lassen, wenngleich ein anständiger Jude eigentlich nicht mit dem Fahrrad fuhr. Zu Hause betrieb ich eine Taubenzucht; dadurch war der kleine Leon in ganz Szczekociny bekannt als „Leon der Taubenzüchter“. Zudem besaß ich einen Schäferhund namens „Rex“. Vielmehr besaß er mich, denn meine Autorität über ihn versagte ständig, so daß es ein gewöhnlicher Anblick war, wenn ich hinter ihm durch die Gassen lief und ihn flehentlich bat, zu mir zurückzukehren.

Auch einen Lederball hatte ich, mit dem wir am Sonntag

Fußball spielen gingen, wenn uns die Reden der Großen zu langweilen begannen. An anderen Tagen als am Sonntag war Fußballspielen – abgesehen vom Schulsport – undenkbar. Der Sabbat und der Mittwochmarkt beherrschten die Woche und füllten drei Tage und vier Abende aus. An anderen Abenden blieb man zu Hause, um zu lesen, Gespräche zu führen, allenfalls besuchte man kurz jemanden, um schnell ein Buch zu tauschen. Mit Freunden spontan ein Treffen zu vereinbaren war gar nicht so einfach, schließlich gab es kein Telefon. Man stellte aber schon etwas Besonderes dar, wenn man unter all den Kindern armer Leute einen Lederball besaß. „Wer mit mir spielen will", sagte ich, „kann mit meinem Lederball spielen." Das machte mich zur Respektsperson unter den Kindern.

Die Winter waren sehr kalt; dann gingen wir zum Fluß und sahen den Männern beim Eishacken zu; die Blöcke wurden in die Eiskeller gebracht. Neben unserem Haus war eine Sodawasserbereitung, dorthin brachte man Eisblöcke, um sie zu lagern. Das Eislaufen auf der gefrorenen Pilica war nicht ungefährlich; einmal ertrank ein Mitschüler.

Am Wasser gab es schöne Wiesen, auf denen das Vieh weidete, Besucher kamen aus den umliegenden Orten und aus den Städten, sogar ein Jahrmarkt wurde aufgestellt, mit Karussell, Schaukel, Schießbuden. Der Knabe Leon machte sich davon, wann er nur konnte, um sich dort herumzutreiben und die Fremden zu studieren, die aus den umliegenden Dörfern ankamen. All die hübschen Mädchen!

Bei der nahen Mühle traf man sich. Verschiedene Feste wurden dort gefeiert. Beim *Teschlach*-Fest etwa ging man zum Wasser, um Brot hineinzuwerfen. Ein Zirkus kam, der mich beeindruckte wie jedes Kind, das erstmals vor der Glitzerwelt aus Tieren und Gauklern steht. Ich konnte die ganze Nacht nicht schlafen, weil mich die Bilder der springenden Artisten und der Menschen, die unter der Zeltkuppel ihr Leben riskierten, so tief beeindruckt hatten. Wenn ich ins

Kino durfte, um einen Stummfilm anzusehen, war ich mehr von der traurigen Musik des Klavierspielers gerührt als vom Film. Die Menschen auf der Leinwand liefen so schnell, danach war man stets benommen. Manchmal gastierten auch jüdische Wanderschauspieltruppen im Kino. Reisende *Klezmer*-Musikanten spielten bei Hochzeiten oder auf der Straße. Einmal landete ein Flugzeug jenseits der Pilica, um einen Kranken aufzunehmen. Wir alle rannten hin, um dieses nie gesehene Schauspiel nicht zu versäumen.

Von Tod oder Krieg hat niemand geredet. Aber obwohl wir in den Tag hinein lebten, gab es den Tod. Man hielt ihn nur von uns fern. Als eine Schulkollegin starb, ein nichtjüdisches Mädchen, nahmen wir alle Abschied von ihr, indem wir an ihrem Sarg vorbeigingen. Auch diesem Tod fehlte das Erschreckende – das Unheimliche daran war für uns junge Juden nicht so sehr, das erste Mal mit ihm konfrontiert zu sein, es war die Art und Weise, wie die Christen damit umgingen. Bei uns bahrte man die Toten nicht auf, man legte sie auf den Fußboden, mit den Füßen zur Tür.

Die Mühle, ein großer, moderner Bau, zog uns an. Wie das Wasser auf das Mühlrad stürzte, daran konnten wir uns nicht sattsehen. Oft wurde es darüber Abend, und auf einmal wurden wir der Friedhofsmauer gewahr, die auf der anderen Seite des Weges stand. Wir fürchteten uns, zogen den Kopf ein und machten, daß wir nach Hause kamen.

Ein Großvater starb, als ich zehn war, aber ich durfte seine Leiche nicht sehen. Der Rebbe kam und segnete ihn, als er sterbenskrank im Bett lag. Auch ein jüdischer Arzt erschien, aber er konnte ihn mit den damaligen medizinischen Mitteln nicht retten. Ich war traurig und weinte viel, als die Geschäfte wie bei jedem vorüberziehenden Kondukt schlossen und man ihn durch die Gassen zum Friedhof trug, aber ich hatte nicht wirklich begriffen, was der Tod bedeutet. Die Großmutter beruhigte und tröstete uns.

Samstag abend sang meine Mutter Lieder. Den Text habe

ich bis auf den vom *Stetele Bels* längst vergessen, sie waren nur teilweise an uns Kinder gerichtet, teilweise priesen sie Gott und die Segnungen des Festmahls. Wehmütig waren sie, trotz aller Freude von einer Traurigkeit, der ich mich nicht entziehen konnte. Erst Sonntag vormittag vermochte ich diese Melancholie abzuschütteln. Ich rannte mit den jungen Sozialisten oder mit den jungen Zionisten. Die Sozialisten hielten weltverbessernde Reden und faszinierten mich durch ihre Intellektualität. Die *challutzim* waren eher Pioniertypen, Abenteurer. Das wichtigste für mich, sie sprachen von der Welt draußen, oder besser, sie versprachen uns die Welt draußen. Dorthin wollte ich.

Ich fühlte mich zu den Polen hingezogen, besuchte auch die öffentliche Volksschule, empfand mich als Pole und als Jude, konnte keinen Widerspruch darin sehen. Die nichtjüdischen Mitschüler stellten eine Möglichkeit dar, in Kontakt zur neuen Welt zu treten. Die polnischen Lehrer pflegten diese Utopien einer Gesellschaft ohne Schranken geradezu. Weihnachten war ein wunderschöner Feiertag für mich. Die weißen Berge schauten auf das verschneite Städtchen herab, der gefrorene Fluß mit seinen Eisläufern, die verschneiten Wälder, die glitzernden Wiesen bildeten die Postkartenkulisse für ein Wintermärchen.

Wir hatten kein Konzept von Reichtum oder Ruhm, wir klebten uns bloß ein Traumalbum einer anderen, größeren, bunteren Welt zusammen und illustrierten es mit schönen Bildern aus Büchern, Illustrierten und Erzählungen. Das Papier, auf das wir unsere Fotos klebten, war freilich bedruckt mit traditionellen Mustern. In diesem Album zu blättern, die Porträts und Abziehbilder zu besichtigen, darin besteht für mich meine Kindheit.

Eines der buntesten dieser Bildchen zeigt mir meinen Onkel Senderowicz, Gewerkschaftssekretär in Lodz. Man hat über meinen Onkel geredet im Stetl. Er sei nicht gläubig, hieß es. In Lodz besuche er keine Synagoge. Aber wenn er nach Szczekociny kam, mußte er in den Tempel gehen! Denn Szczekociny war der Ort, an dem seine Schwester lebte. Er war übrigens sehr elegant gekleidet, ein Herr aus der Stadt, Sozialdemokrat vermutlich, vielleicht auch Kommunist, und es fiel ihm gar nicht ein, auch nur in Versuchung zu kommen, einen Sabbat-Kaftan anzuziehen. Einen Verwandten aus der Stadt mit weißen Gamaschen, der überall Trinkgelder gab – darauf konnte man schon stolz sein.

Er strich mir über die Haare, erkundigte sich nach meiner Lektüre und wollte meine Bücher sehen. Meine Mutter lobte ihre Söhne, so daß auch er mit uns zufrieden sein konnte. Ein Mann von Welt, aber von einer anderen, ein Sozialist: So stellten wir jungen Juden uns eine menschenwürdige Existenz vor. Da war einer aus der erträumten Freiheit, in der wir als Juden in Würde leben könnten. Er kämpfte für Arme und Unterdrückte, denn in Polen herrschte weitgehend finsterer Feudalismus. Aber wir Juden meinten nicht nur die Armen: Wir meinten auch uns selbst.

*

Es muß etwa 1938 gewesen sein, als belesene Leute wie der jüdische Lehrer begannen, des öfteren von Deutschland zu sprechen, ohne daß gleich vom Krieg die Rede gewesen wäre. Nach und nach kamen Nachrichten über die Änderung der Lage, schnell mündeten sie in Diskussionen über einen kommenden Krieg. Plötzlich sprach man von nichts anderem mehr.

Reden über Polen hallten über den Markt. Anfang der dreißiger Jahre hatten die verblendeten Polen schon von einem Angriff auf Deutschland gesprochen, und jetzt war es nicht viel anders. Deutschland habe im Osten noch keinen entschiedenen Widerstand erlebt, sagte der polnische Außenminister Beck. Polen werde den Deutschen zeigen, was entschiedener Widerstand sei. Das Echo dieser großen Worte tönte bis in die Schule von Szczekociny.

Ich ging nach Hause und verkündete, die polnische Propaganda wiederholend, wir bräuchten uns keine Sorgen zu machen, die polnische Armee mit ihren berittenen Ulanen werde in zwei Tagen in Berlin sein. Außerdem waren nahezu alle Polen der Ansicht, die Garantien Englands und Frankreichs würden ausreichenden Schutz gegen die Deutschen bieten und die ganze Welt im Kriegsfall auf Polens Seite bringen.

Es ging ans Bauen von Schützengräben. Wir Kinder freuten uns über die Abwechslung. Euphorie und Hurrapatriotismus herrschten vor. Die Eltern waren zwar besorgt über die Hitler-Reden, die sie aus den offenen Türen bei Kaletta hörten. Zu Hause hatten wir weder Radio noch Telefon, und mein Kristalldetektor galt als Spielzeug und diente nicht zur Nachrichtenübermittlung. Wir verstanden diese Reden nicht, aber ihr Ton machte uns angst. Doch wovor sollten wir uns fürchten? Uns schützten die Ulanen und unsere Verbündeten. Stolz sahen wir die Ulanen-Kavallerie durch das Stetl ausziehen, um ihr Versprechen einzulösen.

Einige der Intelligenten, Gebildeten unter den Erwachsenen hatten die Hitlerreden richtig verstanden. Sie bekamen Angst und bereiteten ihre Flucht vor. Die Auswahl an Fluchtorten und Fluchtwegen war klein. Die Sozialisten gingen nach Rußland, das Häufchen Zionisten nach Palästina. Die alten Leute blieben. „Geht nur", sagten sie zu den Jungen, die sie überreden wollten, mitzukommen. „Wir bleiben hier. Gott wird uns beschützen." Es blieb den Jungen gar nichts anderes übrig, als davonzulaufen; und sie liefen. Sie liefen um ihr Leben. Sie ließen den Fatalismus zurück. Der Einbruch der neuen, anderen Welt war ganz anders gekommen, er hatte einen ganz anderen Sinn bekommen, als wir alle uns das hätten träumen lassen.

Eines Morgens im September 1939 waren Flugzeuge über dem Dorf. Heulend stürzten sich die Kampfbomber vom Himmel, pfeifend fielen die Bomben. Der Marktplatz wurde am schwersten getroffen, weite Teile des Stetls lagen in Schutt und Asche. Dann setzte Artillerie- und Gewehrfeuer ein.

Das war das Ende meines Stetls. Nicht das Ende, die Auslöschung. Nie mehr würde meine Mutter mein Lied dort singen, und doch würde dieses Lied die Erinnerung an mein Stetl immer bewahren. Mit dem Lied meiner Mutter, dem Gebet des Vaters, den brennenden Kerzen am *erev schabbes* verschwand eine vielhundertjährige Tradition. Diese jüdische Tradition des Stetl-Lebens wurde ebenso zerstört wie der mit ihr verwobene beginnende Aufbruch dieser Kultur in eine neue Zukunft. Die Alten gingen ebenso zugrunde wie eine Jugend, die im Begriff war, eine neue Welt in und aus der alten zu schaffen.

Wer nicht floh, starb. Ich selbst bin nie mehr zurückgekehrt. Ich werde auch nicht mehr hingehen. Zertretene Träume besucht man nicht.

Ehe man auch nur anfangen kann, die Bedeutung des Holocaust zu begreifen, muß man versuchen zu verstehen, was die Welt des Stetls bedeutet hat. Die Nazis vernichteten nicht nur Menschen, sie vernichteten eine Kultur, den Kosmos dieses Stetls, das Tausende seinesgleichen in Osteuropa hatte, sie nahmen dieser Kultur die Chance, sich in die moderne Zeit einzupassen, sie vernichteten Tradition, Geschichte und Bewußtsein dieser Welt.

Ich habe in den achtziger Jahren in Wien eine Ausstellung organisiert, um dieser Welt ein Denkmal zu setzen: Nicht den Berühmtheiten, sondern dem versunkenen jüdischen Alltag dieses Stetls sollte die Erinnerung zuteil werden, den gottesfürchtigen, schlichten Handwerkern. Die Kinder des einfachen Schusters träumten meine Träume nicht, einmal nach Lodz zu fahren, und wagten gar nicht daran zu denken, je etwa in Wien zu studieren. Sie waren dort geboren, hätten dort gelebt und wären dort gestorben. Die Welt des Stetls, meines Stetls, bestand aus beidem, aus vorwärtsgerichteten Träumen und aus beharrenden Kräften.

Das Städtchen Szczekociny steht noch. Zumindest ein Städtchen gleichen Namens. Mit meinem Stetl hat es nichts mehr zu tun.

Ich wollte mir einen Reiseführer besorgen, um mir topografische Gegebenheiten in Erinnerung zu rufen, und telefonierte mit der polnischen Botschaft, Kulturabteilung.

„Sie wissen“, sagte der Beamte, „dort gab es eine wunderschöne Synagoge.“ Ich bat ihn, mir das Material darüber zu schicken.

Er schickte mir einen Führer, der kein Wort über die Synagoge verliert, nicht einmal erwähnt, daß in Szczekociny je Juden gelebt haben. So viel Vernichtung der Erinnerung ist Hitler gelungen. Hier im kleinen Stetl begann der Vernichtungsbrand, der sich bis nach Auschwitz weiterfraß und beinahe alles und beinahe alle zerstörte, ehe er selbst gelöscht wurde. Ich will, daß trotzdem jeder weiß, mein Stetl war da. Deswegen erzähle ich diese Geschichte.

Nicht alle Juden aus Szczekociny sind umgekommen. Von denen, die in Ghettos und Lager gerieten, hat kaum jemand überlebt. Die nach Rußland gingen, kamen alle mit dem Leben davon, auch wenn man sie nach Sibirien deportierte. Es werden wohl noch ein paar Dutzend Menschen leben, die das Stetl kannten wie ich. Aber keiner von denen, die den Überfall der Deutschen überlebten, weil sie flohen, lebt heute noch dort.

Kapitel 2

LEON MUTTERLOS

Die Ulanen kehrten mit zerfetzten Uniformen und zerbrochenen Lanzen zurück. Sie führten ihre Toten und Verwundeten mit sich; schwer geschlagen zogen sie durchs Stetl, mühsam schleppten sie die Reste ihrer stolzen Ausrüstung mit sich. Menschen und Pferde blieben tot auf der Straße liegen. Den Ulanen auf dem Fuß folgte mit kalter Präzision und unbarmherziger Genauigkeit der Vormarsch der Deutschen.

Sie hatten nichts dem Zufall überlassen. Sie wußten über die Verhältnisse in Szczekociny bestens Bescheid. Ein Pole war vor einiger Zeit im Stetl aufgetaucht und hatte sich hier und dort umgesehen. Dann verschwand er wieder. Keiner hatte sich viel dabei gedacht. Als die Deutschen einmarschierten, fiel es allen wie Schuppen von den Augen. Da stand ihr Spitzel – denn als solchen durchschaute ihn jetzt jeder – mitten auf dem Marktplatz und zeigte den Eroberern, wo was zu finden war. Sie hatten durch ihn schon alle Pläne, kannten Rathaus, Tempel und Schule, wußten, wo beschlagnahmenswerte Güter zu finden, wo Juden anzutreffen waren.

Die Deutschen marschierten schnell. Sie brachten den Tod. Szczekociny an der Pilica besaß strategische Bedeutung. Ihre Artillerie nahm das Stetl unter Beschuß. Flugzeuge griffen an. Verstörung, Verwirrung, Chaos und Panik brachen aus. Unser Haus wurde getroffen. In einer Gewehrsalve kam der Vater ums Leben.

Die Rückzugswelle der Ulanen spülte den Rest unserer Familie aus Szczekociny fort. Abgerissen, einer den anderen schleppend, bandagiert, aus zahlreichen Wunden blutend, ihr beschädigtes Kriegsmaterial hinter sich herziehend, teils zu Fuß und ohne ihre Pferde ließen unsere stolzen Verteidiger uns im Stich. Beim Anblick der Ulanen hatte meine Mutter die Lage erfaßt. Wenn Polens Hoffnungen so aussahen, mußte man die Sache selbst in die Hand nehmen und davonlaufen. Der Vater mitsamt seinem Gottvertrauen konnte keinen Rat mehr geben. Also beschloß sie, mit mir und meinem zwei Jahre jüngeren Bruder Schajek zu unserem Onkel Senderowicz, dem eleganten Gewerkschafter, nach Lodz zu flüchten. Er sollte dort eine große Wohnung haben. Auch ihre Schwester, meine Tante Mejci, vor zwei Jahren nach dem Tod ihres Mannes mit ihren Kindern nach Lodz verzogen, hofften wir dort zu treffen.

Nach Lodz! In die Großstadt, nach der ich mich schon so lange gesehnt hatte. Allerdings unter anderen Umständen! Mir hatte der Onkel, weil ich immer gut in der Schule war, versprochen, mich in die Stadt aufs Gymnasium zu holen. Jetzt hieß es Flucht. Abschied für immer, nicht nur für ein Semester. Das Notwendigste wurde in Bündel verpackt. Ein bißchen Wäsche und Kleidung, Geschirr, Besteck, der silberne Kerzenleuchter, von dem sich keine jüdische Familie freiwillig trennt, wurde aus dem Schutt gegraben. Wir nahmen nur, was wir tragen konnten. Ich steckte eines meiner Bücher zu mir, einen Sienkiewicz-Roman natürlich. Die Schnelligkeit der Deutschen ließ uns keine Zeit zur Wahl.

Ganz im Gegensatz zu dieser Schnelligkeit ging unsere Flucht nur stockend vor sich. Die Straßen waren verstopft mit Karren, Pferdefuhrwerken und Leiterwagen, mit Trecks und Kolonnen flüchtender Zivilisten und Soldaten. Alle paar Augenblicke griff ein Flugzeug im Sturzflug an. Wir vermochten uns oft nur mit einem Sprung in den Graben vor den Salven der Bordgewehre zu retten. Wenn wir aufstanden, blieben meist einige getroffen liegen. Man mußte sie zurücklassen. Immer näher rückte die deutsche Armee.

Die Nachrichten eilten uns nach. Eine Schreckenskunde

nach der anderen erreichte uns, jeder Flüchtling hatte eine neue. Wer aller umgekommen war, nahm man nur noch nebenbei wahr. En passant, wie man sagt. Wir flohen vor diesen Nachrichten. Wir hörten, daß die Deutschen sämtliche alten, frommen Juden, die zurückgeblieben waren, in die Synagoge getrieben und die verschlossene Synagoge angezündet hatten. Alle verbrannten. Wer die Feuerhölle irgendwie überstand, wurde erschossen. Niemand, der auch nur einen Tag länger in Szczekociny geblieben war als wir, überlebte. Jetzt wußten wir noch besser, wovor wir flüchteten.

Mutter beschloß, von der Hauptstraße abzubiegen. Wie sie es schaffte, den Weg zu finden, bleibt mir ein Rätsel. Mein Bruder und ich vertrauten ihr in fragenloser Sicherheit. Sie war das einzige, das wir noch hatten. Nichts ist mir von dieser Flucht deutlicher in Erinnerung geblieben als mein Schrecken beim Anblick der Toten, die nach jedem Angriff der Tiefflieger in einer Blutlache liegenblieben. Oder die noch vom letzten Angriff dalagen und die niemanden etwas anzugehen schienen. Wie anders war ihr Anblick als der jenes Christenmädchens, der uns im Stetl so sehr befremdet hatte! Das Bild, wie sie umkränzt und still im Festkleid aufgebahrt dalag, damit wir in Frieden von ihr Abschied nehmen konnten, wirkte höchstens einen feinen Fehler ins gleichmäßige Gewebe unserer Tage.

Jetzt war dieses Gewebe zerrissen. Kein größerer Unterschied ist denkbar als der zwischen der aufgebahrten zarten Gestalt des Mädchens und den Toten, die unseren Fluchtweg säumten, mit ihren aufgedunsenen Bäuchen, verzerrten Gesichtern und weit aufgerissenen, fliegenbesetzten Augen! Ihre war die erste Leiche gewesen, die ich in meinem Leben gesehen hatte. Den Anblick des toten Großvaters hatte man mir noch vorenthalten. Nun aber waren es Hunderte, Tausende Tote. Sie füllten die Gräben links und rechts der Straßen. Sie erschreckten mich mehr noch als die Berichte über die Ereignisse in Szczekociny. Daß der Vater, Nachbarn, Lehrer, Rabbiner, Freunde und Bekannte alle tot sein sollten, wollten weder mein Bruder noch ich uns vorstellen. Die Toten, die wir sahen, mußten wir uns nicht vorstellen. Sie verschlugen uns die Rede und lähmten unsere Vorstellungskraft. Stumpf taumelten wir vorwärts, klammerten uns an Mutters Hand.

Mutter schwieg zu alldem. Ihre Blicke sahen wir nicht. Ihre Gedanken konnten wir nicht lesen. Sie drückte unsere Hand und redete uns zu. „Aufstehen, weitergehen." Liebevoll drängte sie uns vorwärts. Am Hals trug sie ein Säckchen mit Golddukaten, mit denen sie Nahrungsmittel und Unterkünfte beschaffte oder Menschen für ihre Dienste bezahlte. Die Hilfsbereitschaft unter der Bevölkerung war zwar groß, aber als kluge Frau zog sie es vor, sich nicht darauf zu verlassen. Immer konnte ein Goldstück einen Vorteil verschaffen, ein wenig zu essen oder eine Unterkunft.

Mutter entwickelte Kräfte, die ich ihr zwar nie zugetraut hätte, über die ich mich aber auch nicht wunderte. Sie hatte die Sache in die Hand genommen, wie sie auch unser Familienleben mit ruhiger Hand gesteuert hatte. Nun führte sie uns durch unbekanntes Land nach Lodz. Mit ihrer stillen, beharrlichen Art und dem kleinen Beutel an ihrem Hals gelangte sie stets ans Ziel. Immer ging es darum, jemanden zu finden, der uns von Ort zu Ort mitnahm; meist waren es Bauern, einmal auch polnische Soldaten. Nachdem wir die Hauptstraßen, auf denen die Deutschen marschierten, verlassen hatten, flüchteten wir querfeldein durch Wälder und Wiesen. Manchmal sah man auf einer Straße deutsche Soldaten im Vormarsch. Wir duckten uns, weil wir wußten, daß sie auf die flüchtenden Zivilisten schossen, wenn sie Lust dazu hatten.

Wir wanderten durch einen sonnigen Altweibersommer. Manchmal lag dichter Frühnebel über unserem Weg, aus dem Dörfer und Höfe auftauchten, deren Namen ich nie gehört hatte. Von überallher strömten Menschen in Richtung Lodz. Es war ein unheimlicher Herbstzug, der sich da formierte, der Beginn einer Wanderung, von der trotz des Todes und der Schrecken hinter uns kaum einer ahnte, wohin sie führen würde.

Schon gar nicht ahnte der kleine Leon, daß seine Wanderung, die nun begann, erst nach sechs Jahren zu Ende sein würde. Wie hätte er es wissen sollen? Lodz war der rettende Hafen, ihn galt es zu erreichen. Alles würde gut werden in Lodz, beim eleganten und vermögenden Onkel würden wir in Sicherheit sein. Noch aber gingen wir durch die Dörfer.

Zimmer waren knapp, denn alle Flüchtlinge hatten das gleiche Ziel: Lodz. Meist waren wir froh, im Stroh einer Scheune schlafen zu dürfen. Bekamen wir bei Bauern einmal ein Bett, legte Mutter meinen Bruder und mich hinein. Sie selbst kuschelte sich zuerst zu uns, weniger um uns zu wärmen als uns mit ihrem Körper zu schützen. Ich griff nach ihrer Brust wie ein kleines Kind, um sie ganz nah zu spüren. Dann, wenn wir eingeschlafen waren, kroch sie heraus und legte sich auf den Boden, um uns das ganze Bett zu überlassen, damit wir besser schliefen.

In einem größeren Dorf gelang es ihr einmal, ein Zimmer zu bekommen; es muß bei Bekannten gewesen sein, denn im ganzen Haus wohnten Juden. Man teilte uns einen schönen Raum zu. Mutter mußte diesmal nicht auf dem Boden schlafen, denn es gab einen Sessel. Das Bett überließ sie wie immer meinem zwei Jahre jüngeren Bruder und mir. Der Raum war gutbürgerlich möbliert und mit dunklem Holz vertäfelt. Das Pendel einer große Standuhr schwang hin und her. So eine Uhr hatten wir noch nie gesehen. Sie tickte laut und schlug jede Viertelstunde mit mächtigem Gong. Dieser unbekannte Ton weckte uns Kinder und ängstigte uns. Schajek begann zu weinen. Da legte sie sich neben ihn auf den Bettrand, nahm ihn in die Arme und sang mit leiser Stimme das Lied „Schlaf, Kindlein schlaf …“. Sie sang es leise und traurig. Sie sang es, als wüßte sie alles, was kommen würde. Sie sang es, bis mein Bruder eingeschlafen war.

Mitten in der Nacht weckte mich die Uhr erneut. Ich sah meine Mutter beten. Sie flehte zu Gott um Hilfe. „Was wird aus uns werden? Hilf uns, Herr", hörte ich sie murmeln. Ich verstand nur einen Teil ihres Gebets, aber was sie sagte, war gar nicht so wichtig. Es war der klagende, traurige Ton jenes Gebets und jener Lieder, den ich aus dem Stetl kannte, wenn wir zwei Buben mit ihr allein zu Hause waren und warteten, bis der Vater von der Synagoge nach Hause kam. Mutter zündete dann die Kerzen an und sprach Gebete, Wünsche und Fürbitten für alle Lieben und Verwandten. Stets weinte sie ein wenig dabei, denn sie erwog das Ausmaß des Unglücks, das es abzuwenden galt.

Nie hatte ich im behüteten Stetl so etwas wie Gefahr überhaupt für möglich gehalten. Gefahr, das war höchstens ein Wort, mit dem die immer ängstlichen Mütter versuchten, ihre Kinder vom Schwimmen im Fluß oder vom allzu kecken Radfahren abzubringen. Erst jetzt, nach dem Tod des Vaters, dem Verlust allen Besitzes, der völligen Entwurzelung, verstand ich den traurigen Ton des Gebets meiner Mutter. Und erst jetzt, da ich ihn verstand, ging er mir zu Herzen.

*

Nach vier oder fünf Tagen erreichten wir Lodz. Oder waren es zwei Wochen? Ich kann heute weder Zeit noch Strecke richtig einschätzen, weiß die Umwege nicht mehr, könnte die Namen der Orte, durch die uns unsere Flucht führte, auf keiner Landkarte finden. Auf Waldwegen und Nebenstraßen, durch unbekannte Dörfer und Gegenden hatte uns diese Frau, die kaum je aus dem kleinen Stetl herausgekommen war, geführt. Immerhin sind es 150 Kilometer Luftlinie von Szczekociny nach Lodz. Noch heute ist mir diese Leistung unbegreiflich. Wie sie überhaupt auf die Idee kam, uns nach

Lodz zu führen! Wie sie den richtigen Weg fand, wie sie mit Bauern verhandelte, Fuhrwerke für uns auftrieb, auf denen wir mitfahren konnten, Schleichwege erkundete, Lebensmittel organisierte. Erst in der Erinnerung daran fällt mir auf, daß ich sie nie etwas essen sah.

Endlich in Lodz! Endlich gerettet! Daran dachte ich gar nicht mehr, als ich das erste Mal in meinem Leben auf städtischem Boden stand. Endlich Großstadt! Menschenströme, Lärm, hohe Häuser mit Tausenden Fenstern, breite, prächtige Boulevards, belebte Geschäfte. Autos fuhren, Straßenbahnen klingelten. Ein großer Julius-Meinl-Laden fiel mir ins Auge, der luxuriöse Lebensmittel feilbot. Wie konnte diese offenbare städtische Normalität möglich sein? Die deutschen Besatzer waren längst da, Hakenkreuzfahnen hingen überall, Hitlerjugend marschierte in weißen Strümpfen, daneben die kalte Eleganz der schwarzen SS-Uniformen. Wo waren sie alle hergekommen? Wie konnten die Deutschen so schnell hier sein? Hatte es überhaupt je einen Krieg gegeben?

Gewiß, in Lodz lebten sehr viele Volksdeutsche, von denen die meisten gleich zu den Nazis übergelaufen waren. Andererseits waren über 200.000 der 700.000 Einwohner von Lodz Juden – die jüdische Gemeinde von Lodz zählte zu den größten der Welt. Und der deutsche Gauleiter schätzte, daß in diesen Tagen noch einmal hunderttausend Juden nach Lodz gekommen waren.

Freilich war nur auf den ersten Blick alles so normal, wie es sein hätte sollen. Da und dort sah man Bombenschutt. Lodz war aus der Luft angegriffen worden. Zum ersten Mal hörte ich, daß mir einer auf polnisch das Wort „Jude“ nachrief. Obwohl ich ein ganz normal gekleideter Junge war und mich durch nichts von einem polnischen Jungen unterschied, wußten die Polen genau, mit wem sie es zu tun hatten. Wahrscheinlich wollten sie den Deutschen mit ihrem Antisemitismus imponieren, obwohl hausgemachter Antisemitismus in Polen eine lange und unschöne Tradition hatte. Immerhin, noch ehe ich das deutsche „Jude" in die Ohren bekam, machte ich erstmals in Lodz mit dem polnischen „Zid!" als Schimpfwort Bekanntschaft.

Vor allem aber: Mein Onkel, zu dem uns unser erster Weg führte, war nicht da. Seine Frau, die uns öffnete, hatte ein bleiches, verweintes Gesicht. Die Deutschen hatten ihren Mann, seiner führenden Funktion in der Metallergewerkschaft wegen, wie viele andere Mitglieder der polnischen politischen Intelligenz auf dem Baluty-Platz in der Altstadt von Lodz erhängt. „Wir mußten zunächst dem Gegner die führenden Köpfe nehmen ... das war die polnische Intelligenz. Die mußten weg, da half nun nichts." Die Worte des SS-Chefs Himmler erklären den mörderischen Plan hinter der scheinbar wahllosen Brutalität der Deutschen. Daß mein Onkel Jude war, hatte mit seiner Ermordung nichts zu tun. In dieser ersten Stufe löschten die Nazis nur jede Möglichkeit polnischen Widerstands aus.

Die Witwe meines Onkels – ich sollte sagen, meine Tante, aber wir kannten sie ja nicht, und Mutter kannte sie kaum – bewies in ihrer Lage Haltung. Trotz ihres Schocks und Schmerzes nahm sie sich unserer an. Wir konnten fürs erste dort bleiben. Wir standen zwar erst am Anfang des Grauens, doch hatte jeder bereits sein eigenes Leid zu beklagen, keiner konnte seinen Verlust als Einzelerscheinung betrachten.

Die Tante erschien mir als sehr gebildete und kultivierte Dame; sie half uns Großstadtfremdlingen, wo sie konnte. In ihrer eleganten Wohnung fühlten wir uns trotzdem unsicher. Mit unserem ländlich-religiösen Hintergrund konnten wir ihr in ihrer Trauer um ihren atheistischen Mann wenig helfen. Und ehe wir uns miteinander vertraut machen konnten, war die Tante verschwunden. Verschleppt? Verhaftet? Wir sollten es nie erfahren.

Wir kamen bei Tante Mejci unter. Dort fühlten wir uns wohler. Ihre große Familie, drei Söhne, drei Töchter, war wie ein Stück Stetl. Wir wohnten in einem gutbürgerlichen Viertel, in einem riesigen Durchhaus, einer Verbindung zwischen der Sienkiewicza und der Piotrkowska, einer verkehrsdurchbrausten Prachtstraße. Schöne Damen promenierten dort, man hörte Offiziere deutsch sprechen, vornehme Autos hielten vor teuren Lokalen. Ich war überwältigt. Die Fahnen, die Trommeln der Aufmärsche, das Knallen der Knobelbecher auf dem Pflaster machten mir fast Lust, mitzumarschieren. Am Klang der Straßenbahn konnte ich mich nicht satthören, ihr Klingeln, ihr Kreischen, wenn sie sich in eine Haltestelle einschliff, waren nichts anderes als die erträumten Töne der großen neuen Welt. Die Bilder dazu lieferten mir die Schaufenster der großen Geschäfte. Mit runden Augen stand ich davor.

Schnell geht das bei Kindern. Trotz aller Schrecknisse, trotz der Toten, trotz des Verlustes von Vater und Onkel, trotz des Schocks, unter dem ich seit Beginn unserer Flucht stand, war ich von der Großstadt hingerissen. Alles in Lodz schien völlig normal. Wenn da nicht die Hakenkreuzfahnen gewesen wären. Auch Juden sah man in diesen ersten Wochen noch auf den Straßen, wenigstens in unserem Viertel, einer „gemischten", „besseren" Wohngegend. Wir hörten zwar, daß die Deutschen Jagd auf orthodoxe Juden machten, sahen aber nichts davon. Wohl mochte es vorkommen, daß der eine oder andere Deutsche auf offener Straße einen Juden schlug oder aus einer Laune heraus schikanierte, aber die Judenverfolgung war noch nicht zum Programm erklärt.

Es wäre uns trotz allem bisher Erlebten nicht in den Sinn gekommen, wir würden *als Juden* verfolgt. Was war denn Besonderers daran, Jude zu sein? Ich, der ich mich sowieso als Pole fühlte, konnte das nicht einsehen. Erst der Befehl, alle Juden hätten sich registrieren zu lassen, begann unsere Ansichten zu ändern. Es folgte die Anordnung einer nächtliche Ausgangssperre. Wenn man jemanden besuchte, mußte man dort übernachten. Selbst bei aller Neuheit der Erfahrungen merkte auch ein Elfjähriger, daß das nicht mehr zur Großstadtroutine gehörte, daß hier etwas nicht stimmte. Jetzt erkannten sogar wir die Gefahr. Zu spät.

Ich begann zu erfassen, daß ich ausgeschlossen war. Im großen, von Hunderten Familien bewohnten Hof sah ich die polnischen Kinder laufen, springen und Fußball spielen. Uns Judenkindern war es verboten, mitzuspielen. Wie gern hätte ich den anderen gezeigt, daß man in Szczekociny Fußball zu spielen verstand! Auch die große Meinl-Filiale, auf die wir uns so gefreut hatten, durften wir nicht betreten. Ab 14. November galt zudem eine Verordnung des deutschen Regierungspräsidenten Uebelhör, die alle Juden zwang, eine gelbe Armbinde, ab 13. Dezember vorne und hinten deutlich sichtbar den gelben Stern mit dem Wort „Jude" zu tragen. Razzien mehrten sich, ohne Angabe von Gründen verhafteten die Deutschen Juden, schlugen sie, verschleppten sie zur Zwangsarbeit.

Man sagte damals übrigens nicht „die Nazis", sondern „die Deutschen", *ashkenaz.* Deutsche Juden waren es gewesen, von denen die jüdischen Bewohner der Tausenden Stetl in ganz Polen abstammten. Vor Jahrhunderten waren sie aus Deutschland ostwärts geflüchtet. Sie nannten sich *ashkenazim,* weil sie aus Deutschland kamen. Im abgeschlossenen Stetl hatten sie ihre fromme Kultur behalten und weiterentwickelt. Jetzt wurden sie von ihren einstigen Vertreibern eingeholt. Nun standen, dank einer bösen Ironie der Geschichte, *ahskenaz* und *ashkenaz* einander gegenüber. Daß ein und dasselbe Wort beide bezeichnete, entging Verfolgern und Verfolgten.

Trotz Registrierung, Armbinde und Stern wußten die Juden nicht, was auf sie zukam. Da und dort hörte man von einem Juden, der sich aus Verzweiflung umgebracht hatte. Andere ließen ihren Besitz zurück und flüchteten in letzter Minute nach Osten. Die Zurückgebliebenen schüttelten den Kopf. Wozu resignieren, wozu sich in solche Gefahr begeben?

Die Härten würden nachlassen, ohne uns würde es nicht gehen, irgendwie würde man durchkommen.

Das Gesicht unserer Mutter hatte sich seit unserer Flucht nicht mehr aufgehellt. Ihren Kindern war – trotz des Unverständnisses darüber, vom Spiel der Polenkinder im Hof ausgeschlossen zu sein – nicht klar, was hier geschah. Nicht einmal eine Verbindung zwischen den Deutschen und dem Tod des Vaters und des Onkels hatte ich herzustellen vermocht. Von Mutter hörten wir keine politischen Kommentare. Wenn sie auch die Gefahr erkannte, sie machte ihre Sorgen nicht zu unseren. Sie packte sie in ihre Gebete, in ihre traurigen Lieder, in ihre Tränen, die sie dabei weinte. „Was soll nur aus uns werden?" Was immer kommen sollte, sie hatte vor, uns zu beschützen, ihre Arme um uns zu legen und uns durchzubringen. Noch waren es starke Arme.

Auf der Straße forderten andere Juden uns Kinder auf, bei der Beseitigung des Bombenschutts zu helfen, polnische Schützengräben zuzuschaufeln. Berüchtigt waren die Kommandos, bei denen die Deutschen Juden zusammenfingen und sie zwangen, sinnlos einen Graben auszuschaufeln, um ihnen dann zu befehlen, ihn wieder zuzuschütten. Zu Weihnachten 1939 wurden riesige Plakate angeschlagen, des Inhalts, die Juden hätten allesamt ins Ghetto zu übersiedeln. Als Ghetto wurde das Gebiet der Altstadt von Lodz, die Marysin genannte Gegend beim jüdischen Friedhof und das übel beleumundete Elendsviertel um den Baluty-Platz vorgesehen, wo auch die öffentliche Hinrichtung meines Onkels und seiner Leidensgenossen stattgefunden hatte. Die nichtjüdischen Bewohner dieser Gegenden hatten auszuziehen und wurden in Ersatzwohnungen verlegt, an denen es den Nazis nun ja nicht mangelte.

*

Der Winter 1939/40 war schrecklich kalt. Unter den unerbittlichen Augen der Deutschen, die alles leiteten, begann ab

Anfang Februar 1940 eine große Wanderung. Ich fragte nicht mehr, warum wir wieder umzogen. Was hätten mir Erklärungen geholfen? Als die Juden nicht freiwillig der Aufforderung der Nazis zur Übersiedlung ins Ghetto folgten, stürmte die SS im März in die Wohnungen eines Viertels und richtete ein Blutbad an. In Panik rafften die Juden nach diesem „blutigen Sonntag" ihre Habseligkeiten zusammen und flüchteten ins Ghetto. Mutter hatte es wohl geahnt: Wenngleich die endgültige Einschließung des Ghettos erst mit 30. April terminisiert war, lautete die Alternative bereits jetzt: Befehl befolgen oder sofort sterben.

Maßnahmen, die dem „Schutz der Juden" dienten, wurden willig befolgt, denn die Bedrohung der Juden war ihnen nun hinlänglich deutlich gemacht. Als zynischste Maßnahme hatten die Nazis vorgesehen, daß nur in seltenenen Fällen sie selbst sich die Hände beschmutzten. Sie überließen diese Arbeit den Opfern – ein Prinzip, das auch in den Konzentrationslagern angewandt wurde: Die schlimmsten Schergen waren Gefangene. Sie standen persönlich dafür ein, daß sie ihre Aufträge befehlsgemäß ausführten, und schonten deshalb ihre Leidensgenossen am wenigsten. Schließlich ging es um ihr eigenes Leben.

Diesem Prinzip folgend, hatten die Nazis bereits im Oktober 1939, noch ehe das Ghetto eingerichtet war, einen jüdischen Ghettoverwalter bestimmt. Mordechai Chaim Rumkowski, ehemaliger Leiter eines Waisenhauses, erhielt diesen Auftrag vermutlich seines Organisationstalents wegen. Das Ghetto – von den Nazis ohnehin nur als Vorstufe zu dem betrachtet, was sie mit dem furchtbaren Wort von Göring „Endlösung der Judenfrage" nannten – sollte als selbstverwaltete Einheit funktionieren, möglichst wenig Kosten verursachen und weder Aufsehen noch Unruhe erregen. Zudem enthielt es Industriebetriebe und Manufakturen, deren Betrieb zu organisieren war.

Das Ghetto diente also dem „Schutz der Juden". Rumkowskis Konzept lautete: „Unser einziger Weg ist Arbeit.“ Da Nahrungsmittel nur von außen, also von den Nazis, zu erhalten waren, gründete er sein Handeln auf die Überlegung, die Nazis von den für sie beinahe kostenlosen Warenlieferungen des Ghettos so abhängig zu machen, daß sie aus eigenem Interesse das Ghetto nicht liquidieren konnten. Tatsächlich scheint es, als habe Rumkowski mit der Produktivität der Ghettobetriebe dessen endgültige Liquidierung um ein Jahr hinauszögern können.

Die Nazis hatten ihm zu Beginn seiner Amtszeit gezeigt, wer die wahren Herren des Ghettos waren. Sie trugen ihm auf, einen Judenrat mit 31 Mitgliedern zu bestimmen. Sofort nach deren Ernennung wurden sie von den Nazis deportiert, Rumkowski, der es zu verhindern suchte, von der Gestapo brutal zusammengeschlagen und zur Ernennung eines neuen Judenrats gezwungen.

Im Ghetto von Lodz lebte Rumkowski wie ein Herrscher, war Herr über Leben und Tod; außerhalb des Ghettos war er ein Nichts, eine Marionette der Gestapo. Im Ghetto ließ er sogar Briefmarken mit seinem Porträt drucken. Er befehligte die jüdische Ghettopolizei, organisierte Gerichtsbarkeit und Gefängnis, das Ernährungs- und Gesundheitswesen und die gesamte Produktion. Sein Verwaltungsapparat hatte sich zu einer Bürokratie entwickelt, die, wie ich später erfuhr, 13.000 Menschen umfaßte.

Es fällt mir heute noch schwer, Rumkowskis Rolle zu bewerten. Er war ein Werkzeug und versuchte doch zu retten, was zu retten war. Er ließ sich immer tiefer in die Ziele seiner Auftraggeber hineinmanövrieren, je mehr die systematische Vernichtung aller Juden Gestalt annahm. Seine jüdische Ghettopolizei half bei Deportationen. Er selbst ließ Kundmachungen affichieren, in denen er Mütter zur Herausgabe ihrer Kinder, Familien zur Auslieferung der Alten und Kranken aufforderte. Gezeichnet waren sie mit „(-) Ch. Rumkowski. Der Älteste der Juden in Litzmannstadt.“ Am

11. April 1940 war Lodz von den Nazis in „Litzmannstadt" umbenannt worden. Je mehr Rumkowski sich in die Pläne der Nazis verstrickte, desto eigensinniger verfolgte er sein Konzept, zu retten, was er konnte: die jüdische Jugend. Ich selbst verdanke ihm mein Leben, meine Mutter kam in seinem Ghetto zu Tode.

Wie soll ein Mensch diese Bilanz bewerten? „Mach aus Rumkowski keinen Helden, auch wenn du ihm dein Leben verdankst", bat mich ein Leidensgenosse, der das Ghetto überlebt hat. An seinem Ende kehrte Rumkowski in jene im Tode gleichmachende Gemeinschaft der Juden zurück, die er als „König der Juden" kurze Zeit verlassen hatte.

Er herrschte tatsächlich wie ein König, und man nannte ihn auch so. Seine Kutsche, mit der er durchs Ghetto fuhr, wurde gezogen von einem Grauschimmel. Es war späterhin das einzige nicht von Menschenkraft bewegte Fahrzeug im Ghetto. Des Königs Kutsche bildete einen sinnfälligen Kontrast zu den von Menschen gezogenen Fäkalienwagen oder Leichenkarren. Sie versinnbildlichte die Privilegien der verhaßten Ghettobonzen, die ausreichend zu essen und zu heizen hatten, während die Masse Hungers starb.

Kein Wunder, daß sich genug politische Opposition gegen Rumkowski bildete. Allein, die Streiks und Proteste fielen nach wenigen Tagen in sich zusammen, weil die Streikenden den Hunger nicht ertrugen. Er ging gegen die – hauptsächlich sozialistischen – Protestierenden mit allen Mitteln vor, scheute sich auch nicht, sie deportieren zu lassen. Zu einem Aufstand wie im Warschauer Ghetto ist es in Lodz nicht gekommen; auch dies ist ein zweifelhaftes Verdienst Rumkowskis. „Ruhe im Ghetto", dieses Prinzip setzte der König mit allen Mitteln durch.

Was wußten wir von alledem, als wir zu unserem Umzug ins Ghetto aufbrachen? Wir folgten einem Befehl, wir suchten Schutz. Was blieb uns übrig, als Rumkowskis Aufruf zu folgen und uns seiner Verwaltung anzuvertrauen? Jeder schleppte, was er hatte. Es herrschte bittere Kälte und großes Chaos. Kinder schrien. Pferdefuhrwerke und Karren sorgten für einen regelrechten Stau; die reicheren Juden hatten vieles mitzunehmen. Diese Sorgen kannten wir nicht. Wir zogen einen Schlitten mit dem in Päckchen und Bündeln verstauten Rest unserer Habe durch den vor Kälte knirschenden Schnee.

Die Deutschen dirigierten uns in eine große Schule. Dort wartete auf uns ein brutaler Empfang. Hunderte Menschen saßen dichtgedrängt auf ihren Koffern, ihre Bündel auf den Knien. Unter Schlägen und Drohungen forderten die Soldaten von den Juden Geld und Wertsachen. Einige zögerten. Schüsse fielen. Jemand, bei dem man trotzdem ein Schmuckstück gefunden hatte, wurde erschossen. Wir zitterten. Verängstigt rückten die Menschen versteckte Wertgegenstände und Geld heraus. Unter ständigen Schlägen und Beschimpfungen nahmen die Deutschen sie ihnen ab, forderten mehr Geld, schossen in die Luft. Mutter mußte ihren Sabbatleuchter hergeben, das letzte und wertvollste, was sie noch besaß.

Die Nacht verbrachten wir je zu zweit auf schmalen Holzpritschen, andere auf dem nackten Fußboden, manche auf ihren Koffern schlafend. So voll waren die ungeheizten Räume, daß die menschlichen Leiber einander wärmten. Plötzlich rissen uns Befehle aus dem Schlaf: „Hinaus! Hinaus!" Wir mußten in den schneebedeckten Hof. Sie befahlen uns, die Hosen herunterzuziehen und unsere Notdurft zu verrichten. Männer wie Frauen mußten auf einem Balken Platz nehmen. Mit Schlägen zwangen sie die Unwilligen hinauf. „Scheißen! Scheißen!" befahlen sie, und „Lachen! Lustig sein!" Als die ersten nicht gleich gehorchten, wurden sie erschossen. Lachend mußten wir in der Kälte unsere Notdurft verrichten. Sie fotografierten uns dabei aus allen Perspektiven.

Warum ertrugen wir Szenen wie diese? Weil wir nicht

verstanden, worum es ging. Weil wir nicht ahnten, daß diese Fotos einem Propagandaauftrag der Nazis dienten. Weil wir nicht wußten, daß mit ihnen gezeigt werden sollte, daß es sich bei den Juden nur um Ungeziefer handelte, roh und kulturlos, Männer, Frauen, Kinder gemeinsam scheißend, dabei lachend. Weil wir schon am Anfang der Ghettozeit durch erlittene Nazi-Brutalitäten abstumpften. Weil wir wie vor den Kopf geschlagen waren ob soviel Roheit. Weil wir starr waren vor Schreck. Und weil wir zitterten – vor Kälte, und um unser Leben. Die Demütigungen waren der erste Teil der Strategie, die die Nazis verfolgten. Ehe sie uns töteten, hatten sie vor, uns zu entmenschlichen. Von unseren eigenen Leuten sollten wir gequält und in aussichtslose Situationen getrieben werden. Aus Angst ums Überleben sollten unsere niedrigsten Instinkte geweckt werden, durch Verweigerung der nötigen Nahrung und Ausbeutung unserer Arbeitskraft sollten wir auf das Niveau dumpfer Arbeitstiere gedrückt werden, bis wir krepierten oder einander des Fressens wegen umbrachten. Juden sind Tiere, die lachend miteinander scheißen. Ungeziefer, das zu töten nicht nur straflos bleibt, sondern verdienstvoll ist. Das war die Botschaft. Wir sollten dem Bild angeglichen werden, das sie von uns machten.

*

Im Ghetto wurde alles zugeteilt. Arbeit, Wohnung, Essen. Wir ließen uns in der Schule registrieren und bekamen eine Wohnung zugewiesen. Je sechs bis zehn Leute eine Wohnung! Insgesamt traf es etwa 160.000 Juden, die auf 30.000 Wohnungen verteilt wurden. Nur ein ganz geringer Bruchteil dieser Wohnungen hatte Wasser. Kanalisation gab es in der Baluty sowieso keine. Das uns zugewiesene Haus war nicht groß, von schäbigem Äußeren und umfaßte nur vier Wohnungen. Wir drei waren mit sechs Verwandten in einer Zwei-Zimmer-Wohnung von sechzig Quadratmetern untergebracht.

Ab 30. April 1940 war das Ghetto von Lodz mit Stacheldraht umgeben, die Tore wurden scharf bewacht. Die Wachen hatten Befehl, jeden Juden, der versuchte, durch den Zaun zu kriechen, sich ihm mit Schmuggelgut zu nähern, Schmuggelware darüber zu werfen oder sich nach 21 Uhr in seiner Nähe blicken ließ, „ohne Anruf zu erschießen". 160.000 Juden waren gefangen. Wir mit ihnen.

Am 1. Mai übertrugen die Nazis den deutschen Teil der Ghettoverwaltung einem ehemaligen Bremer Kaffeegroßhändler. Hans Biebow war nun der König des Königs. Er und seine Männer verwerteten die Produktion des Ghettos für die deutsche Wirtschaft und die Wehrmacht. Die Arbeit der Juden wurde zu ihrem Profit. Hunderte Betriebe nahmen ihre Arbeit für die Wehrmacht auf, von der Tischlerei bis zur Sattlerei, von den metallverarbeitenden Fabriken bis zur in Lodz blühenden Textilindustrie. Hergestellt wurden Gürtel, Schuhe und Mäntel, Koppeln, Kartentaschen und ähnliches, die Tischler fertigten Batteriekistchen, die Elektriker Spulen. Von Papier bis zu Büstenhaltern – das Ghetto stieß einen Strom von Waren aus, um sich am Leben zu erhalten.

„Unser einziger Weg ist Arbeit." Bezahlt wurde diese Arbeit in Ghettogeld, das man gegen Nahrungsmittelkarten eintauschen konnte. Die fertigen Waren lieferte das Ghetto an die Deutschen, die zusätzlich noch Geldleistungen verlangten, welche die Ghettoverwaltung nur durch Beschlagnahme von Wertgegenständen auftreiben konnte. Trotz der brutalen Kontrollen durch die Deutschen gelang es Neuankömmlingen immer wieder, Wertgegenstände ins Ghetto zu schmuggeln. Rumkowski lieferte Listen, die das Raubgut verzeichneten. Allein im August 1940 händigte er den Deutschen fünf Millionen Reichsmark aus.

Tatsächlich betrachteten die führenden Nazis das Ghetto nur als Zwischenlösung. Für die gelieferten Waren und die geraubten Schätze lieferten sie Naturalien: Lebensmittel,

Rohprodukte, zu reparierende, zu sortierende, zu reinigende Kleidung. Und sie lieferten Menschen. Ein steter Zuzug von Juden aus dem sogenannten Altreich, aus Deutschland, der Tschechoslowakei, aus Österreich, hielt die Ghettobevölkerung vorerst auf gleichem Stand.

Die gelieferten Lebensmittel reichten nicht aus. Die Menschen lehnten das Ghettogeld ab. Sie wollten Nahrung, kein Geld. Wenn es dem Terror und dem Entsetzen über den Verlust von Verwandten noch nicht gelungen war, nahmen jetzt Hunger und Kälte vielen den letzten Lebenswillen. Die Strategie der Deutschen ging auf. Wie man zu einem Essen kam, wurde wichtiger als jedes Moralgesetz. Eines mußte unter allen Umständen vermieden werden: geschwollene Füße zu bekommen, das sichere Zeichen eines Hungerödems.

Was die zugeteilten Rationen brachten, wußte im vorhinein keiner. Einmal gab es zum Brotlaib Fruchtbonbons, dann wieder konservierte Kohlrüben. Es lag im Ermessen der Deutschen. Die Rationen wurden mit der Zeit immer kleiner und kleiner. So klein bald, daß sie zu allgemeiner Entkräftung führten und selbst Ghettoleiter Biebow Klagen ins Reich schickte, die Arbeitskraft des Ghettos leide unter der Hungersnot.

Suppe! Es war ein dünnes, warmes Wasser, in dem Kohl, Karotten, Rote Rüben schwammen, vielleicht ein bißchen Gerste, wenn's hoch kam. Jeder hielt an seinem Napf fest, damit konnte man die Ghettosuppe schöpfen, die mittags von der Ghettoverwaltung ausgegeben wurde. Gierig aßen die Menschen, denn Hunger war das bestimmende Grundgefühl des Lebens. Ein Laib Brot für eine Woche pro Person, dazu minimale Mengen Mehl, Zucker, Honigersatz.

Uns Kindern ging es nicht so schlecht, denn mein Bruder und ich besuchten die Schule, während Mutter arbeitete. Ja, auch Schulen gab es im Ghetto, denn für Kinder hatte der ehemalige Leiter eines Waisenhauses ein Herz. An qualifizierten Lehrern herrschte kein Mangel, unter den Augen der

Nazis sangen wir zionistische Lieder und lernten jiddische Literatur kennen. Täglich machten wir uns auf den Weg zum Marysin, einem Stadtteil, der fast eine halbe Stunde entfernt war. Am Abend kehrten wir zurück zu unserer Mutter.

Mutter hatte Glück gehabt. Sie hatte Arbeit als Bedienerin bei der Frau eines sehr einflußreichen Mannes gefunden. In der Hierarchie der Ghettoverwaltung gab es genügend Menschen, denen es an wenig fehlte, während die Masse hungerte. Vermutlich war die Arbeitgeberin die Mutter eines solchen Bonzen. Möglicherweise hatte sie es auch nur geschafft, sehr viel Geld ins Ghetto zu schmuggeln.

Wir durften Mutter bei ihrer Arbeit manchmal besuchen und ihr beim Waschen und Putzen zusehen. Bei dieser Herrschaft hatte sie es gut. Es schien ihr an nichts zu fehlen. Dennoch wurde sie schwächer, hohlwangig, bleich. Aber sie hielt aus. Ihr Ziel war es, jeden Tag mit einem Extra-Brotstück für uns nach Hause zu kommen. Trotz ihrer offenbaren Schwächung schrubbte sie den Boden aus Leibeskräften, denn diese Arbeit zu haben, bedeutete das Privileg, uns etwas bieten zu können. Ihre bescheidenen Goldreserven waren längst aufgebraucht, falls noch etwas übrig gewesen wäre, hätten es ihr die Nazis bei der Einweisung oder später die Ghettopolizisten weggenommen.

Vielleicht tauschte sie noch das eine oder andere, das sie bei ihrer Herrschaft erhielt, auf dem schwarzen Markt um. Später sagte mir eine Frau aus dem Ghetto, daß Mutter selbst fast nichts gegessen habe. Sie verbarg jedes eßbare Stück an ihrer Brust und brachte es uns Kindern nach Hause mit. Unter ihrem Kopfkissen war stets ein Stück Brot versteckt. Mein Bruder weinte ständig vor Hunger, und wenn es zu schlimm wurde, wollte sie eine Reserve haben, die sie ihm geben konnte.

Sie redete ihm gut zu, auf das Brot zu verzichten. „Wir brauchen es doch für morgen“, sagte sie. Aber der Hunger der

Kinder war stärker. Für die Einteilungsakrobatik der erwachsenen Hungerkünstler hatten wir kein Verständnis. Diese teilten einen Laib in sieben Teile, denn eine kleine Ration jeden Tag genossen war besser, als einen oder zwei Tage ganz ohne Nahrung aushalten zu müssen. Was wußten wir, was morgen ist? Wie oft mögen wir unserer Mutter ihre Tagesration weggegessen haben, ohne es überhaupt zu merken?

Einmal – das blieb uns Kindern unauslöschlich in Erinnerung – hatte sie sogar ein Stück Schokolade für uns. Sie maß es sorgfältig mit dem Zeigefinger ab, denn es war nicht sehr groß. Mein Bruder und ich bekamen jeder die Hälfte, sie selbst behielt sich nichts. Natürlich kam es uns nicht in den Sinn, mit ihr zu teilen. Wahrscheinlich war es ihr auch lieber so, denn längst lebte sie, ohne daß wir es bemerkt hätten, nur noch für uns. Ihre Sorge wuchs. Grund dazu hatte sie genügend.

Jeden Tag waren im Ghetto Rumkowskis Plakatanschläge zu lesen, man möge die Kinder abgeben. Auch die Alten wurden aufgefordert, sich zu melden. Unbarmherzig forderten die Deutschen ihren Tribut an Menschen. Für Aussiedlungen, wie es hieß, für Übersiedlungen ins Altreich, zu Arbeitseinsätzen. Anfangs meldeten sich Menschen freiwillig. Bald jedoch kamen Gerüchte auf, daß Schlimmes dahinterstecke.

Die jüdische Ghettopolizei mußte für die Erfüllung der Kontingente sorgen. Ausgangssperren wurden verfügt, die Polizisten durchsuchten Wohnungen, holten Kranke und Schwache heraus, verluden sie auf Wagen und zogen mit ihnen davon. Krankenhäuser und Gefängnisse wurden von den Deutschen periodisch geleert. Nach Rumkowskis Prinzip mußten die Kinder und Alten geopfert werden. Die Jungen und Arbeitsfähigen blieben. Die Nazis würden sich – so hoffte er – nicht der günstigsten Arbeitssklaven berauben, die sie je bekommen konnten. „Unser einziger Weg ist Arbeit.“ Wohin würde dieser Weg führen?

Was muß Mutter gedacht haben, als die drei Söhne Tante Mejcis einer solchen Aussiedlung zum Opfer fielen! Eines Tages waren sie einfach verschwunden. Hatte sie ein Kommando von der Straße weggeschnappt? Näheres war nicht zu erfahren. Möglicherweise hatten sie sich auch freiwillig gemeldet, um dem Irrsinn des Ghettos zu entgehen.

Zwischendurch kam immer wieder Hoffnung auf eine Frontverschiebung im Osten auf. Vielleicht würden sich die Nazis zurückziehen? Man mußte durchhalten. Es wurde zur Gewohnheit, keine Rücksicht zu nehmen. Jeder nahm sich, was er kriegen konnte. Auf der Straße brachen Menschen zusammen, ohne daß sich jemand nach ihnen umgedreht hätte.

Die Latrinen waren ständig verstopft. Kotwägen wurden von Menschen durch die Straßen gezogen und kreuzten Leiterwägen voller Leichen, denen ebenfalls nicht Pferde, sondern halbverhungerte Juden vorgespannt waren. Das Ziehen von Kotwägen diente der Ghettoverwaltung als Strafmaßnahme. Es kam einem Todesurteil gleich, weil sich die geschwächten menschlichen Zugtiere unweigerlich durch Einatmen der Fäkaliendämpfe infizierten. Es gab keine Kanalisation, nur Senkgruben. Aber auch diese reichten nicht. Menschen kippten Exkremente einfach auf die Straße. Fliegenschwärme senkten sich sommers über das Ghetto und verbreiteten Epidemien.

Der Anblick eines auf der Straße Sterbenden war nichts Ungewöhnliches. Wenn man hinsah, dann nur, um zu überprüfen, ob er etwas Verwertbares an sich habe. Ein Stück Brot vielleicht, oder brauchbare Schuhe? Wir Kinder merkten nicht, daß man uns damit systematisch daran gewöhnen wollte, keine Menschen mehr zu sein. Und wenn wir es merkten, wußten wir nicht, warum. Wir stumpften ab, man stumpfte uns ab. Wir staunten nicht darüber. Als ich später die Ereignisse in meinem Kopf sortierte, erwachte das Staunen. Als wäre es eingefroren gewesen, taute es langsam auf, und zusammen mit den Erfahrungen anderer, mit der Lektüre von Büchern, mit dem Anhören von Berichten, kam erst das Verstehen.

Die Deutschen verlangten von Rumkowski die Aussiedlung aller Kranken, gleichgültig ob Kinder oder Erwachsene. Ständig wurden die Krankenhäuser entleert. Frischoperierte, Fieberkranke, Todesmatte wurde aus ihren Betten gerissen und abtransportiert. Rumkowski rief die Mütter auf, ihre Kinder, die Söhne, die alten Leute auszuliefern. Zur Aussiedlung, wie es hieß. Es würde ihnen nichts geschehen. Des Überlebens wegen müßten Trennungen in Kauf genommen werden. Würde der Befehl nicht befolgt, würde das Ghetto aufgelöst, und alle müßten ins Lager.

Auf der Straße mehrten sich die Razzien. Niemand, der in der Früh sein Haus verließ, wußte, ob er abends lebend wieder zurückkehren würde. Am Stacheldrahtzaun wußte man von einem blonden deutschen Soldaten, der grundlos ins Ghetto schoß und viele Leute aus der Distanz tötete. Jeder mußte, wollte er heimkommen, noch einmal um sein Leben laufen, wenn *Djindji* da war. *Djindji,* jiddisch für „der Gelbe", nannte man ihn. Die Leute teilten einander mit, an welchem Abschnitt des Zauns er sich gerade befand. Wehe denen, die dort wohnten und nicht schnell genug waren. Vielen gelang es nicht, seiner Kugel zu entgehen. Es war so schlimm, daß Leute, die direkt an der Ghettogrenze wohnten, Gräben aushoben, um unversehrt in ihre Wohnungen zu gelangen.

Rundum wuchs die Verzweiflung. Menschen liefen absichtlich zum Stacheldraht, um sich erschießen zu lassen. Die Lebensmittelrationen wurden immer schmaler. Unser kleiner Haushalt war in desolatem Zustand. Im Winter 1941 fehlte Brennholz. Man verheizte Möbel, aber sie wärmten nicht lange. Tante Mejci verwelkte neben uns wie eine Pflanze, die nicht genug Wasser bekommt. Ihr Lachen hatten wir schon lange nicht mehr gehört. Anfangs hatten wir noch manchmal miteinander über Tante Rucheles Buchteln phantasiert. Oder über einen Fisch, ein Huhn, eine echte Suppe, ein Weißbrot. Hungernde haben die Gewohnheit, hauptsächlich übers Essen zu reden. Selbst dafür fehlte bald die Kraft. Von Sabbatfeiern war keine Rede; für uns war immer Werktag.

Was hätte Mutter tun sollen? Gab sie allen, gab sie allen nichts. Also gab sie uns und nahm selbst nichts. Eines Tages konnte ihre Schwester vor Schwäche nicht weiter. Keine Vitamine, keine Kohlehydrate, keine Fette, kein Eiweiß. Nur dünne Suppe und Brot. Ihre Mattigkeit wurde unüberwindlich. Sie bewältigte den Weg zu ihrer Arbeit in die Näherei nicht mehr.

Es ging ihr wie vielen. Eines Tages legte sie sich einfach ins Bett und starb. Ich weiß nicht, ob an Hunger oder an einer Infektion. Fleckfieber und Typhus grassierten, Furunkel und Ödeme bildeten sich an den abgemagerten Körpern. Bäuche und Füße schwollen an. Zwar gab es genug Ärzte, aber sie hatten keine Medikamente. Ins Spital ging man nicht freiwillig. Aus den Spitälern verschwanden die Kranken, ohne daß man so recht wußte, wohin. Mejcis Tod bedeutete auch für ihre drei Töchter das Todesurteil. Diese fröhlichen kleinen Mädchen waren eines Tages weg. Als letzte Idka, die Näherin. Sie wehrte sich am längsten gegen die totale Entkräftung. Eines Tages war auch sie verschwunden.

„Unser einziger Weg ist Arbeit." Kleinkindern und alten Leuten blieb dieser Weg verschlossen. Nur Menschen im arbeitsfähigen Alter erhielten Lebensmittelzuteilungen. Gute Arbeiter wurden vom Judenältesten nach dessen Gutdünken mit Extra-Zuteilungen belohnt. Kinder und Alte hingegen forderte Rumkowski von Müttern und Familien ein. „Vor euch steht ein vernichteter Jude. Beneidet mich nicht!" rief er in einer Ansprache der verzweifelten Menge zu, von der er die Auslieferung von 18.000 Kindern und Greisen verlangte. „Es ist dies die schwerste Anordnung, die ich je ausführen mußte.

Ich strecke meine zerschlagenen, zitternden Hände zu euch und bettele: ‚Legt eure Opfer in meine Hände, damit ich weitere Opfer verhindern kann, damit ich eine Gruppe von 100.000 Juden retten kann.'"

Welche Zeit, eine Mutter zu sein! Die Kinder von Deportation bedroht, rundum Seuchen, nichts zu essen, keine Heizung. Die Leute ließen sich gehen, ihre Wohnungen verkamen, starrten vor Schmutz, sie konnten einfach nicht mehr. Ihr letztes Schmuckstück, das sie an Nazis und Ghettopolizei vorbeigeschmuggelt hatten, tauschten sie jetzt gegen ein Stück Brot. Trotz ihres Hungers und ihrer Schwäche aber hielt meine Mutter unsere Wohnung sauber. Möbel gab es kaum mehr. Es war immer kalt. Ich kann nur ahnen, welche Anstrengungen es für sie bedeutete, geschwächt und entkräftet, wie sie war, sich nicht gehenzulassen. Sie deckte uns zu mit allen Tüchern, die sie finden konnte. Sie wärmte uns mit ihrem Körper, wie sie es auf der Flucht nach Lodz getan hatte. Sie kämpfte gegen Verzweiflung, Müdigkeit und Schwäche, aber sie gab nicht auf. Im Frühjahr legten wir vor unserem Haus einen Gemüsegarten an. Sogar ein Bäumchen stand da. Mit dem Gemüse hofften wir unsere Ernährung verbessern zu können.

Trotz aller Verzweiflung, trotz Hunger, Erschöpfung und Krankheit herrschte ein unglaublicher Lebenswille im Ghetto. Mädchen machten sich schön, versuchten sich nach der Mode zu kleiden. Selbst am Hungertuch nagend, versuchten sie, Lebensmittelmarken gegen ein paar schicke neue Stiefel zu tauschen. Obwohl sie längst ihr strahlendes Aussehen, Haare und Augen ihren Glanz verloren hatten, bemühten sie sich auch in ausgemergeltem, abgemattetem Zustand, eine angenehme Erscheinung abzugeben. Es gab Liebe, sogar Hochzeiten fanden im Ghetto statt, Kinder wurden geboren. Noch hatten längst nicht alle aufgegeben.

Von Behelfsbrücken, die einen Teil des Ghettos mit dem anderen verbanden, weil wir eine darunterliegende Hauptstraße nicht überqueren durften, konnten wir das normale Leben in Lodz sehen: lachende Kinder, die ihre Mütter beim Einkauf begleiteten, wohlgenährt und gut gekleidet. Straßenbahnen fuhren unter der Brücke durch. Jenseits des Stacheldrahts, der den Marysin, einen anderen Teil des Ghettos von Lodz, umgab, hörte man den fröhlichen Lärm fußballspielender Kinder. Ein großes Staunen erfaßte mich, wenn ich ihnen zusah. Wie konnten sie so frei herumlaufen? Gab es keine Polizei draußen? War ich nicht vor kurzem auch so ein Fußballspieler gewesen? Ich kam nicht dazu, viel darüber nachzudenken.

Die Razzien wurden zu alltäglichen Ereignissen. In den Betrieben und auf der Straße brachen immer öfter Menschen zusammen. Andere verloren den Verstand und rannten wirr umher. Sie wurden von der Ghettopolizei aufgegriffen und weggebracht, man wußte nicht, wohin. Die neueingelieferten Juden waren den sanitären Bedingungen des Ghettos nicht gewachsen und erkrankten noch schneller als die „Alteingesessenen". Der Hunger wurde immer schlimmer. Ungeziefer vermehrte sich, Infektionskrankheiten griffen um sich, vor allem die Lungen der unterernährten Leute waren aufgrund der Kälte und des fehlenden Heizmaterials angegriffen. Tuberkulose wurde zur Volkskrankheit des Ghettos. Jeder zweite spuckte Blut. Leichentransporte und Transporte bewegungsunfähiger Kranker rumpelten pausenlos über die Straßen. Immer neue Menschenopfer forderte Rumkowski im Namen der Nazis.

Längst liefen Gerüchte um, daß die Ausgesiedelten nicht zum Arbeitseinsatz kämen, sondern getötet würden. In den Kleidersammelstellen langten Kleidungsstücke ein, die man als solche von „Ausgesiedelten" wiedererkannte. Anfang 1942 gingen Gerüchte um, Deportierte seien in einen Lastwagen gesperrt und durch Einleitung der Auspuffgase getötet worden. Mütter begannen ihre Kinder, Familien ihre Alten und Kranken zu verstecken.

Es kam zu grauenhaften Szenen. Die Ghettopolizei und die Deutschen zwangen unschuldige Ghettoinsassen, ihnen bei Deportationen zur Hand zu gehen. Menschen versuchten, sich zu verstecken. Dabei wurden Eltern gezwungen, ihr Neugeborenes zu ersticken, um es am Schreien zu hindern, wenn eine Razzia stattfand. Die anderen mit ihnen im Keller Versteckten verlangten es. Es half nichts. Sie wurden früher oder später doch gefunden. Ich sah selber mit an, wie ein Vater sein Kind erstickte im Versuch, der ganzen Gruppe das Leben zu retten. Auch dabei fühlte ich nicht viel. Ich hatte schon zuviel gesehen. Oben trieben die Deutschen Juden, die sie aufgestöbert hatten, auf die Straße. „Weitergehen! Weiter!" Nur Mitglieder der Ghettoverwaltung blieben von den Razzien verschont.

Wie mag Mutter dabei zumute gewesen sein? Still nahm sie uns bei der Hand, wenn alles vorbei war, und führte uns in unsere leere Wohnung. Ihre Herrschaft war vor einigen Wochen verschwunden. Die alte Dame war als nicht arbeitendes Mitglied des Ghettos Opfer einer Razzia geworden. Mutter war von unseren Extra-Rationen abgeschnitten. Sie mußte sie sich nun von der ohnehin schon weit unter dem Existenzminimum liegenden Ghettoration absparen. Sie tat es ohne ein Wort. Mein Bruder weinte, ich jammerte um mehr Essen, obwohl wir in der Schule bessere Suppe bekamen als das Gros der Bevölkerung.

Mutter wurde immer schmaler und durchsichtiger, ihre Wangen fielen ein, ihre Haut wurde dünn, ihre Füße schwollen an. Aber sie kämpfte um uns. Sie ließ uns nicht allein. Nur mehr schwankend ging sie durch die Wohnung. Jeder Weg hinaus war für sie ein Risiko. Sie mußte ihn machen für Brot und Suppe. Untertags blieb uns nichts übrig, als sie alleinzulassen, abends jammerten wir ihr in kindlicher Monstrosität von unserem Hunger vor und erzählten aus der Schule. Immer weniger Kraft brachte sie auf, mit uns zu reden, uns nach Gelerntem zu fragen. Noch sang sie ihre melancholischen Lieder, fragte weinend und betend, was werden solle. Immer hatte sie noch ein Extra-Stückchen Brot unter dem Kissen. Aber immer früher schlief sie ein. Schon Stunden vor der amtlich vorgeschriebenen Verdunkelung um 9 Uhr fielen ihr die Augen zu. Sie sprach nur noch leise. Sparte sich die Kraft, hörte auf zu beten, zu fragen, zu weinen. Alles, was ihr an Kraft noch blieb, verwendete sie dafür, vor uns Kindern zu verbergen, daß sie langsam erlosch. Aber immer noch gab sie uns Sicherheit, Vertrauen, ein Heim. Immer noch war sie für uns da.

Im Sommer 1942 steigerte sich die Zahl der Deportationen weiter. Zum Arbeitseinsatz, wie es hieß. In Wahrheit ins neu errichtete Vernichtungslager Chelmno, wo ab Sommer 1942 150.000 Juden vergast wurden, mindestens ein Zehntel von ihnen aus dem Lodzer Ghetto. Im September schließlich weigerte sich die Ghettoverwaltung, eine angesetzte Großaussiedlung durchzuführen. Mittlerweile herrschte nämlich im Ghetto Klarheit über Art und Ziel solcher „Aussiedlungen“. Rumkowski konnte trotz Flehens und Bittens sein Kontingent den Nazis nicht liefern.

Also griffen erstmals Gestapo und SS selbst mit bisher nicht gekannter Brutalität im Ghetto ein. 60 Menschen starben allein beim Abtransport. Kinder wurden von ihren Müttern gerissen, auf Lastwägen geworfen, so daß viele bereits in diesem Augenblick umkamen; die unten lagen, erstickten, andere brachen sich das Genick. Mein Bruder und ich kehrten abends von der Schule nach Hause zurück. Wir fanden die Straße verlassen, die Wohnung leer. Die kleinen Gärten, die wir im ersten Frühjahr angelegt hatten, waren umgewühlt, die Radieschen, die wir mit von Rumkowski verteilten Samen gepflanzt hatten, waren verschwunden, der einzige Baum, unser ganzer Stolz, war ausgerissen.

In unserem Garten hatten die Deutschen nach Verstecken oder nach Leuten gesucht, die sich eingegraben hatten, um sich zu verbergen. Es war still. Niemand zu sehen. Wir flogen die Stiege hinauf. Die Tür stand offen. Die Wohnung war leer. Leer.

Mutter? Mutter? Nach langem Suchen fanden wir einen Nachbarn. Was haben sie mit Mutter gemacht? Er redete herum. Angeblich war sie im Spital, angeblich krank, angeblich gestorben, angeblich verschwunden. Nein, er hatte nichts gesehen, nichts gehört. Ob wir nichts zu essen hätten? Ein Stück Brot? Wir liefen zurück. Wir wußten nicht und wußten doch, was geschehen war.

Vierzehnjährige weinen nicht. Doch konnte ich nichts dagegen machen, daß es aus mir herausbrach. Beide begannen wir zu schluchzen. Mein Bruder warf sich auf den Boden und trommelte mit den Fäusten in den Lehm. Ein grauer, feuchter Herbsttag war dieser 1. September 1942. Es nieselte. Laub faulte. Noch heute habe ich diesen Geruch in der Nase.

Wir begannen, laut zu rufen. „Mamjusha, Mamjusha, Mammi, Mammi!“ hallte es in der Gasse. Kein Mensch drehte sich um, nahm uns wahr, kümmerte sich um uns. Keiner fragte, warum wir weinten. Keiner redete uns an. Die Leute gingen an uns vorbei wie Schatten. Weinende Kinder, die nach irgend jemandem riefen, sah man häufig. Tod, Verzweiflung und Jammer um verschwundene oder verstorbene Angehörige gehörten zum Alltag. Die Sorge um das eigene Überleben war bei den allermeisten stärker als der Impuls zu einer Zuwendung.

*

Ja, Verschwinden stellte die Regel, Wiedersehen die Ausnahme dar. Im Ghetto grüßte man sich mit dem jiddischen Ausdruck „aber ma seht sich“ – Hauptsache, wir sehen einander, Hauptsache, wir sind noch da. Wir wiegen zwar zehn oder zwanzig Kilo weniger, wir leiden an Hungerödemen, geschwollenen Füßen, Typhus und Tbc, haben nichts zu beißen und frieren. „Aber ma seht sich.“

Unsere Mutter sahen wir nie wieder. Ehe wir uns fassen konnten, tauchten zwei Ghettopolizisten auf und brachten meinen Bruder und mich zu Rumkowski auf den Marysin. Auch dort hatte man kein Ohr für unsere Klagen. „Unsere Mamma ist fort“, riefen wir, „unsere Mamma ist nicht mehr da!“ Niemand verlor auch nur ein Wort darüber. Hier hatte man dergleichen schon zu oft gehört.

Der Marysin war eine äußerst merkwürdige Einrichtung im Lodzer Ghetto. Rumkowski hatte im ehemaligen Villenviertel eine Art Kinderghetto vom normalen Ghetto abgezäunt. Kinder liebte er über alles. Er, der Mütter aufforderte, ihre Kinder zur Deportation auszuliefern, hatte hier eine Anstalt geschaffen, um Waisenkindern das Leben angenehm, und, so hoffte er, das Überleben möglich zu machen. Die Kinder waren für ihn, den alten Waisenhausleiter, das Höchste der Judenheit, sie galt es zu erhalten und zu retten, wenn alles andere zugrunde ging.

Direkt neben dem Kinderghetto lagen die Villen der Ghettooberschicht, der Privilegierten und Bonzen. Auch Rumkowski selbst wohnte dort. Er nützte die Nähe zu häufigen Besuchen auf dem Marysin. Umstandslos erlaubte er mir, meinen Bruder auf den Marysin mitzunehmen. Ab nun führten wir, verglichen mit unserer Existenz im Ghetto, ein äußerst privilegiertes Leben.

Rumkowski traf eine Auslese. Auch hierin glich das Werkzeug dem Meister. Er hatte sich vorgenommen, wenigstens den intelligenten und gesunden jüdischen Kindern zum Überleben zu verhelfen, wenn er schon die Kleinen, die Alten und Schwachen nicht zu retten vermochte. Schon der leicht erhöhte Platz, in Grünlage etwas oberhalb und außerhalb der Dünste des Ghettos gelegen, ermöglichte ein gesünderes Leben.

Etwa 5.000 bis 6.000 junge Leute lebten auf dem Marysin. Anfangs gab es sogar eigene Schulen, hochqualifizierte Kräfte waren ja im Überfluß vorhanden. Unten im Ghetto mußten Universitätsprofessoren Straßen kehren, hier durften, wenigstens für kurze Zeit, junge Lehrer unterrichten. Wie in der normalen Schule befanden sich auch hier unter den Lehrern Zionisten. Auch mit ihnen sangen wir zionistische Lieder. Es gab Pflanzschulen, Gärtnereien, wir konnten uns sogar duschen – ein im Ghetto ungekannter Luxus.

Unten im Ghetto, wenige hundert Meter entfernt, starben Menschen auf der Straße, wurden erschossen, erfroren, verhungerten, wurden eingesammelt wie Papierfetzen, davongeführt in Karren, die wiederum von hungernden Menschen gezogen wurden, von einem Universitätsprofessor vielleicht oder von einem einst berühmten Arzt. Wir hier hatten Extra-Rationen Lebensmittel, zugeteilt vom König der Juden in Sorge um die Jugend seines Volkes. Wir waren sauber gewaschen, beschützt und vergleichsweise gut genährt, während unten Aussiedlungen stattfanden, der König die Mütter zum Schlimmsten aufforderte.

Schon bald nach der Errichtung der Ghettos hatte Rumkowski bei den Deutschen die Erlaubnis durchgesetzt, daß bereits Zehnjährige in Fabriken arbeiten durften. Als Arbeitskräfte konnte er sie besser vor Deportationen schützen. Wir Kinder waren also allesamt werktätig. Es gab verschiedene Betriebe auf dem Marysin, ich arbeitete bei der Herstellung von Holzwolle, mein Bruder bei der Herstellung von Schuhen.

Abends gab es kein stumpfes Sinnen über das fehlende Essen. Nach der Arbeit fanden Diskussionen statt. Man sang, man träumte wieder von anderem als von dünner Suppe, man ging spazieren. Es war fast, als ob sonst in der Welt nichts vorgefallen wäre, fast, als ob auf dem Marysin nicht lauter Vollwaisen versammelt gewesen wären. Schnell geht das bei Kindern. Ein Drittel von uns Auserwählten waren Mädchen. Liebesgeschichten entwickelten sich. Sogar Pakete kamen, von ahnungslosen Verwandten aus Amerika geschickt, und es erreichten uns wenigstens Teile ihres Inhalts.

Zwar wurde alles von den Deutschen konfisziert, aber manchmal bekamen wir doch eine Konserve oder ein Stück Schokolade. Es ging uns also einigermaßen. Wir hatten nicht genug, aber mehr als die Leute unten.

Nach der Suppe lagen wir auf unseren Pritschen herum, sangen melancholische Lieder und führten naseweise Gespräche: Ich erinnere mich an ein Gerede von Älteren, das ich zuerst gar nicht verstand, die Mädchen würden nicht gut riechen, weil sie keine frischen Binden hätten und immer die gleichen auswaschen müßten.

Eines Tages kam ein bildschönes Mädchen von vierzehn Jahren auf den Marysin. Ich sagte zu meinen Freunden, es sei doch alles nicht wahr, was sie erzählten. „Schaut, wie sauber sie ist", rief ich, „wie ihre langen Haare glänzen!" Tatsächlich stand sie in deutlichem Kontrast zu unseren ausgemergelten und trotz privilegiertem Dasein doch verkommenen Gestalten. Sie hieß Lusia, hatte rotblondes Haar und trug ein langes, grünes Kleid. Wir drängten uns an diese Erscheinung, um sie zu beschnuppern. Ich faßte eine Art brüderlicher Zuneigung zu Lusia und versuchte, sie bei ihrer Einführung ins Ghettoleben zu beschützen, so gut es ging.

Wir hatten vergleichsweise anständige Kleidung, hörten Vorträge, spielten Theater, tanzten und brachten sogar eine eigene Hauszeitung heraus. Wir schrieben sie von Hand, sie hing am Schwarzen Brett aus. Ich weiß nicht wie, aber plötzlich war ich einer ihrer Herausgeber. Der Inhalt war pluralistisch: Liebesgedichte an Lusia wurden ebenso veröffentlicht wie der Speiseplan und Sporterlebnisse. Rumkowski war stolz auf solche Leistungen.

Des öfteren kam der nach 1945 in Polen zum Tod verurteilte deutsche Lagerkommandant Biebow auf den Marysin. Diesmal befand er sich in Begleitung von Rumkowski, dem Judenältesten. Es war ein Feiertag. Lusia und ich hatten Gedichte an Rumkowski verfaßt, die wir nun, auf Stühlen stehend, vortrugen. „Wir danken dir, du unser Präsident, du bist unser Vater, du läßt die Sonne für uns scheinen, gibst uns zu essen und zu trinken, du sorgst für uns." Naive Danksagungen in polnischer Sprache.

Biebow war begeistert, kam zu uns und strich mir über das Haar. Auch jüdische Bonzen, die Spitzen der Hierarchie der Ghettoverwaltung, erschienen zu solchen Anlässen auf dem Marysin und zeigten ihre Sonntagsgesichter. Sie waren wohlgenährt, ihnen fehlte es im Ghetto an nichts; später sollten sie das Schicksal aller teilen. Biebow war übrigens, sagte man, verliebt in eine Dame aus der Hierarchie der Ghetto-Verwaltung, Frau Bursztyn, tatsächlich eine bildschöne Frau. Er brachte ihr Schokolade und Kosmetika. Wir sangen Spottlieder über den Nazibonzen, der sich vor uns allen zum verliebten Affen machte.

Aber wenn wir in den unteren Teil des Ghettos gingen, trafen wir auf den Tod. Das Morden und Sterben im Ghetto ging immer weiter, denn die Lücken der in die Todeslager Ausgesiedelten oder Gestorbenen wurden durch stets neu Zugezogene gefüllt. Das Entsetzen wuchs. Wenn die Kleider der Ausgesiedelten aus den Todeslagern zurückgebracht wurden, und wir diese Hadern säuberten und sortierten, wie es unsere Aufgabe war, wurde auch uns Kindern klar, daß die Lage im Ghetto eine dramatische Wendung nehmen würde, daß der Durchsatz an Menschen im Ghetto sich beschleunigte, die Zahl der Abtransporte zunahm, die Ghettobevölkerung trotz ständigen Zuzugs immer stärker schwand.

Immer öfter kamen die Deutschen auch auf den Marysin, um Gericht zu halten. Sechs junge Leute, die in der Schuhherstellung arbeiteten, hatten ihre alten Schuhe gegen neue getauscht. Dafür wurden sie zum Tod durch Erhängen verurteilt. Wir mußten alle zusammenkommen, um die Exekution der Strafe mit anzusehen. Es waren vierzehn-, fünfzehnjährige Kinder. Sie bekamen Tafeln umgehängt, auf denen stand, sie seien Judenschweine, die gestohlen hätten.

Einer der sechs weinte und weinte, die Gestapo-Leute

lachten ihn aus und gaben schließlich der jüdischen Polizei das Zeichen, die Kinder hochzuziehen. Das Bild dieser Knaben, die kurz und hilflos in der Luft zappelten, der lachenden Deutschen, der scheinbar uninteressierten jüdischen Büttel, hat mich nie verlassen. Ebensowenig kann ich aber verwinden, daß wir abends nach Hause kamen und nichts fühlten, gar nichts, außer Hunger.

Nach solchen Szenen kam der Kommandant der Mörder, Hans Biebow, und streichelte einem vater- und mutterlosen Judenkind den Kopf. Als wir in unsere Baracken zurückkehrten, bekamen wir wie immer dünne Suppe. Und alle aßen die Suppe und gingen schlafen. Unsere Kerkermeister hatten uns schon so weit, daß uns das Essen wichtiger war als alles andere.

Ein Stück Brot und eine Suppe. Von der Suppe, es war eine Rübensuppe, wenn möglich aus dem unteren Teil des Kessels, denn dort befanden sich mehr Rübenstücke und mehr Grünzeug. Brot und die Tricks, an die dicke Suppe zu kommen, sich an der richtigen Stelle in die Warteschlange zu reihen, damit von unten geschöpft wurde, darum ging es. Jeder wollte der letzte in der Reihe sein, damit er an den dicken Suppenbodensatz herankam. Sogar ein Lied war entstanden: „Liebe Kellnerin, komm ein bißchen näher, tauch ein bißchen tiefer ein, dort ist die Suppe dicker …“

Man konnte nicht sagen, wir hätten nichts anderes versucht. Natürlich redeten wir miteinander, sagten einander die Namen der Gehenkten vor, aber was half es. Natürlich lasen wir, versuchten in Phantasiewelten zu flüchten, wie alle Kinder. Aber erst kommt das Fressen. Das zu lernen war der erste Schritt in einem Entmenschungsprozeß, der mich zu völliger Gleichgültigkeit dem Leben gegenüber führen sollte – dem eigenen und dem fremden.

Auch der Marysin blieb nicht von Razzien verschont. Während einer dieser Säuberungen lag ich zufällig mit einer Kinderkrankheit im Spital, als die SS mit LKW und Autos kam und begann, die kranken Kinder aus diesem Spital auszusiedeln. Sie rissen die kleinen Patienten roh aus ihren Betten, schlugen sie, teilweise warfen sie sie aus dem zweiten Stock beim Fenster hinaus auf den Wagen. Zitternd lag ich in meinem Bett, als plötzlich ein Ghetto-Polizist namens Rosen vor mir auftauchte. Er leitete die Holzwollfabrik, in der ich arbeitete, und war Chef der jüdischen Polizei auf dem Marysin. Er packte mich beim Kragen und warf mich in ein Zimmer, in dem ein Berg nach Jod, Äther und Eiter stinkender Verbände darauf wartete, gewaschen zu werden.

„Bleib hier, rede kein Wort", flüsterte er mir zu, drückte mich in einen Haufen ungewaschenen Verbandszeugs, deckte mich damit zu und schloß die Türe. Ich fieberte, der Gestank der Bandagen betäubte mich, und obwohl die Stiefel der SS draußen polterten und ihre Kommandos über den Gang hallten, kam ich nicht auf die Idee, wegzulaufen. Bald schlief ich ein. Ich schlief bis am nächsten Morgen. Dann kam Rosen, öffnete die Tür, gab mir eine neue Identitätskarte und übernahm mich als Laufburschen in seinen Betrieb.

Daß er damit mein Leben gerettet hatte, war mir damals nicht klar. Gefahr hatte ich gespürt, und instinktiv hatte ich mich nicht gerührt und keinen Laut von mir gegeben. Aber daß die Kinder „ausgesiedelt" wurden, also nach Chelmno oder Treblinka ins Gas gingen, davon hatte ich keine Vorstellung. Fast wäre bei dieser Gestapo-Aktion mein Bruder ums Leben gekommen. Als er hörte, das Spital sei geräumt worden, lief er hin und sah den mit schreienden Kindern beladenen Lastwagen wegfahren. „Leon! Leon!" brüllte er verzweifelt und lief dem anfahrenden Auto nach. Er konnte nicht anders, als mich unter den anderen auf der Ladefläche zu vermuten. Zu seinem Glück beachteten ihn die SS-Leute nicht. Genausogut hätten sie kurz anhalten und den lästigen Wicht mitnehmen können.

*

Mit der Schule war es nun vorbei. Ich ging von einer Werkstatt zur anderen, trug Briefe aus, überbrachte Botschaften und Waren. Mein Name war sowieso unwichtig, denn die SS zählte bloß Köpfe und interessierte sich nur für Nummern. Rosen hatte mich gerne, er nahm mich auch manchmal zu sich nach Hause mit. Es war nett dort, in den gegebenen Grenzen könnte man sagen, es war normal. Und dennoch: All meine Bekannten und Freunde aus dem Spital waren verschwunden, ich sollte sie nie mehr wiedersehen. Das Spital war völlig leer. Kümmerte es mich? Wieso ging ich zur Normalität über, obwohl ich ahnte, was geschehen war?

Rosen war einer, der vielen Leuten half. Ich traf ihn nach dem Krieg. Ich habe ihn in Israel besucht. Es war ihm gelungen, sich in den letzten Tagen des Ghettos zu verstecken, so hat er überlebt. Ich fragte ihn:

„Aby, warum ich?"

„Weil ich deine Gedichte so schön fand, die du auf Rumkowski verfaßt und vor Biebow vorgetragen hast. Erinnerst du dich noch? ‚Wir danken dir, du unser Präsident, du bist unser Vater, du läßt die Sonne für uns scheinen, gibst uns zu essen und zu trinken, du sorgst für uns.'"

Rosen erzählte, meine großen Kinderaugen hätten ihm so gut gefallen, die ich beim Vortragen immer weit aufriß. Er hatte jeden Vortrag gehört, denn er war Polizeichef des Marysin und als solcher immer in Begleitung von Rumkowski. Er habe mich einfach retten müssen. Er zeigte mir ein kleines Buch. Er hatte alles aufgeschrieben, sogar das naive Gedicht, das ich vorgetragen hatte. Sein Sohn, der junge Rosen, lebt in Los Angeles und korrespondiert noch heute mit mir.

Der Zufall, das Gedicht vorgetragen zu haben, hatte mir also das Leben gerettet. Als die jüdische Polizei das Spital unter den Augen der SS säubern mußte, erkannte mich Rosen wieder und handelte, ohne viel zu überlegen. Der Polizeijob war im Ghetto übrigens sehr begehrt, man bekam gutes Essen, ordentliche Portionen, und die Leute glaubten, sie könnten ihre Verwandten bei den Aussiedlungen retten, indem sie andere dafür opferten oder ihre Angehörigen vorher warnten, damit diese sich verstecken konnten. Deshalb suchten sie ihre Polizistenposition mit allen Mitteln zu halten und führten jeden Befehl aus. Auch hier verfuhren die Deutschen nach dem Prinzip, die Schmutzarbeit möglichst den Verfolgten selbst zuzuschieben.

Ab Juli 1944 wurde das Ghetto liquidiert. Nur ein Aufräumkommando von 600 Leuten blieb schließlich zurück; etwa 200 Juden war es darüber hinaus gelungen, sich zu verstecken. Alle anderen wurden deportiert. Unter ihnen der Älteste des Judenrats, Rumkowski, und Leon Zelman, Bewacher und Beschützer seines kleinen Bruders Schajek. Amtsleiter Biebow hielt eine Ansprache. Er hoffe, sagte er, die Juden würden sich seine Worte zu Herzen nehmen. „Bis zum Letzten muß jeder fort und wird jeder fortkommen." Bomben seien in der Nähe gefallen, alles geschehe zum Schutz der Juden. Woanders würden Arbeiter benötigt. „Sie wollen doch leben und essen, und das werden Sie haben. Ich stehe doch nicht hier wie ein dummer Junge, halte Reden und dann kommt keiner." Alle mußten fort.

Wir gingen zum Zug. Wie jedermann, hatten auch wir ein paar Habseligkeiten eingepackt. Ich erinnere mich, daß ich am Bahnhof des Lodzer Ghettos mit Schajek stritt, weil er vergessen hatte, meinen Lieblingsbleistift einzupacken. Er hingegen hatte sein Messer dabei, ein kleines, flaches Taschenmesser mit einer Schere.

Der Bahnhof hieß Radegast und lag nur zehn Minuten zu Fuß von Marysin entfernt; zwei Jahre lang hatte ich das Pfeifen der Züge, das Geräusch aufeinanderstoßender Puffer und rangierender Waggons von dort gehört. Es schien mir nichts Gutes zu bedeuten.

Jetzt waren wir selbst zur Fracht geworden. Verängstigt trugen wir unsere Bündel und Papiertüten auf den Bahnsteig.

Stundenlang mußten wir in der Sonne warten. Menschen schrien durcheinander, Kinder weinten. Die SS hatte gar kein Interesse, Ordnung in dieses Chaos zu bringen. Endlich drängten sie uns zu Hunderten in Viehwaggons und verriegelten sie von außen. Das Ziel war ungewiß. Wir fuhren eine ganze Nacht und einen ganzen Tag. Irgendwo hielt der Zug; Eisenbahner klopften die Räder der Waggons ab. Der Waggon war vollgepfercht, es stank fürchterlich. Alle mußten ihre Notdurft in einen Kübel verrichten, den wir nicht entleeren konnten. Wir bekamen kein Wasser. Verhungert, verdurstet, entkräftet starben die Menschen neben uns.

Nach langer Fahrt kam der Zug langsam zum Stillstand. Das Morgengrauen begann sich zu lichten; ein strahlender Tag begann. Die Tür zum Abteil wurde entriegelt. Ich nahm meinen Bruder fest bei der Hand.

Das Ghetto in Lodz wurde im August 1944 aufgelöst. Rund 140.000 jüdische Männer, Frauen und Kinder aus Lodz und den umliegenden Bezirken waren dort seit 1940 auf die verschiedenste Weise ums Leben gekommen, durch Deportation in Todeslager, durch Hunger, Krankheit oder Erschießen. Ebenso 20.000 jüdische Männer, Frauen und Kinder aus dem sogenannten Altreich und den besetzten Gebieten. Rund 5.000 Roma und Sinti, ebenfalls Männer, Frauen und Kinder, wahrscheinlich aus dem Burgenland, wurden in ein Sonderlager beim Lodzer Ghetto gebracht und ausnahmslos Anfang 1942 ermordet.

Die Nazis waren die Herrscher über Leben und Tod. Rumkowski, ihr Statthalter, selbst in der Zwangslage, trieb ein undurchsichtiges, doppelgesichtiges Spiel. Die Alten lieferte er zu Selektionen aus, weil er hoffte, die Jungen zu retten. Obwohl ich der Existenz des Marysin mein Leben verdanke, erlaube ich mir kein abschließendes Urteil über Rumkowski. Ich hüte mich davor, ihn zu glorifizieren. Die einen meinen, er habe davon gewußt, daß alle Insassen des Ghettos zum Tod verurteilt waren; andere sagen, er habe fest geglaubt, 100.000 Juden retten zu können.

Sein Regime war zweifellos totalitär. Das Meldewesen seiner Bürokratie unterstützte die Vernichtungsmaschinerie der Nazis. Recht gab es nur in Form seiner Rechtsprechung, die Bevölkerung hatte keine Rechte. Andererseits tat er für das Gesundheits- und Fürsorgewesen, nicht zuletzt für uns Kinder, was er konnte.

Eines steht fest: Kein Mensch hat, auch nicht in der Absicht, andere zu retten, das Recht zu entscheiden, wer leben und wer sterben darf. Der Judenälteste des Warschauer Ghettos, Adam Czerniaków, nahm sich das Leben, als die Nazis von ihm verlangten, er solle den Befehl unterschreiben, Kinder zu deportieren. Rumkowski gab ihn weiter.

War Rumkowski ein Werkzeug der Gestapo, das sich benützen ließ, um seine Zwecke verfolgen zu können? Ein radikaler Pragmatiker, der über Leichen ging, um Leben zu retten? Wie sollte ein Vierzehnjähriger das entscheiden, wenn ich nicht einmal heute eine Antwort darauf zu geben vermag? Sein Slogan „Unser einziger Weg ist Arbeit", stellte sich – obgleich anders gemeint – nur als eine Paraphrase des zynischen Spruchs über dem Eingang zu Auschwitz heraus: „Arbeit macht frei". Zu Recht hat man das Ghetto als „Vorhölle des Vernichtungslagers" bezeichnet.

Es war ein und derselbe Zug, der Rumkowski und mich nach Auschwitz brachte. Über seine Ankunft dort gibt es verschiedene Erzählungen, die wohl alle zusammen folgendes Bild ergeben: Rumkowski war in einem eigenen Waggon gereist, nicht mit anderen zusammengepfercht wie wir. Ghettoleiter Hans Biebow hatte ihn mit einem Eisernen Brief ausgestattet, mit dem sogenannte wichtige Juden das Ghetto verlassen durften und von dem Rumkowski wider besseren Wissens glaubte, daß er ihn auch in Auschwitz schützen werde. Mit seinem weißen Haar und seinem silbernen Spazierstock gab er noch auf der Rampe in Birkenau eine würdige Figur ab, gewohnt, Respekt zu fordern und zu erhalten.

Er zeigte dem SS-Mann seinen Biebow-Brief. Der nahm ihn, zerriß ihn, warf die Fetzen weg, lächelte überlegen. Auf seinen Wink packten zwei SS-Leute Rumkowski und schleppten ihn fort. Danach hat ihn keiner mehr gesehen. Er kam gleich ins Gas. Sie mußten ihn umbringen, er wußte einfach zuviel.

Auch Lusia kam nach Auschwitz. Ich verlor sie aus den Augen, aber sie überlebte. Ich habe sie später in Amerika wiedergefunden.

Was meine frühen lyrischen Bemühungen betrifft: Die Überlebenden des Lodzer Ghettos, das am 19. 1. 1945 von der Roten Armee befreit wurde, machten sich, sobald der Boden zu bearbeiten war, daran, die in Kisten versteckten Dokumente, Fotografien und Erinnerungsstücke auszugraben, die von den Ghetto-Insassen als Zeugnis eingegraben worden waren. Angeblich hat man damals auf dem Marysin Gedichte von Kinderhand gefunden. Sie sollen im Museum Yad Vashem aufbewahrt sein. Ich habe mich nie dafür interessiert.

Hans Biebow, der Inbegriff des peniblen deutschen Verwaltungsbeamten, hatte auf seine unerbittliche Art eine Schlüsselrolle bei der „natürlichen Verminderung (der jüdischen Bevölkerung) durch Arbeit" innegehabt und war über deren Ziel und Zweck stets voll im Bild gewesen. Allein durch seine lügnerische Rede bei der Auflösung des Ghettos, mit der er die verbliebenen Juden unter Vorspiegelung falscher Tatsachen nach Auschwitz lockte, hätte er sich schon jenen Tod verdient, zu dem ihn ein polnisches Gericht verurteilte. Er wurde 1947 gehenkt.

Viereinhalb Jahre hatte ich im Ghetto von Lodz verbracht. Meine Mutter und meine Angehörigen hatte ich verloren. Nur mein Bruder war noch da. Wie waren all diese Verluste zu ertragen? Die Toten waren unsere Lebensbegleiter geworden. Wir aber nahmen diesen Geisterzug, der neben uns auf allen Wegen ging, nicht wahr. Wir sahen nicht nach rechts und nicht nach links, um nicht verrückt zu werden. Wir sahen nicht nach vorn, denn gegen das, was uns erwartete, waren wir machtlos. Und wir sahen nicht in uns hinein. Sonst hätten wir bemerkt, daß man uns unsere Jugend stahl, daß man unsere Gefühle verkrüppelte, daß nicht nur um uns, sondern in uns selbst der Vernichtungsprozeß längst eingesetzt hatte.

Nur Abstumpfung ermöglichte das Überleben. Abstumpfung aller moralischen Regungen bei gleichzeitiger Schärfung aller Überlebensinstinkte. Diese Abstumpfung macht es heute noch schwer für mich, mich an Konkretes zu erinnern. Gewiß, Gefühle sind da. Aber es sind Gefühle einer Betäubung, einer Ohn-

macht, eines hilflosen Staunens. War es möglich, in diesem Zustand noch Ziele zu haben? Ich hatte keine Mutter mehr. Ich hatte keine Familie mehr. Aber ich hatte einen Bruder. Ihn galt es zu beschützen.

Kapitel 3

APRIL IST DER GRAUSAMSTE MONAT

Lange stand unser Zug da. Es mögen Stunden gewesen sein. Das Stöhnen der Kranken nach Wasser hörte nicht auf. Der Gestank war kaum noch zu ertragen. Seltsame Geräusche drangen von draußen zu uns herein. Endlich wurden die Türen des Güterwaggons aufgerissen. Luft! Grelles Licht fiel ins Halbdunkel. Geblendet und steif kletterten wir heraus auf den Bahnsteig. Wir standen auf einer Rampe. Der Ort hatte einen Namen. Es war die Rampe von Auschwitz-Birkenau.

Ich weiß noch, was ich sah, aber meine Abstumpfung war so weit fortgeschritten, daß ich nichts fühlte, außer einer großen, hellen Benommenheit. Nicht einmal Angst um mich, nur davor, daß ich nicht auf meinen Bruder aufpassen können würde. Ich ließ seine Hand nicht los. Tausende stolperten mit uns auf den Bahnsteig.

Kahlgeschorene Figuren in gestreifter Sträflingskleidung brüllten uns in polnischem Jiddisch an: „Alles raus, alles raus!“ Die Kapos stießen und schlugen alle, die sich nicht schnell genug bewegten, zogen hinter uns die Kranken und Toten aus den Waggons. Ich sah SS-Leute kleine Kinder wie Pakete durch die Luft werfen, sah verzweifelte Mütter diesen Kindern nachlaufen, hörte das rohe Lachen der Kapos, das Gebell der Schäferhunde.

Flammen schlugen aus rauchenden Schloten. Es stank entsetzlich. Nie zuvor hatte ich so einen Geruch gerochen. Im riesigen Stacheldrahtzaun hingen Leichen von Häftlingen. In verkrampfter Haltung, ihre Hände in den Stacheldraht gekrallt. „Weitergehen, weitergehen“, schrien die Kapos. Überall Soldaten in SS-Uniformen. Auch sie brüllten

Kommandos. Deutsch verstanden wir kaum. Mit Reitpeitschen schlugen sie auf uns ein. Ihre Hunde bellten uns an. Schüsse fielen. Stumm klammerten wir uns an unsere Bündel. Ich ließ Schajeks Hand nicht los.

„Alles weglegen, alles weglegen!" befahlen die Kapos. Jetzt war es gleichgültig, ob ich meinen Bleistift mitgenommen hatte und was sich noch in unseren Bündeln befand. Meinem Bruder nahmen sie seinen letzten Schatz, sein geliebtes Messer weg. Sie ließen uns nichts. Die Kapos zeigten auf die rauchenden Kamine: „Da kommt ihr alle hinein", riefen sie. Wir sahen uns an und wußten nicht, was sie meinten. „Da kommt ihr alle hinein, dann braucht ihr keine Sachen mehr."

Es war ein strahlender Tag. Trotzdem brannten auf den Masten des Lagerzauns riesige Scheinwerfer. Die Schreie der Kapos gellten uns in den Ohren. Mehr Schüsse fielen. War ich verrückt geworden? Ich hörte Musik. Jetzt sah ich es. Ein Orchester spielte auf. Das Lager-Orchester geigte und flötete Strauß-Melodien zu unserer Begrüßung. Was hatten diese Klänge mit dieser Szene zu tun? Nur eines. Sie sagten uns: Alles, was ihr bisher erlebt habt, war normal. Wie wahnsinnig und schrecklich es euch erschienen sein mochte, es war normal, es gehörte zu einer Welt, in der ihr Menschen wart. Dies hier ist anders. Dies hier ist eine andere Welt. Dies hier ist die Welt des Grauens.

„Frauen und Männer getrennt aufstellen!" Ununterbrochen dröhnten Kommandos: „Links, rechts. Links, rechts!" Der Rauch von riesigen Feuern brannte uns in den Augen, vom Gestank wurde uns übel. Unter Walzerklängen, Hundegebell und Kommandogebrüll, unter Peitschenschlägen, Schüssen und Kolbenstößen nahmen zwischen den Viehwaggons Tausende von ausgehungerten Juden die befohlene Aufstellung ein.

Sie bildeten zwei lange Kolonnen, je fünf Menschen in einer Reihe. Auf der einen Seite die Frauen mit Kindern, die

Kinder, die Alten. Auf der anderen die arbeitsfähigen Männer. Wir Knaben wußten, wo wir uns hinzustellen hatten. Waren wir nicht arbeitsfähig, hatten wir es nicht in vier langen Ghettojahren bewiesen? Nicht aus Überlebenstaktik, aus Gewohnheit reihten wir uns bei den Männern ein.

Nach der endlos langen Fahrt, nach dem quälend langen Warten auf dem Bahnhof, ging alles plötzlich sehr schnell. Die Reihen rückten vor. Erst konnten wir nicht ausnehmen, was vor uns geschah. Als wir näherrückten, sahen wir, zwischen den Köpfen der vor uns Stehenden hindurchblickend, in einem Abstand von einigen Metern zur vordersten Reihe der Kolonne einen SS-Mann stehen.

Links und rechts drängten Kapos und SS-Leute die Kolonne zusammen, trieben sie vorwärts, auf diesen Mann zu. Er stand einige Meter entfernt, betrachtete jeden einzelnen kurz, stellte manchmal eine knappe Frage und machte dann mit seinem Daumen eine Bewegung. Nach rechts, nach links. Wir wußten nicht, was das zu bedeuten hatte. Selbst aus der kurzen Beobachtung, daß alle Kinder, Frauen mit Kindern und Alten nach links, die arbeitsfähigen Männer und Frauen nach rechts geschickt wurden, ließ sich nichts Eindeutiges schließen.

Waren nicht die jungen Frauen mit Kindern ebenso arbeitsfähig wie wir? Wir wußten nicht, daß gerade diese Kinder den Nazis Arbeitshindernis genug darstellten, um Mütter mitsamt ihren Kindern zu töten. Die Mütter machten zuviel Aufsehen, wenn man ihnen die Kinder nahm. Mütter, die sich von ihren Kindern trennen konnten, überlebten. Manche gingen freiwillig mit ihren Kindern, andere sahen sie auf der Rampe ein letztes Mal.

Was wir nicht sehen wollten, geschah vor unseren Augen. Wir wußten es, wir fühlten es, wir begriffen es, aber wir wollten es nicht glauben: Hier spielte einer den Herrn über das Leben anderer Menschen. Ob es Mengele selbst war, kann ich nicht sagen. Ich weiß nur, daß da eine elegante Erscheinung in SS-Uniform stand, auf den die Reihe der Eingewiesenen unaufhörlich zugeschoben wurde. Sein Daumen bewegte sich unablässig. Ohne Zögern schickte er Menschen nach rechts und andere nach links. Jede Sekunde ein Todesurteil. Jede Sekunde ein Aufschub. Rechts bedeutete Leben, links Tod. Man nannte diesen Prozeß „Selektion". Den Begriff kannte ich aus dem Ghetto. Auch dort wurden Alte und Kinder zu Aussiedlungen selektioniert. Das Ergebnis dieser Selektion war allerdings nur selten unmittelbar zu sehen. Man brachte die Selektionierten zum Bahnhof, wo sie verladen wurden und verschwanden. Hier war es anders. Hier befand man sich am Endpunkt aller Verschickungen. Hier konnte man sich über den guten Ausgang der Sache keine Illusionen machen.

Irgendwie geschah es, daß wir von diesem Richter für arbeitsfähig, also lebenswert erachtet wurden. Ich hatte uns mit der Ghetto-Routine des Überlebenskämpfers um zwei Jahre älter gemacht. Inzwischen waren zwei Waggons unseres Zuges voneinander abgekoppelt worden, so daß dazwischen eine Lücke entstand, durch die unsere Gruppe dirigiert wurde. Es müssen etwa drei Viertel der mit uns transportierten Menschen gewesen sein, die den anderen Weg gingen.

Den anderen Weg, das hieß direkt ins Gas. Zur Zeit unserer Ankunft führten in Birkenau die Bahngeleise bis knapp vor die Gaskammern. Die SS war stolz darauf, daß alles in Auschwitz-Birkenau wie „am Fließband" lief. Den zum Tode selektionierten Alten, Frauen und Kindern erklärten die SS-Leute und Kapos, sie hätten ihre Kleider abzugeben und bekämen dafür nach der Dusche neue. Das Duschen sollten sie möglichst rasch und geordnet hinter sich bringen, damit sie anschließend um so schneller zu ihrer Mahlzeit kämen. Manchen drückten sie sogar ein Stück Seife und ein Handtuch in die Hand. Die meisten von ihnen gingen ahnungslos in den Tod.

„Weitergehen! Weitergehen! Lauft, Juden, lauft!" Wir anderen wurden unter ständigem Kommandieren in eine Baracke gehetzt. „Ausziehen, ausziehen! Alles abgeben!" In Reihen wurden wir zum Appellplatz getrieben, immer begleitet von SS-Leuten und ihren bellenden Hunden. „Lauft, lauft!", schrien sie uns an. Wir sollten nicht zur Besinnung kommen. Nicht, daß es etwas geändert hätte, wären wir bei Sinnen gewesen. Aber es gehörte zur Initiationszeremonie, daß man sie nicht mit klarem Verstand durchlebte. Wenn einer in jener anderen Welt auftauchte, brauchte er weder Verstand noch Besinnung. Man hat dieses Initiationsritual mit einer Art negativen Taufe verglichen. Wie die Christen zwei Jahrtausende lang versuchten, die Juden in das Reich des Lebens zu führen, wiesen nun die Antichristen die Juden in das Reich des Todes ein.

Der Vergleich trifft, denn wir wurden neu geboren, unserer Menschenschale entkleidet und galten fortan nur noch als Existenzen. In der Aufnahmebaracke mußten wir alles ausziehen, unsere Kleider sahen wir ebensowenig wieder wie unser Bündel, nackt wie Kleinkinder kamen wir unter die kalte Dusche. Getauft mit kaltem Wasser, wurde uns alles Körperhaar geschoren. Wir wurden entlaust, erhielten als neue Kleidung das gestreifte Häftlingsgewand: Hose, Jacke, Kappe, Holzpantoffeln.

Dann öffneten wir die Augen in einer anderen Welt, in der wir keine Menschen mehr waren. Nicht einmal mehr Menschentiere wie im Ghetto. Transportware, seelenlos. Wir aus dem Lodzer Ghetto Antransportierten kamen zu einem Zeitpunkt nach Birkenau, als die Vernichtungsmaschine auf ihren höchsten Touren lief. Sie lief so schnell, daß man uns nicht einmal eine Nummer eintätowierte. Was bedeuten sollte: Ihr seid gar nichts mehr. Nicht einmal eine Nummer. Und doch – wir lebten. Wir waren für lebenswert befunden worden.

Einstweilen lebenswert, jedenfalls. Ehe auch wir zu Tode gebracht werden sollten, hatte man uns „auf Eis gelegt", wie es die SS in ihrem Jargon ausdrückte. Auf Eis gelegt zu sein bedeutete, nicht sofort ins Gas geschickt zu werden, sondern eine Wartefrist eingeräumt zu bekommen, ehe man zum „Tod durch Arbeit" kam. Der Hauptgrund, auf Eis gelegt zu werden, bestand keineswegs in wirtschaftlichen Rücksichten oder gar humanitären Überlegungen, sondern allein darin, daß die Vernichtungsmaschine an technische Kapazitätsgrenzen stieß.

160.000 Häftlinge. 300 Baracken. 4.500 Mann Wachpersonal. Sechs Gaskammern. Vier Krematorien. Das war das Lager Auschwitz II, das Vernichtungslager, genannt Auschwitz-Birkenau. Wenig sagte uns diese Ortsbezeichnung. Wie viele, ja die meisten, weigerten wir uns, an die Existenz, ja die Idee eines Vernichtungslagers auch nur zu denken. Nicht, weil wir den Beteuerungen der Biebows glaubten oder den Lügen der Wachen und der Kapos. Wir weigerten uns noch im Schatten der Krematorien, es zu glauben, weil es unvorstellbar war. Es ist bekannt, daß in Auschwitz-Birkenau viele Juden erst einsahen, was man mit ihnen vorhatte, als sich die Türen der Gaskammern hinter ihnen schlossen. Selbst dann noch glaubten viele, es gehe nur zum Duschen. Bis aus den Düsen das Gas strömte.

Das ausgeklügelte Ankunfts- und Selektionsritual erfüllte genau diesen Zweck: uns nicht zu Bewußtsein kommen zu lassen, was mit uns geschah. Die Bewußtseinstötung, die damals an mir vorgenommen wurde, wirkt bis heute nach. Es ist nicht nur so, daß ich später das Grauen verdrängen mußte, um leben zu können. Ich habe die Erinnerung absichtlich nicht wach gehalten. Ich habe sie weiter abgestumpft, wenngleich mir wie jedem, der es erlebt hat, klar war, daß einen diese Erinnerung nie verläßt. Es ist aber so, daß ich die Erinnerung, selbst wenn ich sie heute für mich wecke, um diese Geschichte erzählen zu können, nur zur Hälfte haben kann. Meine Gefühle wurden damals so geschockt, daß ich sie nicht mehr aufspüren kann. Oder ist es so, daß ich sie nicht wecken kann, weil ich Angst habe vor dem, was dann in und mit mir vorgehen würde?

Die Nazis hatten die Industrialisierung des Mordens erfunden und stießen an die Grenzen dieses Industrieprozesses. Die größte Schwierigkeit stellte nun, da zur effizienten Tötung der Opfer das Gas Zyklon B eingesetzt wurde, nicht mehr das Töten, sondern die Beseitigung der Leichen dar. Im Mai und Juni 1944 wurden fast täglich etwa 10.000 Menschen in Auschwitz-Birkenau vergast. Als im August die Transporte aus dem Lodzer Ghetto eintrafen, waren es möglicherweise noch mehr. Die Kapazität der Krematorien reichte dafür nicht aus. Wenn alles funktionierte, konnten in den Öfen von Birkenau nicht mehr als 4.000 Leichen am Tag verbrannt werden. Es funktionierte selten alles. Die SS hob also offene Gruben aus, 35 Meter lang, sieben Meter breit und zwei Meter tief, in denen die Leichen verbrannt wurden. Von dort war der Gestank gekommen, der uns auf der Rampe entgegenschlug. Mit Eimern mußten jüdische Sonderkommandos das ausrinnende Menschenfett abschöpfen und es wieder ins Feuer gießen, damit es besser brannte. Es kam vor, daß Kinder oder Erwachsene strafweise lebendig in diese Höllengrube geworfen wurden.

Wegen Schwierigkeiten bei der Leichenbeseitigung und weil Spuren vor der heranrückenden Roten Armee zu verwischen waren, hatten die Nazis ihre Vernichtungslager Belzec 1942, Treblinka und Sobibor 1943 geschlossen. Ende Juli 1944 hatten die Sowjets Lublin eingenommen. Die Entdeckung des dortigen Konzentrationslagers Majdanek brachte die Existenz der KZs erstmals in die Weltpresse. Die Nazis konzentrierten ihr Projekt der Menschenvernichtung ab 1944 auf Auschwitz-Birkenau. Dort gab es aufgrund der fünf Krematorien und der offenen Brandgruben verhältnismäßig am wenigsten Schwierigkeiten bei der Beseitigung der Toten.

All das wußten wir nicht, erfuhren es nur bruchstückhaft, stockend. Als uns die Kapos beim Eingang zuriefen, bald würden auch wir durch die Kamine gehen, verstanden wir nicht, was sie meinten. Wir hatten noch immer keinen Begriff davon, wo wir waren, was Auschwitz-Birkenau war. Stundenlang standen wir in unseren neuen „Uniformen" auf dem Appellplatz, ehe man uns am späten Abend unseren Platz in der Baracke anwies. Dort zeigten uns die Kapos, warum sie Kapos waren, indem sie einen der Neuen stellvertretend für alle grundlos und gnadenlos blutig schlugen und von ihm völlig widersinnigerweise noch einmal verlangten, er solle Wertsachen herausgeben. Sie schlugen und traten ihn so lange, bis er wimmernd am Boden lag.

Die meisten Kapos waren Kriminelle. Meist brutale Handlanger und Befehlsempfänger der Nazis, wurden sie von ihnen mit Kennerblick nach ihrer Eignung zum Sadisten ausgewählt. Sie hielten die Ordnung im Lager aufrecht, denn indem sie uns unter ihrer Knute hatten, verteidigten sie ihre eigene privilegierte Stellung. Der Ordnung im Lager entsprach es am ehesten, daß sie ihre Grausamkeiten nach keiner erkennbaren Ordnung austeilten. Jeder konnte jederzeit Opfer einer Gewalttat werden. Birkenau war also auch auf unterster Stufe ein Verbrecherregime. Der gewöhnliche Sadismus regierte noch in den letzten Tagen und Stunden vor dem Tod. Wehe dem, der auf einen traf, der mit ihm Rechnungen zu begleichen hatte! Leitende Mitglieder der Lodzer Ghettobürokratie wurden nun von jüdischen Mithäftlingen unter Schlägen gezwungen, den Kotwagen zu ziehen.

Von den Nazis schlugen höchstens die SS-Soldaten mit ihren Peitschen zu, die Offiziere aber beschränkten sich auf das schon im Ghetto angewandte Prinzip, Entmenschte durch Entmenschte entmenschen zu lassen. Der Herrenmensch von Offiziersrang brauchte nicht einmal zu brüllen. Ein Wink bei einer Selektion, ein leise ausgesprochenes Urteil entschied unwiderruflich über Leben und Tod.

*

Nach über 30stündiger Fahrt im Viehwaggon, einem langen Tag gehetzter Aufnahmerituale und stundenlanger Stehappelle hatten wir einen Napf und ein Stück Brot bekommen und waren nach unserer ersten Schauprügelei, einer Lektion, die uns zeigen sollte, was wir hier wert waren, eingeschlafen. In drei Stöcken waren die Pritschen übereinandergeschichtet, ich legte mich mit meinem Bruder zusammen auf eine 75 Zentimeter breite Holzpritsche, in Griffweite links und rechts die nächsten. Um zehn Uhr war Nachtruhe. Ich nahm Schajek in die Arme, wie einst Mutter ihn in die Arme genommen hatte, in jenem dunklen Zimmer mit der laut schlagenden Uhr.

Kaum hatten wir die Augen geschlossen, weckten uns gellende Kommandos, unterstützt von groben Fäusten. Es war vier Uhr früh. „Aufstehen! Aufstehen!" Die Pritschendecke hatte auf Kante zu liegen. Den Napf, von dem wir uns gewohnheitsmäßig seit Ghettotagen nie trennten, hielten wir in der Hand. So trieb man uns morgens in die Pferdestall-ähnlichen Latrinen, wo alle gemeinsam ohne Sichtschutz ihre Notdurft verrichteten und sich mit kaltem Wasser waschen mußten. Für sechs Baracken stand je eine Latrinenbaracke zur Verfügung. Seife oder Handtuch gab es nicht.

Ich stand immer neben meinem Bruder. Auf ihn hatte ich jetzt aufzupassen, denn er hatte hier herinnen niemanden außer mir. Ein Draußen hatte in unserer Vorstellung aufgehört zu existieren. Nach dem Waschen folgte der Appell. Auf dem riesigen Platz inmitten des Lagers mußten alle antreten. Anschließend marschierten die in den Arbeitsaußenlagern eingesetzten Häftlinge in Marschkolonnen ab. Für uns gab es keine Arbeit.

Der Appell konnte immer den Charakter einer Selektion annehmen. Niemand war zu irgendeiner Zeit gewiß, daß sein Leben nicht aufgrund eines falschen Verhaltens oder eines Anzeichens an seinem Äußeren, das er selbst nicht verstand, beendet würde. Äußere Anzeichen des Todes gab es genug. Die völlig abgemagerten Menschen, deren Knochen man durch die Haut schimmern sah, wurden „Muselmänner“ genannt. Sie standen, weil aus Schwäche offenbar demnächst arbeitsunfähig, auf der Liste der Todeskandidaten ganz oben.

Die Ernährung war so schlecht, daß auch wir sofort abzunehmen begannen. Noch sahen wir nicht aus wie Muselmänner, aber wer wußte, wann unser Zerfall in dieses Stadium übergehen würde? Das Waschwasser war untrinkbar, wer es trank, verurteilte sich zu Durchfall oder Schlimmerem. Anderes Wasser gab es kaum. Wir litten ständig Durst. Von Hungerödemen geschwollene Füße waren ebenfalls ein Vorbote des Todes. Jede kleinste Wunde konnte zur Infektion führen. Wie sollte man sie behandeln, wenn man nicht einmal Seife hatte, geschweige denn Verbandszeug? Wohin sollte man gehen, wenn das Spital nicht Heilung versprach, sondern schnellere Tötung? Jede Laus, jeder Wanzenbiß stellte eine Todesdrohung dar. Ungeziefer gab es trotz der ständigen Entlausungen übergenug. Jeden Abend suchten wir uns in den Baracken gegenseitig danach ab. Jede Blase an den Füßen konnte lebensgefährlich sein. Das Leinen der Holzpantoffeln rieb sich an den ödemgeschwollenen Gliedern. Was konnte man dagegen tun?

Wir verstanden die Sprache der Kommandos nicht, lernten aber schnell, an den Augen unserer Besucher alles abzulesen und jedenfalls mit „Jawoll!“ zu antworten. Selbst wenn wir den Sinn der Kommandos verstanden hätten, der Sinn des Ganzen hätte sich uns dennoch nicht erschlossen. Es gab keinen anderen Sinn hinter den Geboten und Verboten als den, uns auf die tiefste Erniedrigungsstufe zu drücken. Stehlen und Bestohlenwerden war die Regel. Wer sein Stück Brot, seine Schuhe, seinen Napf für eine Sekunde aus den Augen ließ, war selbst schuld.

Zu allem mußte angetreten werden. Um unser Brot auszufassen, um die Suppe geschöpft zu bekommen. Das Brot bestand aus einer Viertelkiloration alten Graubrots für den Tag, die dünne, weißliche Suppe schmeckte nach Blech. Vergeblich warteten wir auf den dickeren Bodensatz aus Rüben oder Grünzeug, den wir im Ghetto manchmal hatten ergattern können.

Der Hunger stellte eines der wichtigsten Mittel zu unserer Entmenschung dar. Seit dem Ghetto hatte er uns nicht verlassen. Manche brachte er schnell zu Tode, manche erkrankten auf dem Umweg einer Schwächung ihrer Immunkräfte. Genügte das nicht, fiel man als Muselmann einer Selektion zum Opfer. Jeder wußte: Nur mit Brot kann man überleben. Es war aber nicht der vernünftige Wille zu überleben, der durch den Hunger geweckt wurde. Es war eine rasende, unstillbare Begierde, die in den Eingeweiden wütete. Es war ein Gefühl, das alle anderen Gefühle erstickte. Wir fühlten nichts anderes, nur Hunger. Für ein Stück Brot hätten wir alles getan. Es gab Söhne, die ihren Vätern das Brot stahlen. Sterbenden zog man als erstes das Brot unter dem Leib weg. Zum Tode Verurteilte vergaßen ihr Schicksal, wenn sie zuvor ein Stück Brot erhielten. Lieber sterben als hungern.

Jeden Tag sahen wir, wie sich Menschen in den elektrisch geladenen Stacheldraht warfen. „Zum Draht gehen" hatte schon im Ghetto soviel bedeutet wie „sich das Leben nehmen". Viele sahen auch hier keinen anderen Ausweg mehr für sich. Ständig hörte man Schüsse. Wenn jemand auf den unter Starkstrom stehenden Zaun zurannte, um Selbstmord zu begehen, schossen die Wachen von den Türmen und töteten ihn meist, ehe er den Zaun berühren konnte. An den Anblick, daß Menschen geschlagen wurden, gewöhnte man sich. Er gehörte so sehr zum Alltag, daß man sich gar nicht mehr fragte, ob die Prügel einer Regelübertretung des Geprügelten oder einer Laune des Prügelnden zuzuschreiben waren.

Untertags hatten wir nichts zu tun, lungerten herum. Ab

und zu ließ man uns einmal ein paar Steine von hier nach dort schleppen, um zu sehen, welcher von uns Geschwächten unter der Last zusammenbräche, und um ihn dann mit ein paar Peitschenhieben aufzumuntern. Das Nichtstun, unterbrochen von sinnlosem Antreten und Durchzählen, von Selektionen, bei denen es jederzeit jeden treffen konnte, dieser völlige Verlust von Verfügungsgewalt über die eigene Existenz führte zu einer vollständigen Apathie, zur sofortigen Verdrängung dessen, was man im gleichen Augenblick wahrnahm oder erlebte.

Das Vergessen und Verdrängen setzte in dem Augenblick in mir ein, als das Verbrechen begangen wurde. Im Vergessenmachen bestand kein geringer Teil des Verbrechens. Der Logotherapeut Viktor Frankl behauptet, man habe auch in Auschwitz Mensch sein können. Man hätte nur Mut dazu haben müssen. Frankl war als Arzt in Auschwitz interniert, als erwachsener, gebildeter Mann. Es gab Besser- und Schlechtergestellte im Lager. Ich, der sechzehnjährige polnische Jude, seit vier Jahren Arbeiter in einer Holzwollefabrik im Ghetto von Lodz, Vollwaise und Beschützer meines vierzehnjährigen Bruders, gehörte offenbar zu den Schlechtestgestellten. Ich bewundere jeden, dem es gelang, in Auschwitz Mensch zu bleiben und Würde zu bewahren. Wenn ich hätte Mensch sein können, fehlte mir einer, der mir sagte, wie das hätte gehen sollen. Mut machte uns keiner. Mut nahm man uns systematisch. Was interessierte uns Mut? Wir brauchten Brot, um die nächste Selektion zu überstehen.

Vor einer Selektion war man nie sicher. Wer wußte, was die SS-Ärzte dachten? Nackt mußten wir vor ihnen laufen, an ihnen vorbeigehen, auf sie zugehen. Immer wieder betrachteten sie unsere Körper mit ihren flüchtigen, hochmütigen Blicken, ob daran irgend etwas sichtbar wäre, etwas vielleicht, das wir selbst nicht bemerkt hatten. Links, rechts, lauteten die Urteile. Nicht immer bedeutete „links“ den Tod, manchmal war es umgekehrt. Nie wußte man, wen es getroffen hatte. Leute verschwanden aus der Baracke. Neue kamen. Wir sahen mit blicklosen Augen zu. Wir hungerten. In der Nacht hielten wir uns aneinander fest.

In der Ferne sah ich einmal eine Gruppe von nackten, kahlgeschorenen Frauen. Waren das unsere Frauen? Diese mageren, kahlen Gespenster unsere schönen, geliebten Frauen mit ihren vollen, langen Haaren? Was hatten sie aus ihnen gemacht? Man hörte, bei vielen Frauen habe in Birkenau unter dem Eindruck des Horrors die Menstruation ausgesetzt. Was spürte ich beim Anblick dieser Gestalten? Was war aus meinen Gefühlen geworden? Hatte ich je welche gehabt, waren je welche in mir erwacht? Nicht einmal diese Frage stellte ich mir. Darüber dachte ich nicht nach. Ich hatte nur ein Gefühl: Hunger. Ich hatte nur einen Gedanken: Brot.

*

Ende September 1944 geschah das Undenkbare. Ein Transport von ein paar Tausend Menschen verließ Auschwitz-Birkenau. Schajek und ich waren dabei. Auch Rysiek, gleich alt wie ich. In Birkenau hatten wir uns kennengelernt. Er war mit Mutter und Vater nach Birkenau gekommen und verließ das Lager als Halbwaise. Seine Mutter hatte in den Gaskammern ihr Leben lassen müssen. Rysieks Vater war bei uns, ein gütiger, alter Herr.

Nicht mehr „auf Eis gelegt"! Wider alle Erwartung dem Vernichtungslager lebend entkommen! Hinter uns der Stacheldraht, die Schornsteine des Krematoriums, der schwarze Rauch. Hinter uns das Gas, die Berge brennender Leichen. Es kam uns trotzdem nicht wie eine Rettung vor. Man trieb uns in Viehwaggons und verfrachtete uns in ein anderes Lager.

Auch dafür hatten die Herren über Leben und Tod ihre Gründe. Die Russen rückten näher. Die Deutschen mußten Birkenau leeren, einerseits, um die Spuren ihrer Verbrechen zu verwischen, andererseits, um zuvor noch den durch die militärischen Entwicklungen gestiegenen Bedarf der NS-Kriegswirtschaft zu decken. Also verlegten sie Teile der Lagerbevölkerung in Außenlager, die als Zulieferbetriebe der Rüstungsindustrie dienten. Statt zum Tod durch Gas waren wir nun wieder zum Tod durch Arbeit bestimmt. Scheinbar. In Wahrheit wartete der Tod durch Infektion, Unterkühlung, Krankheit, Unterernährung oder Erschießen.

In Falkenberg wartete keinerlei Fabriksarbeit auf uns, wie wir es vielleicht erwartet hatten. Vielmehr zwang uns die SS, uns mit sinnlosen Tätigkeiten abzumühen, mit Straßenbau für Straßen, die nicht gebraucht wurden, mit allerlei Befestigungsarbeiten, die offensichtlich keinen anderen Zweck hatten als den, uns zu schinden. Die Lagerroutine von Auschwitz blieb weitgehend aufrecht. Regelmäßig fanden Selektionen statt. Wir hatten bei der Ankunft im Lager zwar frische Kleidung bekommen, aber es war die gleiche dünne, gestreifte Häftlingskluft. Wärmere Kleider gegen die Kälte gab es nicht.

Falkenberg war klein. Dort leiteten SS-Leute anderen Schlages als in Birkenau das Lager. Nicht eiskalte, elegante Erscheinungen, ältere, etwas rundere und weniger scharfe Leute waren hier am Werk. War ich nur abgestumpft und auf alles gefaßt, oder hatten sie ein wenig in ihrer grausamen, kalten Wut auf uns nachgelassen? War die geringere Grausamkeit der SS-Leute das erste Anzeichen, daß sich die Lage zum Besseren wenden würde? Spürten sie das nahende Ende des tausendjährigen Reichs?

In Falkenberg befanden sich Baracken der Wehrmacht. Ein paar von uns wurden zur Arbeit in der Militärküche herangezogen, zum Kartoffelschälen. Zum erstenmal hatte ich das Glück, Küchenarbeit verrichten zu dürfen, ein unerhörtes Privileg! Dazu noch in einer Küche der Wehrmacht, nicht der eines Lagers. Mädchen waren in dieser Küche, richtige, rosige Mädchen, sauber und gesund, wohlgenährt, mit dicken Brüsten und Hintern, mit glänzenden Haaren und weißen Schürzen. Es waren volksdeutsche Polinnen, die da in der warmen Küche arbeiteten. Sie sprachen polnisch mit mir. Wann hatte ich das letztemal mit einer Frau gesprochen? Unsere Frauen und Mädchen waren ausgemergelt wie wir, magere Gespenster mit geschorenen Haaren und großen, glanzlosen Augen.

Was konnte wohl das Schönheitsideal der Muselmänner sein? Über dergleichen nachzudenken, war mir nie in den Sinn gekommen. Unser Leben war von zwei Dingen beherrscht: Brot erwischen, Hiebe vermeiden. Das Schönheitsideal der Muselmänner waren dicke Frauen. Hier in der Wärme der Küche glänzte alles, die Augen, das Haar, das Fett in den Töpfen, das Fett an den Leibern. Solche Brüste, solche Hintern hatte ich noch nie gesehen! Es duftete berauschend nach Kartoffeln und Körpern.

Die Köchinnen lachten, sangen Lieder und scherzten. Wie sie sich bewegten! Ich konnte den Blick nicht von ihnen wenden. Im Fett- und Kartoffeldunst begann etwas in mir aufzutauen. Ein zwanzigjähriger Freund, der mit mir in der Küche arbeitete, wagte es, ein Mädchen anzulächeln, sie lächelte zurück. „Stell dir vor, wie es mit der jetzt wäre", sagte er zu mir. Und ich stellte es mir vor. Plötzlich, in der Wärme, war auch das Begehren da.

„Schau mich nicht so an", sagte die eine auf polnisch zu mir, „der SS-Mann wird schon aufmerksam." Ich konnte nicht mehr schälen, weil ich den Blick nicht von ihr wegbrachte. Beim Anblick dieses Mädchens bekam ich nicht nur Lust auf ihr Fleisch, ich bekam Lust auf jene andere, saubere, warme, fette und nach Speisen duftende Welt, der ich zwar einmal angehört hatte, die mir aber längst entschwunden war. In der feuchten, duftenden Wärme der Küche, beim Anblick der Mädchen, erinnerte ich mich ihrer. Ich war nicht nur eine Nummer, ich war ein Mensch gewesen.

Der Gedanke machte mich wie betrunken. Musik setzte ein. Es war um die Weihnachtszeit. Draußen spielten und sangen die Soldaten „Lili Marleen", immer aufs neue, immer wieder. Auf einmal spürte ich eine Sehnsucht, ein Ziehen, wie ich es bisher nicht gekannt hatte. Das erste Gefühl seit Birkenau, dessen ich mich entsinne. In Auschwitz hatte ich keine Gefühle. In der Falkenberger Küche hatte die Betäubung für einen kurzen Moment nachzulassen begonnen.

Eine Tür öffnete sich, ein Uniformierter sah sich in der Küche um und erblickte mich. „Komm her, Jude!" rief er. Jetzt ist alles aus, dachte ich, noch halb im Traum, trotzdem nur unwillig den Blick von der polnischen Köchin wendend. Er nahm mich mit in sein Zimmer, das an die Küche grenzte, und schloß die Tür. „Komm her", befahl er. „Putz mir die Schuhe, Jude". Was blieb mir übrig? Ich begann seine Schuhe zu putzen. Dann faßte er mich unterm Kinn und zog mich hoch. Er trug keine Uniformjacke. Ich sah seine Hosenträger dicht vor mir. Sein Hemd war grün. Nie werde ich diese Hosenträger vergessen, nie den offenen Hemdkragen. Ein Nazi-Soldat ohne Uniformjacke! War er SS-Offizier, Kommandant oder Wehrmachtssoldat? Ohne Abzeichen an der Jacke konnte ich ihn nicht identifizieren.

So nah war ich einem *ashkenaz* noch nie gekommen. An Szenen des Grauens war ich gewöhnt. Nicht gewöhnt war ich daran, daß das Grauen eine gemütliche, ja eine familiäre Dimension bekommen konnte. Ich geriet in Panik. Er stank nach Alkohol, als er sich die Stiefel auszog. Auch seine grünen Strümpfe waren ein Schock für mich. Das muß ein hoher SS-Mann sein, dachte ich, ich wußte nicht genau, warum. Er ließ mir zu essen bringen. Das ängstigte mich noch mehr. Ich wußte nicht, wie ich mich verhalten sollte. Die ungewohnte Wärme machte mich so müde, daß ich meine Augen nur mit Mühe offen halten konnte. „Du sollst essen, Jude!" schnauzte er mich an. Ich konnte nicht.

Plötzlich beugte er sich zu mir, ganz nah, ich sah die riesigen Poren seiner fettigen Nase knapp vor meinen Augen, seine Schnaps-Fahne nahm mir den Atem. Sein Befehlston wandelte sich in Klage. „Wenn du wüßtest, Jude! Ich habe einen Sohn wie dich! Draußen im Reich!“ Er begann, sentimentales Zeug zu reden. Dazwischen forderte er mich immer wieder auf, zu essen. Jetzt wußte ich, ich war erledigt. Bald würde er zur Besinnung kommen, merken, daß er sich vor einem Judenknaben hatte gehen lassen, und mich erschießen. Zwangsläufig. Es konnte gar nicht anders sein.

Die Tür öffnete sich, er wurde hinausgerufen. Ich saß allein vor dem fast vollen Teller. Auch jetzt konnte ich nicht essen. Was sollte ich tun? Davonlaufen wäre mein Ende, dableiben war es wohl ebenso. Da steckte eine der Köchinnen den Kopf zur Tür herein und befahl mir, zu gehen. So überlebte ich auch diese Situation, die mir gefährlicher erschienen war als eine Selektion in Auschwitz.

Von seinem Essen hatte ich nicht gekostet; ich konnte vor Aufregung nichts essen. Dafür hatte ich ein paar rohe Kartoffeln, die uns die volksdeutschen Köchinnen zugesteckt hatten: ein Festessen! Wir hatten keine Taschen, in die wir die Kartoffeln hätten stecken können, aber wir steckten sie in die Ärmel oder in die umgekrempelten Beine unserer Hosen.

*

Nach wenigen Wochen mußten wir Falkenberg verlassen. Verglichen mit Birkenau war es uns wie ein Sanatorium erschienen. Nun trieben uns die Deutschen mit neu erwachter Wut weiter. Zu Fuß. Mein Bruder und ich befanden uns zusammen mit gut zweitausend jüdischen Männern, Frauen und Kindern auf einem jener Märsche, die später den Namen „Todesmärsche“ bekommen sollten. Eine Wachmannschaft der SS begleitete uns. Das System Lager wurde durch das System Marsch ersetzt, eine Vernichtungsform ersetzte die andere.

Es war nicht der einzige Todesmarsch in dieser Zeit; überall leerten die Nazis ihre Lager, überall verlegten sie auf der Flucht vor den sie einschließenden Fronten die Häftlinge, die lebenden Zeugnisse ihrer Greueltaten, überall machten sie diese Verlegungen zu einem Teil ihrer Endlösung. Jetzt war der Tod nicht mehr in Lagern konzentriert, jetzt wurde er über das Land ausgestreut.

Herbstnächte können kalt sein in Polen. Ein Marsch in Holzschuhen mit vor Hunger schwellenden Füßen, in dünnem Häftlingsgewand bei ein paar hundert Kalorien Nahrungszufuhr am Tag birgt viele Gefahren. Manche brachen, des langen Gehens entwöhnt, am ersten Tag nach wenigen Kilometern zusammen. Sobald einer in die Knie sank, war ein SS-Mann mit Hund zur Stelle und attackierte ihn.

Wer nicht hochkam, wurde an Ort und Stelle erschossen. Obwohl der Terror dieser Schäferhunde, ihre gefletschten Lefzen, ihr Geknurr und Gebell uns solch panische Angst einjagten, daß wir eine Weile weitertaumelten, dauerte es nicht lange, bis der nächste seiner Schwäche nachgab. Der Schock über seine Erschießung trieb uns wieder vorwärts. Es war ein Wechselspiel am Rand der völligen Entkräftung. Nachzugeben, liegenzubleiben und im Genickschuß Erlösung zu finden war eine starke Versuchung. Sich vom Schrecken vorwärtsreißen zu lassen, bedeutete weiterzuleben. Wozu? „Weitergehen! Weitergehen!“ Den ersten Abend dieses Marsches erlebten Dutzende Menschen nicht mehr.

Tagelang bewegte sich auf diese Art die Kolonne ausgemergelter, entkräfteter, demoralisierter Gestalten durch Südpolen, ehe sie im Lager Wolfsberg, einem Außenlager des KZ Groß-Rosen, ankam. Von 2.000 Menschen war ein gutes Drittel auf dem Weg umgekommen.

Schajek hatte durchgehalten. Des Nachts teilten wir wie in Auschwitz eine Pritsche, umarmten und wärmten einander. Auf dem Marsch war er immer neben mir. Wenn es nicht mehr gehen wollte, munterte ich ihn auf, stützte ihn, legte seine Hand für eine Weile um meine Schulter, um ihn zu schleppen. Eines Tages erkrankte Schajek. Es war nichts Besonderes, eine Erkältung, eine Grippe. Er bekam Fieber.

Er konnte nicht mit zur Arbeit. Ich ging allein, schweren Herzens, aber ich ging. Es blieb mir nichts anderes übrig.

Müde kehrte ich abends von der Arbeit in die Baracke zurück. Schajek war nicht da. Nur sein Stück Brot, das kantige Viertelkilo grauen, trockenen Brots, lag auf seiner Pritsche. Seltsam, dachte ich, daß es da liegt. Hat er es nicht gegessen? Und wenn er es nicht gegessen hat, warum liegt es da? Ein Stück Brot lag niemals auch nur eine Sekunde irgendwo. Es wurde sofort gestohlen. Ich sah das Stück Brot an und begriff nichts.

Die Mitgefangenen blickten mich von der Seite an. Ich sah nicht zurück. Ich sah nur das Brot an. Wieso hat er das Brot liegengelassen, dachte ich, wir haben doch immer Hunger? Wieso ist er ohne Frühstück weggegangen? Sein Bett ist doch gemacht, wo ist er? Ich lief hinaus und rief nach ihm. „Komm doch herein", rief ich. „Schajek, Schajek!" Keiner in der Baracke sagte ein Wort. Ich tat ihnen leid.

Schließlich kam der Blockälteste, ein freundlicher alter Holländer, zu mir und sagte: „Du kannst es essen! Iß es doch!" Erst als ich seinen mitleidigen Blick bemerkte, begann ich zu begreifen. Schajek war selektioniert worden. Was war geschehen? Hatte man ihn nach Birkenau zurückgeschickt? Ins Spital? Sie konnten es mir nicht sagen. Sie wußten es selber nicht. Die SS-Wachen zu fragen war sinnlos.

Schajek war nicht mehr da. Das konnte nur heißen, Schajek war nicht mehr da. Sonst nichts. Ich weigerte mich, seinen Tod auch nur zu denken. Ich legte mich auf die Pritsche und beschloß, das Brot nicht anzurühren. So selbstverständlich diese moralische Entscheidung klingt, sie war es nicht. Wieso sollte ich es nicht essen? Ich hatte Hunger! Man aß das Brot eines jeden Toten! Eben. Schajek war nicht tot, also hatte ich kein Recht auf sein Brot. Indem ich das Brot nicht aß, obwohl mein Magen danach brüllte, erkannte ich seinen Tod nicht an.

Lange kämpfte ich mit mir. Ich aß es nicht. Erschöpft schlief ich ein. Im Schlaf griff ich immer wieder neben mich. Ich tastete nach meinem Bruder und spürte nur das leere Holz der Pritsche. Manchmal griff ich auf das Brot. Ich schob es weg. Immer wieder schlief ich ein, tastete im Schlaf nach Schajek, fand ihn nicht, erwachte von neuem. Ich richtete mich auf, sah mich um. Vielleicht lag er auf einer anderen Pritsche? Vielleicht war er heimlich zurückgekommen? Ich wußte, daß er nie mehr kommen würde, aber ich wollte es nicht glauben. Ich tastete eine Nacht lang nach ihm. Nach dieser Nacht mußte ich es glauben. Er blieb verschwunden.

„Aufstehen, rauslaufen, Appell!“ Das Gebrüll wie jeden Morgen. „Wieso hast du das Brot nicht aufgegessen?“, fragte zynisch ein Kapo und lachte. „Hast du keinen Hunger?“ Es war ein normaler Vorgang, daß immer wieder Leute verschwanden, Alte, Kranke, Schwache. Nie glaubte jemand, daß es gerade ihn treffen werde. Die Älteren zeigten einander ihre Körper vor dem Appell, musterten ihr Fleisch, ob es noch brauchbar schien. Wir waren jung und kräftig. Hatten kaum geschwollene Füße. Waren abgemagert, aber noch keine Muselmänner. Nie glaubte ich, daß es mich oder meinen Bruder treffen könnte. Jetzt hatte es ihn getroffen.

Bald wurde auch Wolfsberg evakuiert. Wir marschierten weiter. Wieder blieben Dutzende, ja Hunderte von Leichen am Weg zurück. Wieder hetzte uns die SS mit ihren Hunden durch Kälte und Schnee, wieder knallten die Genickschüsse hinter uns. „Weitergehen! Weiter! Lauft, Juden! Weiter!“ Trotz klirrender Kälte gaben sie uns nichts Wärmeres anzuziehen. Der Mensch ist offenbar imstande, sich in erstaunlichem Maß an die Außentemperatur anzupassen. Dennoch starben viele an Unterkühlung, an Hunger, an Fieber.

Statt Schajek ging jetzt Rysiek an meiner Seite. Er war in meinem Alter. Es war gut, jemanden zu haben, den man aufmuntern konnte, der einem weiterhalf, wenn die Füße nicht mehr wollten, der in der Nacht auf der Pritsche neben einem lag. Jemanden, auf den man sich verlassen konnte. Ich hatte niemanden mehr, um den ich mich kümmern konnte. Brauchte ich bald selbst jemanden, der sich um mich kümmern würde?

Wir marschierten nach Schönberg. Die SS trieb uns in eine riesige Scheune und sperrte die Tore hinter uns zu. In der Ferne hörte man bereits die Kanonen der Roten Armee, die Front rückte näher und näher. Wir schliefen im Warmen ein. Plötzlich knallten wieder Schüsse, diesmal ganz in der Nähe. Wir erwachten. Draußen grölten unsere Bewacher und sangen Landserlieder.

Durch die Ritzen der Bretter konnten wir ihr Lagerfeuer sehen. Sie waren betrunken und lachten und zielten auf unsere Scheune. Wir warfen uns ins Heu, wühlten uns hinein, vergruben uns so tief wie möglich und wagten es nicht mehr, uns zu bewegen. Neben uns schlugen die Kugeln ein, immer wieder. Verletzte schrien in der Dunkelheit. Ihre Schmerzensschreie munterten die Betrunkenen noch auf. Es gab kein Licht. Niemand wagte es, sich aus seiner Deckung zu bewegen, um einem anderen zu helfen. Lieber ließ man ihn verbluten. Jeder dachte das gleiche. Jetzt ein Funke, und alle, die noch lebten, würden bei lebendigem Leib verbrennen. Niemals würde uns die SS die Tore öffnen.

Ich sagte zu Rysiek nur: „Wie gut, daß Schajek nicht bei uns ist, daß er das hier nicht mitmachen muß!" Als hätte er es in Auschwitz-Birkenau oder wo immer er jetzt war, besser. Trotzdem war ich ehrlich froh, daß Schajek das hier nicht erleben mußte. Ich erlebte immer nur „das hier". Die Vorstellungskraft für das Nächstschlimmere oder das gerade überstandene Schlimme war mir längst ausgetrieben worden. Einen Tag und eine Nacht verbrachten wir in dieser Scheune. Ich überlebte auch sie. Vielleicht überlebte ich, weil ich mir nichts vorstellte. Weil ich nichts wußte, nur alles ahnte. Hätte ich gewußt, wie ich heute weiß, daß mein Bruder vergast wurde, ich weiß nicht, ob ich es geschafft hätte.

Ich galt längst als Erwachsener, mußte arbeiten wie ein Erwachsener. An unserem Todesmarsch nahmen vielleicht dreißig Halbwüchsige von dreizehn bis sechzehn Jahren teil. Da sie nicht als Kinder betrachtet wurden, hatten sie auch keine Vergünstigungen. Manchmal überkam es einen Soldaten und er steckte einem von uns ein Stück Brot zu. Ich war groß und stark und zäh geworden, ohne es selbst richtig zu merken. Eine Solidarität der Jugendlichen untereinander hatte sich nicht entwickelt, das Terrorregiment, unter dem wir standen, ließ höchstens Beziehungen zu einzelnen zu. Viele waren abhängig von einem anderen Menschen, einem Freund, einem Verwandten. Nach dem Verschwinden meines Bruders hielten Rysiek und ich uns aneinander fest.

Nach der Nacht in Schönberg wurden die übriggebliebenen Insassen des Lagers Wolfsberg, etwa 3.500 Menschen, auf einen Zug verladen. Schon bisher war es auf unserem Marsch vorgekommen, daß wir gewisse Strecken mit der Eisenbahn zurücklegten. Hatten wir geglaubt, die Viehwaggons, die uns nach Auschwitz brachten, wären an Roheit nicht mehr zu überbieten, sahen wir uns getäuscht.

Jetzt bestand unser Zug zwar wieder aus Viehwaggons, aber sie waren oben offen. Alte wie Junge, Kranke wie Gesunde, Männer wie Frauen wurden hineingepfercht. Teilweise waren die alten Leute in entsetzlichem Zustand, ihre Bärte waren schwarz vor Läusen. Ohne Nahrung, ohne Heizung, ohne daß eine Tür geöffnet wurde, verbrachten wir mehrere Tage und Nächte hintereinander in diesen Waggons. Wir mußten unsere Notdurft dort verrichten, bekamen kein Wasser. Trotz der Kälte war der Durst entsetzlich. Wenn es schneite, konnte wir unseren Durst löschen, gerieten aber in höhere Gefahr, uns durch die gefrierende Feuchtigkeit zu unterkühlen. Wir preßten unsere Körper aneinander, um nicht zu erfrieren. Daß wir nicht alle erfroren, betrachte ich heute noch als ein Wunder. Dutzende starben neben uns. Auch die Toten wurden nicht aus den Waggons entfernt.

Immer wieder wartete unser Zug in einem Bahnhof. Züge der Wehrmacht hatten Vorrang. Wir wußten nie, wo genau wir uns aufhielten. Einmal meinten wir, draußen Tschechisch sprechen zu hören. Manchmal warf uns bei solcher Gelegenheit ein Bahnarbeiter ein Stück Brot oder ein paar Kartoffeln in den Waggon. Wir waren fast zu matt, um darum zu kämpfen, trotzdem taten wir es. Die Stärkeren überlebten. Solche milden Gaben waren gefährlich, denn stets war die SS mit Hunden um die Transporte. Entsprechend selten kamen wir auf diese Weise doch zu einem Bissen.

Es war ein sonniger Wintertag, als wir in Mauthausen ankamen. Der Zug hielt vor dem Lager. Man ließ uns nicht hinein. Das Lager war überfüllt, auch hier kamen die Krematorien mit der Leichenverbrennung nicht mehr nach, auch hier überstieg der Zustrom an Gefangenen die Möglichkeiten der Vernichtungsmaschine. Es war sehr kalt Ende Februar 1945. Stundenlang wartete unser Zug auf den Geleisen. Endlich kamen die Kommandos: „Raus! Raus!" Sie öffneten die Türen. In jedem Waggon waren zehn bis zwölf Tote. Wir mußten sie heraustragen und auf der Rampe aufschichten. Dann säuberten wir die Waggons notdürftig von Schmutz, Erbrochenem und Exkrementen.

Nach einem Appell in der Kälte des Bahnsteigs jagten sie uns zurück in den Zug und verfrachteten uns an unseren Bestimmungsort. Nach Mitternacht, zu Beginn des 3. März 1945, kam unser Transport am Bahnhof Ebensee an. Der Weg vom Bahnhof zum Lager war weit. Sehr weit. Es war der letzte und für viele der schwerste Teil unseres Todesmarsches. Durch schneebedeckte Wälder schleppte sich unser Treck bergauf zum Lager. Rysiek Vater, den allein sein Wille alle Strapazen des Marsches bis hierher überleben hatte lassen, wurde hier von seinem Willen verlassen. Er starb vor Erschöpfung unter den Augen seines Sohnes. Die Schwachen und die Toten – auch auf dem Weg von Mauthausen hierher waren in den offenen Viehwaggons wieder viele gestorben – führte man auf Leiterwagen ins Lager, wo man sie, Lebende und Tote durcheinander, vor dem Krankenrevier einfach auf den Boden kippte.

*

Obwohl es lange nach Mitternacht war, wurden wir sofort zur Entlausung aufgestellt. Zu essen erhielten wir natürlich nichts. Unsere Kleider waren naß, weil es immer wieder geschneit hatte. Manche von uns mußten zwei Tage im Schnee warten, ehe sie in die Entlausungsbaracke kamen. In den Nächten drängten wir uns aneinander, um uns wenigstens mit unseren Körpern zu wärmen. Es half wenig. Menschen starben, wie man sagt, unter unseren Händen. Wir häuften uns übereinander auf dem Appellplatz, um die Wärme nicht entweichen zu lassen. Als wir die Körperhaufen auflösten, standen mitten unter uns die Toten.

Insgesamt dauerte die Desinfektion zwei Tage und zwei Nächte. Von 3.500 Häftlingen, die in Wolfsberg in den Zug verladen worden waren, lebten nicht einmal mehr 2.000, 1.300 von ihnen waren als arbeitsunfähig eingestuft. Viele blieben vor Erschöpfung im Schnee liegen und standen nie mehr auf. Die am meisten Entkräfteten wurden in eine Baracke gelegt, ohne daß sie Decken oder ärztliche Betreuung erhalten hätten. Im Gegenteil: In der Baracke, in der diese Schwächsten und Arbeitsunfähigen lagen, hängte die SS die Fenster aus und überließ es den Kapos, die Kranken zu Tode zu bringen. Der Gipfelpunkt des SS-Zynismus: Diese Kapos waren Juden, die mit ausreichendem Essen für ihre Schandtaten belohnt wurden.

Das Lager Ebensee sollte nicht mehr als 10.000 Insassen aufweisen, mit unserem Transport war diese Grenze weit überschritten. Die Nahrungsmittel reichten plötzlich nicht mehr aus, die gesamte Infrastruktur des Lagers war durch unseren Zuzug durcheinandergeraten. Ich gehörte zu den

Arbeitsfähigen, die täglich in den Stollen mußten. Ursprünglich war der Stollen als Raketenfabrik gedacht gewesen. Dann hatte die Wehrmacht umdisponiert und wollte im Fels ein riesiges, vor den Bombardements der Alliierten geschütztes Treibstofflager anlegen.

Der eine Weg zum Stollen war etwa drei Kilometer lang und links wie rechts mit Stacheldraht eingezäunt. Das sparte Wachpersonal. Man nannte ihn den „Löwengang". Außen entlang liefen schmale Gehwege für die SS-Wächter mit ihren Hunden. Wir gingen einen anderen Weg, ein wenig kürzer, aber dafür um so qualvoller. Er führte nämlich mitten durch den Ort. Uns schützte kein Stacheldraht vor Herr und Hund, immer spürten wir ihren Atem im Genick.

Jeden Tag gingen wir ausgemergelten Gestalten frühmorgens zwischen den Häusern den Weg in den Stollen zur Arbeit hinunter. Der Stollen war eine riesige Baustelle. Während er tiefer in den Berg getrieben wurde, betonierte man bereits die Verschalungen. Mehrere Baufirmen waren im Stollen tätig; ihre Namen sieht man heute noch auf manchem Schild einer großen Baustelle. Wir hatten vorne, wo der Stollen weiter in den Berg getrieben wurde, die Hunte mit den ausgebrochenen Steinen zu beladen. Wir wußten nicht, wie wir sie heben sollten. Wir hoben sie. Wir schoben die Hunte. Wir gaben nicht nach gegen die Müdigkeit, die Erschöpfung. Aber nicht, um etwas zu beweisen, oder weil wir das Ziel vor Augen gehabt hätten, zu überleben. Wir machten einfach weiter, weil wir nichts anderes wußten.

Unsere Bewacher im Stollen gehörten nicht der SS an, sondern der Organisation Todt, Hitlers „Generalbevollmächtigtem für die Regelung der Bauwirtschaft". Die Organisation Todt war ein für Arbeitseinsätze zuständiger Zwitter aus Behörde und Wirtschaftskörper, keine Mörderorganisation wie die SS. In der Organisation Todt in Ebensee gab es ältere Männer, die uns ab und zu ein Stück Brot zusteckten, uns das Papier der Zementsäcke gaben, damit wir es unter die dünnen Anzüge stopfen konnten. Das war verboten, aber es isolierte prächtig und schützte vor der Kälte. Diese Männer zeigten Mitleid, aber nur solange keine SS in Sicht war. Die schwarzen Uniformen fürchteten sie fast so sehr wie wir.

Abends kehrten wir zurück von der Arbeit, die Glieder mit Zementpapier umhüllt, neben und hinter uns die SS-Leute mit ihren Schäferhunden, die sofort da waren, wenn einer zusammenbrach, und ihn mit scharfem Laut anhetzten. Wer nicht mehr aufstehen konnte, den töteten die SS-Männer auf der Stelle per Genickschuß. Sie notierten bloß seine Nummer, sein Name kümmerte niemanden. Wir anderen Häftlinge mußten ihn ins Lager zurückbringen, wo seine Nummer von den Buchhaltern des Todes festgehalten wurde; auf Genauigkeit legten sie Wert bis zum Schluß.

Jeden Tag trugen wir einen oder mehrere derart zu Tode Gekommener ins Lager zurück. Dabei konnten wir uns selber kaum noch bewegen. Nun war es auch bei mir soweit. Die Füße schwollen langsam an, so daß ich kaum noch die Schuhe ausziehen konnte. Eine bleierne Müdigkeit lastete des Nachts auf mir wie die Steine am Tag. Aber da waren die Hunde mit ihrem scharfen Gebell. Sie sprangen jeden an, der strauchelte. Sie hielten uns auf den Beinen.

Wir stolperten vorwärts durch den Ort. Links und rechts sahen wir die putzigen Häuser mit den gelb erleuchteten Fenstern, auf denen Eisblumen blühten. Die Schornsteine rauchten. Jeder dachte bei sich das gleiche: Da drin sind Familien, da ist Wärme, da gibt es Essen. Die Häuser von Ebensee waren die ersten bewohnten Häuser nach Szczekociny, die richtigen Häusern glichen. Was waren die Häuser meiner letzten sechs Jahre gewesen? Im Ghetto leere Höhlen, heruntergekommen, mit eingeschlagenen Fensterscheiben, kalt, nach Seuchen, Hunger und Tod riechend. Die Baracken in den Lagern: Ställe für Vieh, nicht für Menschen, ein Instrument unserer Entmenschung und Vertierung. Viehisch waren die rollenden Häuser, die Eisenbahnwaggons, viehisch war die Scheune, in der wir festsaßen, hilflose Opfer unserer Schergen.

Darin bestand die wahre Qual dieses Weges: Nach sechs Jahren sah ich wieder eine Kleinstadt. Diese friedlichen, warm beleuchteten Häuschen säumten unseren Weg. Es war gefährlich, zu lange auf die Fenster zu sehen. Man konnte ins Träumen geraten. Wer träumte, schloß die Augen. Wer die Augen schloß, konnte stolpern. Wer stolperte, fiel hin. Wer hinfiel, hatte nicht mehr die Kraft, aufzustehen. Dann kamen die Hunde, die einen anfielen. Ein Schuß, und es war vorbei. Besser zu Boden blicken und an die Suppe denken.

Manchmal sahen wir Menschen. Ich meine, solche in normaler Kleidung, nicht in gestreifter Häftlingskluft oder in schwarzer Uniform. Die Einwohner von Ebensee. Wenn uns Mütter mit Kindern begegneten, machten sie, daß sie fortkamen. Einmal, es muß im Fasching gewesen sein, trafen wir sogar auf eine größere Kinderschar. Die Kleinen waren offenbar in lustiger Laune, aber als sie uns sahen, überkam sie die Angst. Mütter wie Kinder rannten vor unserem Anblick davon in die Wohnungen, als wären wir gefährliche Verbrecher. Gott weiß, was man ihnen über uns erzählt hatte.

Einmal kehrten Rysiek und ich von der Arbeit zurück, gingen in die Baracke, wo der Suppenkessel stand, stellten uns wie üblich in der Reihe auf, holten die Suppe und setzten uns auf unsere Pritsche, die wir seit dem Tod meines Bruders teilten. Ein Laib Brot und ein halber Liter Suppe, das war die Zuteilung. Für einen Tag und sechs Mann. Plötzlich kam Rysiek eine verrückte Idee. Er rutschte auf der anderen Seite unserer Pritsche wieder herunter und stellte sich noch einmal um Suppe an. Ein Teller Suppe bedeutete, einen Tag zu leben, etwas aufrechter zu gehen. Natürlich erwischte ihn der Kapo.

Sie schlugen ihn so blutig, daß er nicht einmal auf der

Pritsche liegen konnte. Ich streichelte seinen Kopf, massierte sanft seinen Rücken, um ihn zu trösten, schmierte ihm meinen Speichel in die offenen Wunden, um ihm irgendwie zu helfen. Ich hatte wieder einen Bruder, aber wußte nicht, was ich tun sollte. Er biß die Zähne zusammen, bäumte sich auf und schrie immer wieder: „Ich will überleben, ich will leben, ich will nicht sterben!" Ich dachte nur, was will er leben? Was heißt überleben? Ich verstand nicht, was er meinte.

Niemand würde überleben. Wir würden fortvegetieren und erlöschen. Ich hatte mich nicht mit dem Tod abgefunden, aber ich hatte auch vom Leben keine Vorstellung mehr. Es gab in Ebensee einen polnischen Juden namens Niedzwiecz. Er war einer der grausamsten Kapos. Er prügelte bei jeder Gelegenheit. Seine sadistischen Exzesse pflegte er, wenn sein blutig geschlagenes Opfer hilflos wimmernd am Boden lag, mit dem Sinnspruch zu krönen: „Mensch kommt, Mensch geht!" Niedzwiecz war so brutal, daß ihn mitunter sogar der Lagerkommandant zur Ordnung rief.

Mensch kommt, Mensch geht. Ich sah uns beide an. Geschwollene Beine, mit denen wir nur mehr mühsam gehen konnten. Seit Wolfsberg war da dieser Husten. Ab und zu spuckte ich Blut. Die Schwäche. Immer Hunger. Immer Durst. Immer Müdigkeit. Bei den Appellen konnten wir kaum noch stehen. Der Weg zum Stollen wurde immer schwerer. Es war nur eine Frage der Zeit, bis einer von uns ebenso zusammenbrach wie jene, die wir von der Arbeit zurück ins Lager schleppten.

Das war Ende April 1945. April war der schlimmste Monat in der Geschichte des KZ Ebensee. Allein in diesem Monat kamen über 3.000 Häftlinge zu Tode, mehr als fünfzehn Prozent aller im Lager Festgehaltenen.

*

Am 5. Mai ließ die SS alle Häftlinge antreten. Viele von uns mußten einander stützen, manche mußten hinausgezogen werden, weil sie nicht mehr gehen konnten. 10.000 Menschen standen da, mehr als 5.000 lagen krank in den Baracken. Die SS-Leute waren mit Lastwagen gekommen und mit ihren Hunden. Diese Hunde waren so abgerichtet, daß sie stets zu wissen schienen, wann sie furchterregend zu bellen und wann sie stillzuhalten hatten. Diesmal hielten sie still. Auf ein Durchzählen wurde verzichtet, was bisher noch nie vorgekommen war.

Lagerkommandant Ganz ergriff das Wort, geradezu väterlich erschien uns sein Ton. Er redete uns mit „Meine Herren" an. Seine Worte waren voll Besorgnis. Wir würden jetzt allesamt in einen Stollen gebracht, um uns vor zu erwartenden Bombenangriffen der Alliierten zu schützen, teilte er uns mit.

Er forderte uns auf, dieser Maßnahme zuzustimmen. Wir Juden, geschwächt durch Todesmarsch und Krankheiten, wären widerstandslos mitgegangen. Selbst in dieser Situation waren wir noch bereit, einem SS-Mann zu glauben, der uns versicherte, es gehe ihm nur um den Schutz unseres Lebens. Aber da Häftlinge verschiedener Nationalitäten auf dem Appellplatz standen, mußte Ganzs Rede – er hatte deutsch gesprochen – in mehrere Sprachen übersetzt werden. Nach jeder Übersetzung erhob sich Widerspruch. Jedesmal sprangen ein paar Mithäftlinge, die sich von uns dadurch unterschieden, daß sie rote und weiße Armbinden trugen, aus den Reihen, und riefen: „Geht nicht, geht nicht! Nein! Nein! Nein!"

Ganz ging langsam zu seinen SS-Leuten zurück, um sich mit ihnen zu beraten. Wir Juden legten uns auf den Boden und dachten, jetzt würde die SS beginnen, uns mit Maschinengewehren zu erschießen. Nichts geschah. Nach einer Weile kehrte Ganz zurück, sagte, es sei unsere Sache, ob wir auf diese Weise umkommen wollten, sie hätten nur an unser Bestes gedacht. Sie würden jetzt das Lager verlassen, um zu kämpfen. Die SS-Leute stiegen mit ihren Hunden auf ihren Lastwagen und verschwanden auf Nimmerwiedersehen.

Das war es nun, das Überleben. So sah es also aus. Ein Lastwagen, beladen mit ein paar Männern in Ledermänteln und Schäferhunden, der durch das Lagertor fuhr. Auf dem Appellplatz fielen sich die Häftlinge mit den Armbinden in die Arme. Wir Juden waren zu erschöpft, um uns am Jubel zu beteiligen. Wir legten uns vor unsere Baracke und beobachteten die Szene. Alles, was geschah, war mir egal.

Ich hatte nicht begriffen, was geschehen war. Die Leute mit den Armbinden waren politische Gefangene. Sie waren besser informiert als wir und wußten, was die SS vorgehabt hatte. Wir sollten mitsamt dem Stollen in die Luft gesprengt werden. Uns alle zu erschießen, wäre zu mühsam gewesen und hätte zu viele Spuren hinterlassen. Später fand man im Stollen die riesige, für uns vorbereitete Dynamitladung.

Die „Politischen" waren organisiert und informiert. Die Kommunisten wußten, welche Kapos Grausamkeiten verübt hatten, wer welcher Verbrechen schuldig war. Sofort gingen sie dazu über, Selbstjustiz zu üben und erschlugen, erstachen und ertränkten alle Kapos, die sie erwischen konnten. Verängstigt standen die alten, oft in letzter Minute aus der Umgebung des Lagers rekrutierten Bewacher herum. Sie waren froh, daß man sie nicht umbrachte. Wir paar Juden konnten nicht mehr gehen, kaum noch kriechen. Wir wollten gar nichts mehr. Wir wollten nicht einmal essen oder trinken. Wir wollten nur da liegen, wo wir lagen. Wie hätten wir die Kraft zur Rache haben sollen?

Unseren Block sperrten die Politischen ab. Erneut waren einige von uns inzwischen an Schwäche gestorben. Rysiek und ich konnten keine Nahrung mehr zu uns nehmen. Ich weiß nur, daß ich halb neben, halb unter einem Haufen Sterbender und Toter lag. Weder begriffen wir wirklich, daß wir überlebt hatten, noch, daß wir uns jetzt selber Nahrung organisieren hätten können. Wir wollten nicht essen, wir vermochten nicht einmal, an Essen zu denken.

Einen Tag lang geschah nichts. Kein Nazi ließ sich blicken,

die Bevölkerung war nicht zu sehen, die Politischen schienen alles in der Hand zu haben. Dann, am 6. Mai 1945, kamen die US-Truppen. So also sah die Freiheit aus: Zwei Panzer, besetzt mit GIs, bogen ins Lager ein. Wir lagen noch immer vor unseren Baracken, abgemagert bis auf die Knochen, unfähig, uns zu bewegen oder auch nur ein Wort zu sagen. Es war auch nicht nötig. Die Politischen übernahmen das Reden mit den Amerikanern.

Die Soldaten sprangen von den Panzern und brachten uns ihre Jacken, ihre Lebensmittel, alles, was sie uns geben konnten. Mit unserem Anblick, mit dem Bild lebender Gerippe, hatten sie nicht gerechnet. Ein schwarzer GI streichelte meine Hand, redete mir zu, tröstete mich. Er weinte bei meinem Anblick. Es war der erste Schwarze, den ich in meinem Leben sah. Ich verstand kein Wort von dem, was er sagte. Noch heute packt mich die Rührung, wenn ich einen schwarzen Soldaten sehe.

Der GI versuchte mich zum Essen zu bewegen. Ich konnte nicht. Wer kräftig genug war, daß er essen konnte, hatte Unglück: Etwa ein Viertel der Lagerinsassen starb in diesen ersten Tagen nach der Befreiung an den hochwertigen Lebensmitteln, die wie Gift auf ihre ausgemergelten Körper wirkten. Das fette Dosenfleisch, die Schokolade, die schweren Zigaretten, Bier und Coca-Cola ... Wir lagen da, unfähig, zu realisieren, was geschah, geschweige denn, es zu verarbeiten. Ich konnte mich nicht rühren, meine geschwollenen Füße nicht bewegen. Genausogut hätte man mich für tot halten können.

Es dauerte einen Tag, ehe das Rote Kreuz kam und uns abtransportierte. Ich war zu diesem Zeitpunkt 17 Jahre alt, 178 Zentimeter groß und wog 38 Kilo.

Wird dies also doch ein Holocaust-Buch? Ja und nein. Ich bringe den Holocaust nicht aus meinem Leben weg. Aber er ist nicht mein Leben. Tot die Mutter, tot der Vater, tot die Tanten, tot die Onkel. Tot auch Schajek, mein Bruder. Rysiek fand später anhand von Listen heraus, daß Schajek mit einem der letzten Transporte von Groß-Rosen zurück nach Auschwitz gebracht und dort ins Gas geschickt worden war.

Der Holocaust in mir. Da ist jene Benommenheit auf der Rampe, die ich selbst heute nicht überwinden kann. Wie soll ich über Auschwitz sprechen? Wie das Unsagbare sagen? Ich muß es versuchen, weil dort das Undenkbare getan wurde. Ich kann es nicht beschreiben, nur andeuten. Ich bin blockiert.

Es gibt Bilder aus Auschwitz, die ich in keinen Zusammenhang stellen kann. Jene Nacht, als sie uns in der Baracke einsperrten und draußen ein unaufhörlich langer Zug von Roma- und Sinti-Kindern vorbeigetrieben wurde. Wir hörten sie reden. Wir verstanden kein Wort, aber wir wußten, was ihnen bevorstand. Am nächsten Tag sahen wir aus den Kaminen tiefschwarze Wolken kommen. Wie könnte man dieses Schwarz beschreiben? Und wie unseren leeren Blick auf dieses Schwarz?

Wie könnte ich über Gefühle reden, wenn alles an und in mir unter Schock stand? Es tut weh, zugeben zu müssen, daß mein Gefühl in der Küche von Falkenberg intensiver war als meine Verzweiflung und mein Schmerz beim Verschwinden meines Bruders. Sein Verschwinden traf mich, als ich unter Betäubung stand. Erst später, viel später, erwachten auch diese Empfindungen.

Alles mußte weggeschoben werden, immer. Wegschieben wurde zur Lebensform. So wollte und konnte ich damals nicht akzeptieren, daß Schajek tot war. Vielleicht, sagte ich mir, ging es ihm im Krankenlager besser. Vielleicht hatte er zu essen. Bestimmt mußte er nicht mehr frieren. Ich versuchte mich selbst zu trösten. Ich schob seinen Tod von mir weg.

Jeder von uns Überlebenden empfindet Schuld, daß er überlebt hat und nicht die anderen. Als ich realisierte, daß Schajek nicht mehr am Leben war, erwachte zugleich mit dem Schmerz in mir dieses Schuldgefühl. Bald nach der Befreiung begann ich mir meines Bruders wegen Vorwürfe zu machen. Hatte ich einen Fehler gemacht? Könnte er noch leben? Ich fing an, mich an Kleinigkeiten zu erinnern, wo ich gegen ihn gefehlt hatte. Lag sein Tod daran, daß ich ihm nicht genug Kartoffeln gebracht hatte, weil ich mir selber in der Küche den Bauch vollschlug? Hätte er sie gegessen, hätte er dann stärker ausgesehen und wäre der Selektion entgangen? Warum konnte ich nicht tun, was meine Mutter zustande gebracht hatte, die sich für uns Kinder opferte?

Ich wollte die Konfrontation mit mir selber, mit diesem gierigen Tier, zu dem ich geworden war, vermeiden. Ich wollte mich nicht erinnern. Jede Erinnerung ist ein Schmerz. Was sagt man sich, wenn man eingesehen hat, daß es kein zufälliges Überleben und kein zufälliges Sterben gibt? Man kann sich nichts sagen. Man kann diese Einsicht nur wegschieben.

Wie konnte man überhaupt der Vernichtung entgehen? Nicht aus Stärke, nicht als Leistung war das möglich. Wie dann? Vorsehung? Ich würde sagen, durch Wegschieben. Es bleibt die Tatsache, ich habe überlebt. Das ist die eine Seite.

Andererseits lassen sich die immergleichen Fragen zwar wegschieben, aber sie kehren immer wieder. Warum wurden mein Vater, meine Mutter, meine Verwandten umgebracht und nicht ich? Warum hat man meinen Bruder in das Vernichtungslager von Auschwitz zurückgeschickt und nicht mich? Warum habe ich überlebt und nicht mein Bruder? Bin ich deswegen schuldig?

Ich weiß es nicht. Ich war ein Kind, bis es mich nach Wien verschlug. Ab diesem Moment mußte ich ein Mann sein. Ein Mann ohne Jugend. Eines habe ich trotzdem oder vielleicht gerade meiner verlorenen Jugend wegen nie aufgegeben: zu träumen. Es waren Träume von einer neuen Welt. Träume voller Niemehr-wieder. Träume voller Morgen-wird-alles-anders. Mein Leben wurde zu einem Kampf mit der Vergangenheit. Ich versuchte, sie wegzuschieben.

Kapitel 4

HÄUPTLING LEON

Ich schließe die Augen. Ich liege in einem weißen Bett. Es ist ein Bett, ein echtes, weiches, weißes, wirkliches Bett. Ich befühle die Wäsche. Sie ist echt. Ein Bett. Nach fünf Jahren Holzpritschen, Güterwaggons, Bretter- und Lehmböden zum erstenmal ein Bett als Schlafstelle. Ich weiß. Es ist ein Traum. So schön habe ich noch nie geträumt. Keine Angst. Doch, eine Angst: die Augen aufzumachen, und es ist nicht wahr. Jemand nimmt meine Hand. Es ist nicht der schwarze Soldat. Es ist eine weiche Hand. Eine Frauenhand. Zum ersten Mal seit dem Tod meiner Mutter halte ich die Hand einer Frau in meiner. Dieser Traum darf nicht aufhören. Ich darf ihn nicht zerstören, indem ich die Augen öffne.

Ich öffne die Augen und sehe eine Krankenschwester. Ich halte ihre Hand, ich lasse sie nicht los. Sie versteht. Sie lächelt, sie läßt mir ihre Hand. Sie streichelt sie sogar. Wo bin ich? Was ist geschehen? Wer bin ich? Ich bin Leon Zelman, 17 Jahre alt, aus Szczekociny, wiege 38 Kilo, leide an Hungerödemen, Schwäche, spucke Blut und liege in dem zum Spital des Roten Kreuzes umfunktionierten Hotel „Goldenes Kreuz" in Bad Ischl in einem Bett. In einem richtigen Bett. Es ist warm und sauber.

Ich träume weiter. Man packt mich in warme Decken ein und bringt mich in ein benachbartes Gebäude. Es ist ein Kino. Ich sehe zum erstenmal in meinem Leben einen Film, in dem die Leute sprechen. Die Eisläuferin Sonja Henie, vor den Nazis emigriert, spielt die Hauptrolle. Ich sehe, wie diesem schönen blonden Mädchen widerfährt, was ich mir immer erträumt hatte: Sie wird von einer amerikanischen Familie adoptiert. Habe nicht ich immer davon geredet, nach

Amerika zu kommen und adoptiert zu werden? War das nicht eine jener Hoffnungen, an die ich mich noch klammerte, als ich bei minus zwanzig Grad in einem Viehwaggon in Richtung Mauthausen transportiert wurde? Oder habe ich auch das nur geträumt, kommt mir diese Möglichkeit erst jetzt in den Sinn, als Rettung vor diesem Mörderland, diesem Mörderkontinent?

Ich wollte weg, wir alle wollten weg, weit, weit weg. Ich träumte die ganze Nacht mit offenen Augen von Amerika, von Adoptiveltern, von meiner Schwester namens Sonja Henie. Erst am nächsten Tag dämmerte mir langsam, daß es in Amerika niemanden gab, der mich adoptieren würde. „Adoptiertes Glück" – so hieß der Film – war es nun Wirklichkeit oder Traum?

Ich habe den Inhalt dieses Films später oft erzählt, und ich muß zugeben, es ist mir dabei mehr als einmal passiert, daß ich sagte: „*Wir* kommen in New York an …" Aber es war nur Sonja Henie, die ganz aufgeregt auf die Beantwortung der Frage wartete, wer nun ihr Vater, wer ihre Mutter sein würden, und nicht der abgemagerte, lungenkranke Leon, der alle seine Verwandten verloren hatte und den sie nicht nach Amerika hineinlassen würden.

Das Mädchen landet am Flughafen, man bringt sie in die Wohnung ihrer neuen Familie, alle umarmen einander dauernd. Das ging dem Kino voller knapp dem Tode Entronnener nicht nur deswegen so zu Herzen, weil wir nicht genau wußten, wer von unseren Familien noch lebte. Die offenen Liebesbezeugungen, die unverhohlenen Berührungen dieser Menschen trafen uns so, weil uns lange kein Verwandter offen liebevoll berührt hatte – von ängstlichen nächtlichen Umklammerungen und verzagtem Händehalten einmal abgesehen.

Während dieses Films begann nicht nur ich zu weinen. Wahrscheinlich ahnte ich, ahnten wir alle, daß wir ganz allein auf der Welt waren. Die Krankenschwester sagte zu mir:

„Kleiner Zelman, weine nicht, du wirst es eines Tages viel besser haben." Ich konnte trotzdem weder einschlafen noch aufhören zu weinen. Ich glaube, ich habe die ganze Nacht geweint.

Die Schwester. So lieb. So weiß. Immer wieder bekam ich Angst, die Augen zu öffnen und feststellen zu müssen, alles sei nicht wahr. Nach Jahren das erste Mal jemand, der mich streichelte und mir gut zuredete. Als sie mir das Fieberthermometer reichte, ließ ich ihre Hand nicht mehr los. Sie hat es verstanden. Ein Zimmer, für mich allein! Ein Bett! Eine Hand! Diese drei Dinge als Teil meiner Realität zu begreifen, dazu brauchte es mehr als nur ein paar Tage.

Das Spital, ein Lazarett, gab uns erstklassige medizinische Betreuung. Man entdeckte, daß ich an Typhus und Gelbsucht litt, die selbstverständlich niemand diagnostiziert oder gar behandelt hatte. Meine Nase war von einem Schlag gebrochen. Ich hatte offene Tuberkulose. Immerhin gingen die Ödeme langsam zurück. Ich begann zuzunehmen.

Nach drei oder vier Wochen, als wir einigermaßen aufgepäppelt waren, wurde ich mit einigen Freunden nach Bad Goisern verlegt. Man brachte uns in zwei großen Schulen unter, eine für Mädchen und eine für Knaben. Wir standen noch immer unter ständiger ärztlicher Aufsicht. Jetzt hatten wir erstmals genug Atem, um ihn uns von der umgebenden Landschaft nehmen zu lassen. Jetzt hatten wir Ohren für das tägliche Läuten der Kirchenglocken, spürten die Sonne und die herbe Luft der Alpen auf unserer Haut.

Die Österreicher um uns herum schienen vorerst freundlich, es ergaben sich sogar Kontakte zu Familien. Ob sie es ehrlich meinten, weiß ich nicht, ich kann es nur hoffen. Politische Häftlinge, die sich schon im Lager in wesentlich besserem physischem und psychischem Zustand befunden hatten als wir, fanden, sie hätten ein Recht auch auf materielle Freundlichkeiten, gingen zu Bauern und forderten Lebensmittel. Wir Juden waren für solches Auftreten noch viel zu verängstigt, wir wollten keine Eier, wir waren mit ein bißchen Zuwendung und Aufmerksamkeit, mit einem Gruß, einem netten Wort, einem Blick in die Augen zufrieden.

Wir hatten andere Probleme. Langsam kam uns nämlich zu Bewußtsein, was hinter uns lag. Wir mußten mit der Einsicht zurechtkommen, allein zu sein. Solange wir im Lager gewesen waren, brauchten wir an ein Danach nicht zu denken, es schien völlig sinnlos. Es gab kein Danach. Es gab nur einen überwältigenden Schrecken, der jede Perspektive auslöschte. Man nahm nichts mehr wahr, betrachtete stumpf die Todkranken, die Haufen der Toten. Was zählte, war, den Augenblick zu überstehen. Einem knurrenden Hund nicht zum Opfer zu fallen. Nach einem Hieb eines Kapos nicht noch einen zweiten zu provozieren. Eine Kartoffel zu klauen, ohne erwischt zu werden.

Was bedeutete dagegen Überleben? Was sollte danach kommen? Wieso sollte das enden? Es gab keine Zukunft. Es gab keine Hoffnung. Also waren auch die schrecklichen Fragen nach dem Überleben unserer Verwandten, der Mutter, des Bruders, nicht auf dem Tisch. Es gab keinen Tisch.

Sobald wir in Ischl auch nur einigermaßen hergestellt waren, drängten wir uns um eine große Anschlagtafel, in der Hoffnung, an uns gerichtete Nachrichten vorzufinden. Alle hatten wir ans Rote Kreuz geschrieben, das als zentrale Sammel- und Suchstelle für sogenannte *Displaced Persons* diente und den Austausch der Informationen unter den in ganz Europa verstreuten Juden organisierte. *Displaced* waren wir in der Tat, Verstellte, von unserem Platz Gerissene und an einen anderen Hingestellte. Als *Displaced Persons* bezeichnete man Menschen, die fern ihres Wohnorts nicht imstande waren, selbst für sich zu sorgen. An die 200.000 *Displaced Persons,* kurz *DPs* genannt, hielten sich im Nachkriegsösterreich auf, mehr als ein Zehntel von ihnen waren Juden.

Viele von uns hatten mittlerweile Antworten bekommen, da einen Cousin gefunden, dort eine Postkarte von einem

Onkel erhalten. Gesunde fuhren auf der Suche nach Informationen auf eigene Faust nach Linz, wo im Vorort Ebelsberg, einem großen Auffanglager, eine regelrechte Informationsbörse stattfand. Groß war der Jubel, wenn jemand eine Botschaft von einem Verwandten vorfand. Viele aber fanden nichts. Dennoch gingen wir Nichtsfinder täglich zur Tafel. Und langsam wurde vielen von uns die Befürchtung zur Gewißheit: Wir waren allein.

*

Dafür bildete sich unter den Überlebenden zaghaft eine Gemeinschaft. Man begann erst jetzt, einander wirklich kennenzulernen. Auch das war im Lager kaum möglich gewesen. Wir wußten meist nicht einmal die Namen der anderen. Vierhundert männliche Gestalten waren es, die sich nach und nach unter Pflege und Nahrung vermenschlichten, einander „Rysiek“ und „Leon“ nannten und sich und die Welt mit neuen Augen zu betrachten begannen. Noch immer starb der eine oder andere von uns an den Folgen des Konzentrationslagers, aber das waren schon Ausnahmen, nicht mehr die Regel.

Unsere Existenz gründete darauf, daß sich die Amerikaner um uns kümmerten. Die Grundlage dazu schufen wir selbst, indem wir uns bei ihren Organisationen und beim Roten Kreuz registrieren ließen. Ich nannte mich Leon Zelman, aus Szczekociny, wie es den Tatsachen entsprach. Hätte ich etwas anderes gesagt, es hätte keinen Unterschied gemacht. Bei der Ausstellung unserer Dokumente waren die amerikanischen Behörden darauf angewiesen, die Angaben auf Treu und Glauben zu übernehmen. Auf diese Weise kam ich zu einem falschen Geburtsdatum, denn gewohnheitsmäßig hatte ich ein Interesse daran, mich älter zu machen, als ich war. Also gab ich 1926 statt 1928 an. Ein Neunzehnjähriger stand in der Welt doch ganz anders da als ein Siebzehnjähriger, dachte ich mir. Reflexartig kam meine Erfahrung aus den

KZs dabei ins Spiel, wo Kinder gut daran taten, sich älter zu machen, als sie waren, um damit arbeitsfähiger zu erscheinen.

Wichtig war, wir hatten wieder einen Namen, Papiere, eine anerkannte Identität. Jetzt gingen auch wir zu den Bauern um Lebensmittel. Nun, da wir keine Gerippe mehr darstellten, war Schluß mit den freundlichen Blicken. Es kam bereits wieder zu ersten antisemitischen Äußerungen. Österreicher, die sich uns gegenüber benachteiligt fühlten, weil wir besser mit Lebensmitteln versorgt waren als sie, gingen gegen uns auf die Straße. Das Salzburger Tagblatt beschuldigte die Juden, „fett zu werden und faul herumzuliegen, während die österreichische Bevölkerung hungere". In Braunau, Ischl und Ranshofen demonstrierten Mütter gegen jüdische *DPs*, die „ihren Kindern die Milch wegtränken". Das traf uns nicht weiter, wir waren mit unserer eigenen Tragödie beschäftigt. Mit der Tatsache, von Nazis umgeben zu sein, war zu rechnen.

Je menschlicher wir uns zu fühlen begannen, desto näher rückte uns nämlich die Erkenntnis dessen, was mit uns geschehen war. Noch wußte ich weder ob, und schon gar nicht wie mein Bruder umgekommen war. Aber die Hoffnung, ihn je wiederzusehen, schwand.

Neben unserem Lager befand sich ein Gefangenenlager. Angehörige der Wehrmacht, aber auch der SS waren dort interniert. Sie trugen zwar nicht mehr ihre Hakenkreuze, aber immer noch ihre Uniformen. Dieselben Ärzte, die uns betreuten, kümmerten sich auch um sie. Unsere Menschwerdung schritt fort: Wir lehnten uns dagegen auf! Hatten wir Juden im Lager noch ungläubig und ermattet beobachtet, wie die politischen Gefangenen ihren Widerstand artikulierten, als die SS uns in die Luft sprengen wollte, war es jetzt an uns, nein zu sagen. Die Nähe dieser Uniformen, dieser Uniformträger, war uns unerträglich.

Wir beschlossen, es nicht zu ertragen. Meine knabenhafte

Neigung zu Neugier und Geselligkeit hatten mir in Bad Goisern schon die Bekanntschaft mit vielen Häftlingen ermöglicht. Sie wählten mich zu ihrem Sprecher. Wir organisierten einen Hungerstreik. Wenn wir lungenkranken, geschwächten Juden an diesem Hungerstreik gestorben wären, hätte es einen internationalen Skandal gegeben; die Amerikaner mußten alles Interesse haben, ihn zu vermeiden, war unsere Überlegung.

Tatsächlich erschien aus Linz ein Jeep, um den Sprecher dieser hungerstreikenden Juden, also mich, nach Linz zur amerikanischen Kommandozentrale abzuholen. Ich stellte dort unseren Standpunkt klar, daß wir noch so unmittelbar unter dem Eindruck der Erlebnisse mit den Nazis in den Lagern stünden, daß wir ihre unmittelbare Nähe nicht ertrugen. Während ich das erklärte, kam aus dem Nebenraum ein junger Mensch in Zivil herein, hörte kurz zu und unterbrach mich dann in barschem Ton.

„Ihr müßt essen!" rief er.

„Wer bist du, daß du uns das vorschreiben willst?" fragte ich ihn, empört über seine Anmaßung.

„Ich war selbst im KZ", sagte er.

„Dann müßtest du auf unserer Seite sein", antwortete ich.

Der junge Mensch hieß Simon Wiesenthal. Wir redeten wie selbstverständlich polnisches Jiddisch miteinander. Nach seiner Befreiung aus Mauthausen arbeitete er bereits für das amerikanische „War Crimes Office". Neben ihm stand der spätere Präsident der Salzburger Jüdischen Gemeinde, Einzinger, ein würdiger, älterer Herr. Er entspannte die Situation, indem er auf mich deutete und zu Wiesenthal sagte: „Dem jungen Menschen muß man helfen!" Da er englisch sprach, ging er mit mir zum diensthabenden Offizier und setzte sich bei ihm für mein Anliegen ein.

Die Amerikaner brachten mich mit einem ganzen Wagen voller Lebensmittel zurück nach Bad Goisern und versprachen uns, die internierten Deutschen und Österreicher zu verlegen. So geschah es auch. Nur ein paar Ärzte blieben; sie mußten wir akzeptieren, denn es gab keine anderen.

Diese vierhundert meist jungen, aus Lagern befreiten und aus Lazaretten entlassenen Leute hatten zum ersten Mal seit langer, langer Zeit ihre Interessen durchgesetzt. Nun faßten wir langsam Lebensmut. Aus Bekanntschaften wurden Freundschaften, man wagte es, Zuneigung zueinander zu entwickeln. Es schien zu gelingen, der Einsamkeit zu entkommen. Paradoxerweise hatte in den Lagern, gerade weil man nur Teil einer entmenschten Masse war, das Gefühl der Einsamkeit vorgeherrscht. Im Angesicht des allgegenwärtigen und für jeden jederzeit möglichen Todes war jeder ganz mit sich allein.

Nun war das Alleinsein ein anderes. Wir wußten zwar, daß wir vermutlich niemanden mehr hatten, aber wir hatten einander. Gemeinsam konnten wir Hoffnungen besprechen, Verwandte in Palästina oder in Amerika wiederzufinden. Möglicherweise war doch der eine oder andere Cousin oder die eine oder andere Tante irgendwie davongekommen, man hatte einander ja so schnell aus den Augen verloren. Morgen schon könnte der erlösende Zettel am Schwarzen Brett hängen. Indem wir das diskutierten, einander unsere Hoffnungen wie eine Therapie vorbeteten, gaben wir uns in der Nähe das, was wir in der Ferne suchten: Wärme und Geborgenheit.

Wir führten Gespräche, ohne daß uns ein gebelltes Kommando unterbrach, ohne daß wir zum Appell mußten, ohne daß wir geschlagen, getreten, bis zur Erschöpfung zur Arbeit gezwungen wurden. Wir redeten frei, wir redeten uns frei. Je mehr wir aber redeten, desto mehr erkannten wir: Dieser Kontinent ist nicht unser Kontinent. Auf dem Boden Österreichs, Deutschlands, ja ganz Europas waren die Verbrechen gegen uns Juden geschehen. Hier, im Schatten der schönsten Berggipfel, wohnten die Mörder, hier würde kein Platz mehr für uns sein. Weit weg, lautete die Devise. Und das schnell.

Weg von den Erinnerungen. Wir befanden uns, das war jedem sonnenklar, ganz in der Nähe von Ebensee und Mauthausen. Wir lebten in einem Kernland der Nazis. Aus Braunau war Hitler gekommen. Ins Salzkammergut, in die „Alpenfestung“, hatten sich viele von ihnen in den letzten Tagen des Hitlerismus geflüchtet. Was sollten wir hier? Der Anblick einer jeden deutschen Soldatenuniform verstörte uns, auch wenn die Rangabzeichen fehlten. Nicht einmal den Anblick der Kriegsinvaliden verkrafteten wir. Wir fühlten weder Haß noch Lust auf Rache. Wir fühlten uns nur sehr fremd. Die Manifestationen der Zivilbevölkerung irritierten uns weit weniger als einzelne Menschen in Uniform. Im Schutz der Amerikaner wußten wir uns immerhin vor dem Zorn der Bevölkerung sicher.

Also weg. Und wohin? Nach Amerika! Ja, wenn ich gekonnt hätte. Ich litt an Tuberkulose, also bekam ich kein Einreisevisum. Nach Palästina? Vielleicht, aber das war eher etwas für Abenteurer als für Lungenkranke, denn die Auswanderung war illegal. Den Staat Israel gab es noch nicht, wohl aber die illegalen Organisationen, die sich bemühten, ihn aufzubauen. Die Amerikaner tolerierten diese illegale Auswanderung, anders als die Engländer, die auch in Österreich ihre Interessen als Kolonialmacht in Palästina vertraten.

Gesandte der zionistischen Föderation kamen nach Bad Goisern und boten den nach Palästina Auswanderungswilligen einen Ausweg an: Italien. Transporte bewegten sich auf illegalen Wegen über die Alpen, wo die Juden in großen Sammellagern auf die Überfahrt nach Palästina warteten. Auch Österreicher halfen dabei gern, denn jeder Jude, der das Land verließ, bedeutete die Auslagerung eines Problems. Manche unserer Freunde ließen sich, kaum dem KZ entronnen, von der zionistischen Organisation *Bricha* für den Guerillakampf gegen die Engländer anwerben. Einer von ihnen, Heniek Gonschor, verlor bei einem Sprengstoffanschlag in Badgastein ein Bein.

Mit Rysiek war ich immer zusammen. Wir wanderten nach Lauffen oder, in die andere Richtung, zum Hallstätter See. Oft fuhren wir mit dem Lokalzug zurück nach Ischl, um Freunde im „Goldenen Kreuz“ zu besuchen. Samstags organisierten die Amerikaner Tanzveranstaltungen in Bad Ischl. Wir beide waren die Jüngsten, blinzelten immer zu den Älteren hinüber, um zu lernen, wie man sich dabei anstellt, und schoben dann linkisch die Mädchen über die Tanzfläche. Es ging ja nicht ums Tanzen. Es ging um Berührung, Nähe, Wärme. Manche Ehe wurde bei diesen Five o'clock teas gestiftet. Rührend kümmerte sich ein älteres Ehepaar dort um uns. Victor und Regina Lazarkiewicz sahen uns als ihre Nesthäkchen an, die sie zu betreuen hatten.

Die in Bad Goisern geschlossenen Freundschaften hielten ein Leben lang. Freunde von damals finde ich heute auf der ganzen Welt. Einer von ihnen, Louie Linker, lebt in Chicago. Er hat Familie, Frau, Kinder, Enkel. Wir telefonieren jedes Jahr, um miteinander über Bad Goisern zu reden. Letzthin sagte er zu mir: „Leon, du bist mir näher als alle meine Verwandten. Ich habe das Gefühl, du bist mein Bruder.“ Mit wem unter seinen Verwandten könnte er über diese Zeit reden, die unser neues Leben so entscheidend prägte?

Einen anderen Freund aus Bad Goisern hatte ich viele Jahre lang aus den Augen verloren. Als ich mich in den achtziger Jahren in Washington aufhielt und ein Interview für einen jüdischen Sender gab, wurde die Station mit Anfragen bestürmt, ob dieser Leon Zelman tatsächlich jener Leon aus Bad Goisern sei. Sie wußten nicht einmal meinen Familiennamen. Leon nannten sie mich, oder häufiger zärtlich Lolek.

Kürzlich schickte mir dieser Freund eine große Fotografie, auf der wir zu sehen sind, aufgestellt wie die Absolventen eines Lehrgangs in einer Militärakademie oder Sportschule, mächtig stolz auf unsere neuen gebrauchten Anzüge und unsere absurd bunten Krawatten, beide aus Ami-Beständen, gewaschen, frisiert und zufrieden damit, wieder volles Haupthaar besitzen zu dürfen, aufrecht dazustehen und einen guten Eindruck zu machen. Wir freuten uns über das Wachstum unserer Haare, glücklich betasteten wir immer wieder unsere sich bewollenden Köpfe.

Das Foto meiner Großfamilie, aufgenommen auf der Wiese an der Pilica, ist verloren. Es zeigte Menschen aus vier Generationen und einen barfüßigen, blöde grinsenden Leon. Das Foto meiner neuen Großfamilie mußte mit einer Generation auskommen. Der Leon darauf lächelte, und er trug Anzug und Krawatte.

Mit mir verbinden diese Freunde, die es nach Amerika oder weiß Gott wohin geschafft haben, ihre Erinnerungen an Ebensee, Bad Ischl, Bad Goisern. Wir reden nicht über Ghetto oder Lager. Wir reden über die Zeit danach, als junge Menschen einander ins Leben zurückhalfen, einander Vater und Mutter, Bruder und Schwester ersetzten. Psychologische Betreuung gab es ja keine. Wir mußten uns schon selber helfen, um in ein paar Monaten von Kindern zu Erwachsenen zu werden. Mich nannten sie den „Häuptling", nachdem sie mich zum Sprecher gewählt hatten. Ich war zwar bei weitem nicht der Älteste, aber nachdem ich im Spital acht Kilo zugenommen hatte, fühlte ich mich kräftig genug, das Wort zu führen und einiges in die Hand zu nehmen.

Es gab genug zu organisieren: die Auswanderung, die Nahrungsbeschaffung, die Kontakte mit den Amerikanern, mit der Bevölkerung. Ich brachte in unserer Sammelstelle die Leute zusammen, ich kümmerte mich darum, daß die Kommunikation zwischen den Kranken im Spital Bad Ischl, denen in Bad Goisern und denen in umliegenden Spitälern funktionierte. Im Spital Gmunden lag beispielsweise ein schwer lungenkrankes Mädchen. Ihre Mutter war aus einem anderen Lager befreit worden und wußte nicht, wo ihre

Tochter lag. Es gelang mir, die beiden zusammenzubringen, und natürlich verliebte ich mich in das zarte, blasse, wunderschöne Mädchen.

Ich besuchte Friedzia Friedberg, so hieß sie, mit ein paar Freunden zwei-, dreimal in der Woche. Ihr langsames Sterben machte uns tiefen Eindruck. Eines Tages saß ihre Mutter wortlos beim Bett, hielt ihre Hand. Das Mädchen war tot. Ich brachte die traurige Botschaft zurück nach Bad Goisern. So seltsam es klingt, wir empfanden unsere Trauer wie ein Erwachen. Nach aller Gewöhnung an massenhaftes Sterben spürten wir nun wieder den Schmerz über den Tod eines lieben Menschen. Der Tod, ein Lebenszeichen.

Es ging auf Weihnachten zu in Bad Goisern. Die Gruppe der Vierhundert begann sich langsam zu zerstreuen. Von fast 30.000 jüdischen Flüchtlingen im Raum Oberösterreich wollten gerade ein paar Dutzend in Österreich bleiben. In Ruhe konnte ich die Schönheit der verschneiten Gipfel auf mich wirken lassen. Auf langen Spaziergängen hatte ich Gelegenheit, über meine Zukunft nachzudenken. Meine Füße trugen mich wie jeden anderen jungen Mann. Die Schuhe waren jedem Gang im Schnee gewachsen, wenn sie geflickt werden mußten, trug ich sie zum Flickschuster. Haider hieß er, glaube ich. Nur mit der Lunge hatte ich Probleme. Wieder einmal wurde mir klar, ich war alleine. Nicht ganz: Rysiek war da. Mit ihm teilte ich alles, auch das Schicksal der Tuberkulose.

Aufgrund meiner Häuptlingstätigkeit kannten mich einige amerikanische Offiziere bereits. Manche sprachen polnisch, was die Verständigung erleichterte, denn ich konnte kaum Deutsch und keinerlei Englisch. Der amerikanische Militärrabbiner in Salzburg brachte mir schonend bei, daß ich aufgrund meiner Krankheit keine Einreiseerlaubnis in die USA bekommen würde. Er riet mir, nach Wien zu gehen. Ich sei intelligent, ich könne reden. Ich müsse studieren. Die Hilfsorganisation *Joint* würde sich um mich kümmern.

Was sollte ich tun? Ich sah keine Alternative. Allein nach Polen zurückzugehen war undenkbar. Nach Palästina konnte ich nicht, nach Amerika durfte ich nicht. So setzte ich mich im April 1946, fast ein Jahr nach unserer Befreiung, mit Rysiek in den Zug und fuhr in eine Stadt, von der ich nichts wußte außer ihren Namen und daß wohlhabende Juden aus dem Stetl einst nach Wien gefahren waren, wenn sie eines guten Arztes bedurften.

*

Wien, Westbahnhof! Da war kein Bahnhof. Da war keine Ankunftshalle. Die Bomben hatten nichts stehen lassen. Der Westbahnhof, eine riesige Bahnhaltestelle. Der erste Eindruck dieser Stadt nach all der frischen Naturschönheit des Salzkammerguts: deprimierend und grau. Aber man kam an in Wien.

Der Platz vor dem Bahnhof war ebenfalls zerstört. Rysiek und ich standen da und betrachteten ihn. Menschen, Menschen, Menschen. Keine Straße, nur Behelfsstege, Bretter, auf denen man die Straße überqueren mußte, um zur anderen Seite zu gelangen. Soldaten. Autoverkehr. Bimmelnde Straßenbahnen, von Menschentrauben besetzt. Händler. Riesige Häuser, dazwischen klaffende Bombenlücken.

War ich nicht schon einmal so dagestanden und hatte eine Großstadt betrachtet? Diesmal fehlten die Hakenkreuzfahnen, marschierende Hitlerjugend war nirgends zu sehen, statt der Nazis flanierten alliierte Soldaten mit grellgeschminkten Mädchen am Arm. Ich dachte in diesem Moment nicht an meine Mutter, die damals an meiner Seite gewesen war. Eine jähe Lust stieg in mir auf, das Leben zu zwingen, es hier, in Wien zu zwingen. Hier auf diesem Platz sprang mich der Appetit an, mir zurückzuholen, was man mir sechs Jahre lang genommen hatte.

Wien. Ich wußte nichts von dieser Stadt. Nichts von Hitlers Wort, dies sei die Perle, der er eine Fassung geben wolle.

Nichts davon, daß vor den Nazis die jüdische Gemeinde fast 180.000 Mitglieder gezählt hatte. Nichts von den über 65.000 Juden aus Wien, die in den Lagern der Nazis ums Leben gekommen waren. Nichts von der jüdischen Geistesmetropole Wien. Nichts von Wien, der judenfreien Stadt. Gerade 4.000 nach den Nürnberger Rassegesetzen als Juden geltende Personen hatten 1945 noch hier gelebt, ein Drittel davon getauft. Der Rest sah zu, daß er wegkam.

Obwohl wir nichts von Wien wußten, bildete Wien unsere drittbeste Hoffnung. Wien war voller Flüchtlinge aus dem Osten, voll von Leuten, die den Lagern entronnen waren, aber auch solchen auf der Flucht vor den neuen Regimes. Wien, eine Durchgangsstadt, Österreich, ein Durchgangsland. Zwischen 1945 und 1948 passierte eine Million Menschen diese Drehtür, ein Zehntel von ihnen waren Juden. Die jüdischen Flüchtlinge betrachteten Wien als Tor zum Westen, nach Amerika, nach Palästina.

Umgekehrt hatten die westlichen Hilfsorganisationen ihre östlichsten Stützpunkte in Wien, weil sie Wien als das Fenster in den Osten betrachteten. Die vier Besatzungsmächte gaben Wien zusätzlich das Flair einer internationalen Stadt. Sie sorgten auch dafür, daß sich eine *Displaced Person* wie ich in der Stadt sicherer fühlte als am Land, wo die Anonymität der Großstadt fehlte. Wien, offene Stadt.

Viele Juden kamen nur nach Wien, weil hier große Auffanglager vorhanden waren, das Rothschild-Spital beispielsweise. Andere waren schlicht zu müde, um ihre Flucht fortzusetzen. Wieder andere, wie wir, wurden nirgends anders zugelassen, lebten aber als *DPs* von der Fürsorge der Amerikaner. Wir kamen deshalb auch gar nicht auf die Idee, wir würden den Neid der österreichischen Bevölkerung erwecken, nahmen wir doch keinen einzigen österreichischen Steuerschilling in Anspruch. Den meisten Österreichern allerdings war diese Überlegung ebenso gleichgültig wie unsere Vorgeschichte. Sie neideten uns die Zuwendungen, die wir bekamen, ohne wissen zu wollen, was wir durchgemacht hatten. Sie sahen in uns hauptsächlich ein Ausländerproblem. Und eines, das sie an eine jüngere Vergangenheit erinnerte, die man allseits zu verdrängen begann.

Die Hilfsorganisation *Joint* kümmerte sich um unsere materiellen Bedürfnisse. Das *American Joint Distribution Committee* war die größte jüdische Hilfsorganisation Amerikas. Sie nahm sich des Schicksals aller jüdischen Flüchtlinge und *DPs* an und half damit beim Wiederaufbau der jüdischen Gemeinden in ganz Europa, also auch in Österreich. Der *Joint* versorgte uns mit Kleidern und Lebensmitteln, gab uns ein wenig Geld und verschaffte uns eine Wohnung. Wir nannten uns „Kinder des *Joint*".

Das Carepaket kam einmal im Monat. Es maß etwa vierzig Zentimeter im Quadrat und war fast ebenso hoch. Eine ansehnliche Schachtel. Einen Block Schokolade und eine Dose gezuckerte Kondensmilch behielten wir auf jeden Fall für uns. Nachts, wenn wir nicht schlafen konnten, schleckten wir die dicke süße Sauce aus der Dose. Sie beruhigte uns wie Muttermilch. Die Zigarettenpäckchen hoben wir als begehrte Tauschobjekte für besondere Gelegenheiten auf.

Einmal tauschte ich eine aus einer Decke geschneiderte Hose gegen zwei Päckchen Zigaretten ein. Die Kleider aus den Sammelstellen gaben uns ein clowneskes Aussehen; wenn möglich, suchten wir uns besser anzuziehen. Das Päckchen Käse im Carepaket trug die Marke „Kraft". Wir verschenkten es oft ebenso wie die salzigen Kekse und die Dose Corned beef. Man konnte mit solchen Geschenken Freude wecken. Man konnte damit Zuneigung erkaufen. Danach waren wir noch immer süchtig wie am ersten Tag der Befreiung. Vielleicht sogar noch süchtiger, denn wir hatten mehr Kraft, sie uns zu wünschen.

Trotztdem litten wir, wie fast alle rundherum, stets an Hunger. Die Carepakete machten uns das Leben leichter, aber satt machten sie noch lange nicht. Der *Joint* unterstützte uns mit einem bescheidenen Stipendium. Wir hatten also ein bißchen Geld in der Tasche. Aber für Geld gab es nicht immer Essen, da mußte man schon Lebensmittelmarken besitzen. Andererseits konnte eine Zigarette einen Kellner dazu bewegen, eine Ausnahme zu machen und in den billigen Restaurants, die wir frequentierten, für Geld eine Suppe herauszurücken.

Mit meinem Freund Rysiek teilte ich zuerst eine winzige Wohnung in der Unteren Augartenstraße. Ich ließ ihm das Bett und schlief in einer Badewanne. Wenig später zogen wir in die Kaindlgasse im siebten Bezirk, dann in ein möbliertes Zimmer in der Liechtensteinstraße 20. Dort wohnte eine Dame, die sich Gräfin nennen ließ. Das Gebiet ihrer Grafschaft bestand aus ihrer großen Wohnung, die sie als Stundenhotel an schwarze Soldaten vermietete. Wir freundeten uns mit den Mädchen an; sie waren sehr nett zu uns, einmal umarmte mich eine sogar. Ich konnte es allerdings nicht genießen, denn ich befürchtete, daß mich ihr schwarzer Freund erwischen könnte. Der lag Gott sei Dank betrunken in seinem Zimmer. Dennoch hielten wir uns in permanentem Respektabstand zu den grobschlächtigen GIs.

Dann aber hatten wir Glück und bekamen von einer alten Dame am Rudolfsplatz eine für unsere Verhältnisse riesige Wohnung zur Verfügung gestellt. Jeder hatte ein eigenes Zimmer! Sehr imponierend schien uns der Balkon mit Blick auf die Innenstadt. Wir benutzten unsere Residenz durchaus, um bei Mädchen Eindruck zu machen. Ich hatte nämlich schon eine Freundin. Ihr Vater war nie da, aber ihre Mutter kochte manchmal für uns, es kam beinahe ein Hauch von Familienleben auf. Sie wohnten in der Hörlgasse im neunten Bezirk. Zu Weihnachten gab ich ihnen mein ganzes Carepaket, damit wir gemeinsam ein schönes Fest feiern konnten. Für mich war Weihnachten kein speziell religiöser Anlaß, es brachte aber doch eine Erinnerung an Familienfeste.

Ich kam also am Weihnachtsabend zu dieser Familie. Viele Gäste waren anwesend. Ich bemerkte gleich, daß die Mutter meiner Freundin versuchte, mich von einem bestimmten Mann fernzuhalten. Er war ein großer, bulliger Typ. Der Abend ging seinen Gang, man begann zu trinken, manche hatten Wein mitgebracht. Plözlich redete mich der bullige Typ an. Er war Erikas Onkel. Ich sprach noch nicht sehr viel Deutsch. Wir unterhielten uns ein bißchen, aber schon war meine Freundin Erika wieder bei uns und wollte ihn wegziehen.

Er ließ sich jedoch nicht davon abbringen, mit mir zu reden. Er war sichtlich angeheitert.

„Woher kommst du?" fragte er mich.

„Aus Polen."

„Woher?"

„Aus Lodz."

„Was heißt Lodz? Das heißt Litzmannstadt!" Er schien zu glauben, ich sei Volksdeutscher.

„Wir haben gute Arbeit geleistet dort, haben die Juden ordentlich in den Hintern getreten, haben ihnen fein eingeheizt, was?"

Die Dame des Hauses wurde rot, gemeinsam mit ihrer Tochter versuchte sie, den Alten zum Schweigen zu bringen. Ich käme gerade aus der Gefangenschaft, sagte sie, ich bedürfe der Schonung, wolle nichts davon hören. Vergebens.

„Das muß ich doch meinem jungen Freund erzählen, wie wir den Juden eingeheizt haben!"

Ich lief weg. Hinaus aus der Wohnung, die Stiegen hinunter. Es war eiskalt draußen, Erika und ihre Mutter folgten mir, versuchten mich einzuholen, riefen mir nach. Ich hörte sie, aber ich blieb nicht stehen. Ich lief bis zum Rudolfsplatz, hinauf in meine Wohnung, warf mich aufs Bett. Ich habe das Mädchen und ihre Mutter nicht mehr wiedergesehen. Es tat mir leid, weil ich sie beide mochte, aber mit dieser Welt wollte ich nichts zu tun haben.

Es war die Zeit der Maturavorbereitung. Wir gingen spätnachmittags zur Schule in den achten Bezirk. Untertags besuchten wir Sprachkurse, die uns der *Joint* in seinem Hauptquartier in der Währinger Straße anbot. Ich sprach mit einem Kollegen in der Maturaschule über mein Weihnachtserlebnis. Er sagte nichts, lange wog er seine Worte. „Was soll ich dir sagen? So waren wir, so sind sie alle", sagte er schließlich.

Fritz, so hieß der Kollege, war kein Jude. Er war etwas älter als ich, war Hitlerjunge gewesen und hatte dann im Krieg einen Arm verloren. Wir saßen ja mit Soldaten in der Schule, die ihrer Einberufung wegen ebenfalls keine Matura hatten. Fritz war so ein Soldat. Und obwohl wir uns in Bad Goisern noch gegen die Nähe der Kriegsverbrecher gewehrt hatten, konnten und wollten wir hier nichts unternehmen. Schließlich handelte es sich offenbar nicht um Verbrecher. Wenngleich sie mir, mit meinem Schicksal verglichen, nicht als Opfer des Hitler-Regimes vorkamen, waren sie es in gewisser Weise doch. Da hatte ich sie also, die erste Begegnung mit dem anderen Lager, mit der anderen Welt, auf einer Schulbank in der Maturaschule im achten Bezirk.

Ich wußte nichts über die Fritze dieser Zeit. Ich spürte nur diesen unüberwindlichen Widerwillen gegen sie. Fritz wiederum wußte wenig über das Schicksal der Juden. Oder wußte er zuviel und hatte Gewissensbisse? Jedenfalls machte er sich in der Schule für mich auf eine stille Art unentbehrlich. Er war nicht aufdringlich, in keiner Weise.

Jeder, der diesen blassen, mageren jungen Mann beobachtet hätte, müßte ihn zurückhaltend genannt haben. Mir allerdings entging seine ständige Anwesenheit nicht. Ich empfand ihn als zudringlich und dreist. Gebannt starrte ich auf den leeren Ärmel seines Sakkos. „Was will denn der", dachte ich mir, „recht geschieht ihm mit seiner Hand, was mußte er gegen andere in den Krieg ziehen." Auch falls er meinen Widerwillen gespürt haben sollte, ließ er sich nicht abbringen. Wenn ich ein Buch suchte – Fritz hatte es bei der Hand. Wenn ich bei einer Aufgabe nicht weiterkam – Fritz war da und fand die Lösung. Wenn ich nicht wußte, wie man ein Wort aussprach – Fritz sagte es mir vor.

Es war bequem für mich, jemanden zu haben, der mir beim Lernen half. Mit der Zeit überwog meine Neugierde meinen Widerwillen, und am Abend freute ich mich schon, ihn am nächsten Nachmittag wiederzusehen. So kamen wir ins Reden. Er suchte meine Augen, erzählte stockend von der Naziherrschaft. Diese Berichte von der anderen Seite faszinierten mich; ich hatte den Eindruck, als wolle Fritz sich rechtfertigen, als wolle er nicht nur mein Mitleid, sondern mein Verständnis.

In meinen Widerwillen mischte sich Genugtuung darüber, daß ein Hitlerjunge so zu mir sprach. Während ich mit ihm redete, wehrte sich gleichzeitig etwas in mir dagegen. Dieses Etwas in mir sagte: „Wenn er heute so gut ist, wie konnte er gestern ein Verbrecher sein?“ Dabei wußte ich längst nicht, was man heute über die Rolle der Wehrmacht und ihren Anteil an den Naziverbrechen weiß.

Wir blieben noch jahrelang in Kontakt, er erzählte mir später von seiner Hochzeit, dann von seiner Scheidung, schließlich verloren wir einander aus den Augen. Er sprach nie über seinen Vater. Ich hatte immer den Verdacht, es habe sich um einen hohen Nazi gehandelt. Als ich einmal bei ihm eingeladen war, ließ sich der Vater nicht blicken, und die Mutter redete nicht von ihrem Mann. Einmal deutete Fritz mir an, er sei so verblendet gewesen, daß er sich als Achtzehnjähriger stets an die vorderste Front gemeldet habe.

Zwischen uns hing immer jener Schleier leichten Mißtrauens, das sich seit jenem Weihnachtsauftritt bei Erika in mir festgesetzt hatte. Ich hätte ihm gerne Schokolade oder Zigaretten geschenkt, wollte aber vermeiden, ihn dadurch zu beleidigen, daß ein jüdischer Junge mehr besaß als er. Umgekehrt hatte ich das Gefühl, als wollte er mir Gutes tun, um sich zu entschulden. Er schenkte mir das „Rot-Weiß-Rot-Buch“ mit den Worten: „Das ist jetzt unsere gemeinsame Heimat“, wohl ohne zu bemerken, daß in diesem Buch nur von der Opferrolle Österreichs, nicht aber von den Opfern der Juden die Rede war. Die Neugierde über die Fremdheit des jeweils anderen zog uns an, zur Freundschaft aber fehlte ihm der Mut, mir standen meine Vorbehalte im Weg.

Diese Vorbehalte entsprangen ausschließlich persönlichen Begegnungen. Zwar beherrschte massiver Antisemitismus Wien. Eine Umfrage zeigte, daß 46 Prozent der Bevölkerung antisemitische Ressentiments hegten. Flüchtlinge und *DPs* waren ungern gesehene Gäste. Die „Arbeiter-Zeitung“ faßte die Stimmung in einer Schlagzeile zusammen: „Wir möchten sie los sein!“ Man konnte gar nicht umhin, all das wahrzunehmen. Aber, es mag seltsam klingen, ich bezog es nicht direkt auf mich. Ich schob es beiseite, um mir meine eigene Welt zu bauen. Für mich zählte nicht, was in der Zeitung stand. Für mich zählte nur die persönliche Begegnung.

Wirklich sicher und frei fühlten wir jungen Juden uns nur untereinander. Wir waren drei Freunde. Rysiek, der weit schwerer an Tuberkulose litt als ich, lag einmal sogar wochenlang in einer Davoser Lungenheilanstalt. Er war bitter geworden durch das Erlebte. Ich hatte, verglichen mit ihm, die Gnade, das Sterben meiner Verwandten nicht mitansehen zu müssen. Rysiek und ich brauchten einander wie zwei Brüder. Tatsächlich, er ersetzte mir Schajek. Wir waren alles füreinander, teilten alles miteinander, wußten alles voneinander. Als Dritter stieß Frante Spitzer zu uns, ein junger Slowake, der seine Mutter in einem Lager in Minsk, seinen Vater in Flossenburg verloren hatte. Er war 1945 nach Brünn zurückgekehrt, hatte dort blitzartig noch im gleichen Jahr die Matura nachgeholt und war nach Wien gegangen, um hier Dolmetscher zu studieren.

Frante war welt- und sprachgewandt, er fand sich überall sofort zurecht, erteilte sowohl Russen als auch Amerikanern

Deutschunterricht. Wir lernten ihn gleich nach unserer Ankunft kennen, er wurde unser Cicerone durch das Wien der Nachkriegszeit. Frante öffnete uns viele neue Welten. Er studierte bereits und zählte zu den Mitbegründern der Vereinigung Jüdischer Hochschüler. Durch ihn gelangten wir in deren Kreis, obwohl wir erst die Maturaschule besuchten. Immer an seiner Seite war die schöne Sängerin Erika Wien, seine spätere Frau, bei deren Eltern Frante eine Familie wiederfand. Ja, auch in der Welt der Kunst war Frante zu Hause.

Wir hatten unsere eigene Wiener Topografie. Wir bewegten uns im zweiten Bezirk, der Leopoldstadt, in der russischen Zone, wo sich einige jüdische Institutionen befanden, vor allem die für uns wichtigste, die Essensausgabe des *Joint* in der Kleinen Pfarrgasse. Der weiträumige, saubere Speisesaal diente als Kommunikationsort. Gern trafen wir uns auch in einem kleinen Beisel in der Oberen Augartenstraße, wo wir um wenig Geld sitzen und Neuigkeiten austauschen konnten.

Über die Augartenbrücke stapften wir täglich in den ersten Bezirk, die internationale Zone. Dort, in der Seitenstettengasse, befand sich die Kleiderausgabestelle der Kultusgemeinde. Am Rudolfsplatz hatten Rysiek und ich unsere Wohnung. Wenn wir die internationale Zone in die andere Richtung verließen, gelangten wir in die amerikanischen Bezirke. Im achten besuchten wir die Maturasachule, im neunten, in der Währinger Straße 4, befand sich das zentrale Büro des *Joint,* wo wir Sprachkurse absolvierten, ebenfalls im neunten, in der Pramergasse, öffnete uns der Ort unserer steten Begierde, das große Lebensmittellager des *Joint,* seine Türen. Koschere Mazzes, Dosenfrüchte, Kekse, Zucker und andere Köstlichkeiten bekamen wir da. Zu *Pessach,* dem höchsten Feiertag, veranstaltete der amerikanische Militärrabiner sogar *Seder*-Abende, an denen es, zur Erinnerung an die hastigen Umstände des Auszugs der Juden aus Ägypten, nur ungesäuerte Speisen zu essen gibt.

Nahe der Universität liegt das Hotel Regina, in dessen billiger Schwemme uns die Kellner bereits kannten und zu manchem Tauschgeschäft – Essen gegen Zigaretten – bereit waren. Die Sportler des S. C. Hakoah, der nun wiedergegründet wurde, trafen sich im siebten Bezirk, im Café Blumenfeld am Urban-Loritz-Platz. Der Sport diente weniger dem Wettkampf denn als Vorwand, nach der Sportausübung beisammenzusitzen. Wenngleich sich die Sportler sehr bemühten, die legendäre Fußballmannschaft wiederzubeleben, und sich sogar nichtjüdische Kicker beschneiden ließen, um mitspielen zu können, gelang die Wiederbelebung nicht nachhaltig. *Purim*-Feste und Zusammenkünfte aller Art im Blumenfeld entschädigten uns dafür.

Diese vier, fünf Bezirke stellten schon eine Art Heimat zwischen den Trümmern dar. Dennoch war und blieb Wien vorerst für mich nur ein Ersatz, eine Notlösung, ein Ausweg. Ich hielt mich hier nur auf, weil sie mich nicht nach Amerika gelassen hatten. Aber ich war ausgehungert nach Menschen, ich suchte Begegnungen, Freunde, Liebschaften. Gleichzeitig war Wien eine einzige Verzweiflung, die den Namen trug: Was soll ich hier?

Ich wußte noch immer nichts von dieser Stadt. Ich wußte nur eines: Hier sprach man die Sprache unserer Peiniger. Dies ist das Land, in dem Hitler geboren wurde. Dies ist eine Hitler-Stadt. In jedem Kaffeehaus, in jedem Wirtshaus saßen Nazis. Man mußte jederzeit gewärtig sein, dem Mörder seines Bruders zu begegnen, und würde es nicht einmal wissen.

Wir waren hier, aber ob wir hierher gehörten, dessen waren wir uns noch lange nicht sicher. Immerhin hatten wir jetzt einander, bauten wir gemeinsam an den Umrissen eines Dorfes in dieser großen Stadt, versuchten, das Leben nicht nur zu verbringen, sondern zu gestalten. Am 6. Mai jeden Jahres, am Tag unserer Befreiung, setzten wir uns zusammen, legten Brotlaibe auf den Tisch und aßen uns satt daran.

Viele hatten trotz aller beginnenden Gemeinschaft ihren Fluchtpunkt dennoch außerhalb dieser Stadt. Sie blickten nach Palästina. Der Aufbau des Judenstaats, das Erreichen seiner Unabhängigkeit, das Planen der Auswanderung dorthin machten ihnen das Leben erträglich. Andere hofften, nach abgeschlossener Berufsausbildung doch noch nach Amerika emigrieren zu können. Ich hatte diese Hoffnung nicht. Ich baute mir einen anderen Fluchtpunkt.

Was mir beim ersten Anblick der Stadt wie eine absurde Idee blitzartig eingeschossen war, nahm jetzt Gestalt an. Ich ging durch das Fieber des Wiederaufbaus, durch die Häuser, die aus den Lücken wuchsen, vorbei an Brücken, die sich über den Donaukanal zu strecken begannen. Überall wurde der Schutt beiseite geräumt, überall wurde aufgebaut. Überall blickte man nach vorn.

Der kleine Leon, der jetzt nicht mehr so klein war, nahm sich vor, zurückzuholen, was man ihm genommen hatte. Wie es das Konzept des „Sozialismus in einem Land“ gab, zimmerte er sich das Konzept der „Wiedergutmachung an einer Person“ zurecht: an sich. Es war ihm klar, wollte er sein Ziel erreichen, mußte Wien zu einem lebenswerten Platz werden. Mit lebenswert meinte er nicht eine Art von Gemütlichkeit oder einen Komfort, in dem man sich zurücklehnen konnte und um nichts zu kümmern brauchte.

Unter lebenswert verstand er durchaus eine moralische Kategorie, ohne daß er es in diesen Worten hätte ausdrücken können. Um diesen Platz für sich aber lebenswert zu machen, war einiges an Kampf und Arbeit zu leisten. Was geschehen sollte, war ihm klar. Er mußte sich beweisen, daß es nicht gelungen war, ihn kleinzukriegen, ihn zu vernichten. Er kämpfte den Kampf weiter, den die Nazis ihm angetragen hatten, das stand fest. Wie dieser Kampf vonstatten gehen sollte, dessen war er sich nur vage bewußt.

Den Hauptgrund für diesen Kampf trug ich in mir. Es waren die Toten, die ich hinter mir gelassen hatte. Untertags und abends konnte ich sie bannen. Nachts, wenn ich allein lag, kamen sie zurück. Ich durchlebte wieder und wieder die Szenen aus den Lagern, stürzte in Verzweiflung und Depression. Ich litt wie alle. Noch immer machte ich mir Vorwürfe wegen meines Bruders. Hätte ich verhindern können, daß sie ihn wegschleppten, wenn ich selbst dageblieben und nicht zur Arbeit gegangen wäre? Nächtelang diskutierte ich mit meinen Freunden darüber. Natürlich hätte die SS auch mich mitgenommen, wenn ich im Lager geblieben und nicht zur Arbeit gegangen wäre, erklärten mir alle. Ich wußte, daß sie recht hatten, aber es half nichts.

Lungenkrankheit und Depression schienen einander zu bedingen. Manche von uns ertrugen das Alleinsein keine Sekunde lang. Wenn sie niemanden hatten, der bei ihnen war, kauften sie sich Mädchen, nur um nicht allein zu sein. Viele heirateten aus diesem Grund. Nicht aus Liebe, nur zur Selbsterhaltung. Alleine wären sie zugrunde gegangen. Oft wurde ich nachts von Weinkrämpfen geschüttelt. Ohne zu überlegen, schuf ich einen Fluchtpunkt in mir. Ich sprach mit meiner Mutter. Jeden Erfolg teilte ich ihr mit, jede bestandene Prüfung hatte den Hauptsinn darin, ihr berichtet zu werden. Stolz sollte sie sein auf ihren Sohn, erst wenn sie stolz war, konnte er auf sich selbst stolz sein.

Heute bemerke ich, daß wir in all den Ghetto- und Lagerjahren immer einer strengen Organisation unterworfen waren, einem totalitären System, in dem alles für uns organisiert und geplant wurde. Und auch in Bad Ischl und Bad Goisern folgte – obwohl der Zweck unterschiedlicher nicht hätte sein können, ging es in einem Fall doch um unsere Vernichtung, im anderen um unsere Rettung – das Leben ebenfalls dem Muster einer großen Menschenmenge, die gemeinsam ernährt und untergebracht werden mußte. Jetzt war alles anders. Jetzt waren wir allein. Zwar kümmerten sich *Joint* und Rotes Kreuz um uns. Aber niemand schrieb uns den Ablauf unseres Lebens vor. Viele von uns waren mit der Freiheit überfordert, allein in einer Millionenstadt existieren zu müssen. Vom organisierten Leben schritt ich zur Organisation des Lebens.

Ich ging durch die Gassen und betrachtete die Gesichter der Menschen. Welchen konnte man vertrauen, welchen nicht? Wo fand man Anschluß, wo konnte man helfen, wo konnte man Hilfe bekommen, Liebe und Gemeinschaft? Da waren die Russen. Mich erschreckten sie nicht. Für mich war klar, ohne sie hätte es keinen Sieg über Hitler gegeben. Obwohl ich im Stetl das Wort und den Gefühlsrand rund um dieses Wort aufgeschnappt hatte, hatte ich natürlich keine Ahnung, was Sozialismus ist. Aber in Wien erfaßte ich intuitiv, die Russen waren nicht böse. Sie sahen, daß wir Juden waren, klopften uns auf die Schulter, wenn wir in die Große Pfarrgasse gingen, riefen uns aufmunternd „Evrej, Evrej!" zu und suchten unsere Gesellschaft. Sie luden uns ins Offizierscasino in der Hofburg und zu ihren Tanzabenden im Volksgarten ein und redeten jiddisch mit uns.

Sie nahmen uns mit zu Filmvorführungen im Taborkino. Gemeinsam sangen wir Lieder von Stalin, dem Befreier. Er hatte uns befreit, oder? Der Vormarsch der Roten Armee rettete Tausenden KZ-Insassen in letzter Sekunde das Leben. Die Russen hatten ihr Leben geopfert, um Wien zu befreien. Wo war für mich der Unterschied zu jenem schwarzen GI, der in Ebensee meine Hand gestreichelt und mit mir geweint hatte? Was wußten wir von Schauprozessen, Massenhinrichtungen, Gulag? Die Sowjetunion war für uns eine akzeptierte Sache. Politisch war ich völlig naiv. Viele Juden entwickelten wie ich schlicht aus Dankbarkeit Sympathie für Russen und damit für den Kommunismus.

Die aktuellen Streitigkeiten in der Kultusgemeinde gingen über unseren Horizont hinaus. Wir wußten zwar, daß der von Unterrichtsminister Ernst Fischer eingesetzte erste Präsident Brill ein Kommunist war, aber das bedeutete nichts für uns. Ebensowenig merkten wir, daß es starke Tendenzen gegen den Wiederaufbau einer jüdischen Gemeinde in Wien gab. Es war der *World Jewish Congress,* die vor der Entstehung Israels weltweit am stärksten legitimierte politische Vertretung aller Juden, dessen Repräsentanten nach 1945 die Ansicht vertraten, in Deutschland und Österreich sollten sich nie mehr Juden ansiedeln. Ich war naturgemäß aus Mangel an Alternativen ganz anderer Ansicht, ohne von diesen Vorgängen etwas zu ahnen oder gar von irgendwelchen Repräsentanten dazu befragt zu werden. Später allerdings sollte ich es in dieser Frage mit der Kultusgemeinde zu tun bekommen. Und sehr viel später würde auch der *World Jewish Congress* eine – freilich ganz andere – Rolle in meinem Leben spielen.

Vom System des Nationalsozialismus hatte ich keine präzise Vorstellung. Deswegen glaubte ich Fritz, als er sagte: „So sind sie alle." Daß das Verbrechen Hitlers auch darin bestand, die Menschen zum Mittun bei diesem System zu zwingen, daß seine Verbrechen sich genauso gegen sein eigenes Volk richteten wie gegen andere Völker, habe ich erst später erfaßt. Ich hatte „die Deutschen" in Lodz, Auschwitz, auf den Märschen und in den Lagern kennengelernt. Wien war für mich eine von Deutschen bewohnte Stadt. Durch Fritz begann ich ein wenig zu differenzieren. Ich sah, daß viele Soldaten ihren Preis zu zahlen gehabt hatten. Sie kamen ohne Füße und Arme auf Krücken in die Schule. Die Träger deutscher Uniformen waren mir nur als Schergen Hitlers begegnet, als Sadisten und Mörder. Fritz wußte das nicht so genau, aber er erzählte mir von den Leiden der Soldaten, ohne mich vor den Kopf zu stoßen.

Ich wollte alles über diese mir völlig unbekannte Welt wissen. Fritz erklärte mir, wie junge Leute durch Propaganda verblendet wurden. Daß man ihnen Filme vorgespielt hatte, die zeigten, wie Juden angeblich ihre Neugeborenen töten, wie Zigeuner angeblich leben, wie die Russen angeblich alle umbringen und deutsche Frauen vergewaltigen. Diese Propaganda wirkte so gut, daß sich die Jungen mit Begeisterung auch in hoffnungslose Kampfsituationen warfen, bereit, ihr Leben dem Führer zu opfern, und wirklich glaubten, nur ein toter Russe sei ein guter Russe. Mir kamen die Fotos in den Sinn, die Nazi-Propagandisten von uns in Lodz gemacht hatten.

Nun erst verstand ich deren vollen Sinn. Darüber mußte ich mehr wissen. Wie konnte man dagegen vorgehen, wie funktionierte diese Vergiftung der Hirne und Herzen? Wie konnte man diese Propaganda entschärfen? Mein vager Hunger nach Wissen bekam eine Richtung. Durch Zufall hörte ich von der Existenz eines zeitungswissenschaftlichen Instituts. Dort mußte ich hin.

Meine Schulbildung war nach der Volksschule abgebrochen und nur kurz und notdürftig auf dem Marysin fortgesetzt worden. Tatsächlich war mein Bildungsgang fünf Jahre lang unterbrochen gewesen. Ich wußte nichts, ich konnte nichts – aber ich wollte alles wissen. Ich brauchte bis 1949, um die Matura abzulegen, den Kriegsteilnehmern und uns wenigen KZlern wurde sie zwar nicht geschenkt, aber doch leicht gemacht. Sie stellte nicht mehr und nicht weniger dar als die Berechtigung zum Studium. Dennoch forderte sie alle unsere Kräfte. Nicht so sehr wegen des ungewohnten Umfelds der Großstadt, sondern unserer anhaltenden psychischen Probleme und unserer nach wie vor angegriffenen Gesundheit wegen. Das Lernen wurde immer wieder durch Spitalsaufenthalte unterbrochen.

1949 begann ich mit dem Studium der Publizistik. Die Leute dort waren sehr nett zu mir. Die Dozentin Lunzer hat sich kürzlich erst in einem Vortrag an den kleinen Zelman aus Polen erinnert, der von jedem alles wissen wollte. Ich muß ihnen ziemlich auf die Nerven gegangen sein, denn in meinem Wissensdrang redete ich jeden an, drängte ich mich jedem auf. Es gab eine Menge neuer, interessanter Bekanntschaften zu machen. Der nachmalige Kommentator der Nation, Hugo Portisch, gehörte ebenso zu meinen Mitstudenten wie der spätere Chefredakteur der „Kronen-Zeitung", Friedrich „Bibi" Dragon.

Rysiek studierte Medizin. Zu Hause aber vertiefte er sich nicht nur in seine Lehrbücher, sondern auch in die Zeugnisse der Vergangenheit. Er studierte die Greuel der Nazis, wollte alles wissen, was geschehen war. Ich wollte das nicht. Ich wollte wissen, was geschehen konnte, was geschehen sollte, was zu tun war. Ich suchte die Antwort darauf immer wieder – obwohl ich sehr viel las – vor allem im Gespräch, in der Begegnung.

Beiden gemeinsam war uns das Gefühl der Schuld. Es war absurd. Nicht die Nazis schienen sich schuldig zu fühlen für das, was sie getan, noch die Bewohner von Wien für das, was sie zugelassen hatten – jedenfalls ließen sie sich nichts anmerken –, sondern wir Juden fühlten uns schuldig, am Leben zu sein. Diese Schuld war abzutragen, dafür war ein Preis zu bezahlen. In meinem Fall bestand der Preis darin, nicht nur für mich, sondern auch für andere etwas zu tun. Natürlich handelt niemand ganz uneigennützig: Mit diesem Tun wollte ich meiner Existenz die Berechtigung verleihen. Es mußte eine praktische Antwort auf die Frage gegeben werden, warum gerade ich am Leben war.

Bericht erstattete ich in einsamen Nächten an meine Mutter. Zwiespältige Zwiegespräche waren es, in denen ich ihr vom Überleben erzählte, voll Stolz auf dieses Überleben und voller Bemühen, es zu rechtfertigen. Von Geld oder Karriere gab es wenig mitzuteilen. Ich hatte kein Interesse an Geld. Mein Stipendium genügte mir.

*

Ich wollte nicht reich werden. Die Welt der jüdischen Schwarzhändler, die es damals gab und die manchen Österreichern als Vorwand für ihren Antisemitismus diente, war nicht die unsere. Geld war nicht meine Antriebskraft. Ob ich nun ein wenig länger studierte und ein wenig später meinen

Beruf ausübte, war mir egal. Mir ging es nur darum, zu lernen. Lernen war meine *mizwe.* Aber mit Lernen allein war es nicht getan. Genauso wichtig wurde mir die Arbeit an der Bildung einer Gemeinschaft. Von heute aus gesehen, möchte ich sagen, ich hörte auf, zwischen sozialer Arbeit und Lernarbeit einen Unterschied zu machen.

Unter den zahlreichen Schwarzhändlern in Wien waren genügend jüdische. Für manche war der Tausch ihrer Carepakete eine Notwendigkeit, um zu etwas Geld zu kommen. Wie sonst sollte man, völlig allein und abgeschnitten von allem, es zu einer Existenz bringen? Unter meinen nichtjüdischen Bekannten tauchte bei Hochzeiten immer ein Erbonkel oder irgendein Verwandter auf, der eine Wohnung, etwas Hausrat, etwas Kleidung zur Verfügung stellte. Bei den Juden fehlte dieser Hintergrund. Dazu kamen mitunter Momente einer kleinlichen, aber verständlichen Rachsucht von Leuten, die heute ein wenig mehr hatten als ihre Peiniger von gestern. Ich möchte nicht mißverstanden werden. Ich verurteilte die Schwarzhändler als unmoralisch. Aber erstens hielt man mich sowieso für einen Träumer. Und zweitens, was gilt Moral in Zeiten von Krieg und Nachkrieg? Jedenfalls stürzte sich das öffentliche Ressentiment auf schwarzhandelnde Juden, während in unserem Bekanntenkreis die meisten hungerten, damit sie Teile ihrer Carepakete verschenken konnten, um Zuwendung auszudrücken oder zu erhalten.

Anfang 1947 gründeten ein paar junge Leute die Vereinigung Jüdischer Hochschüler. Die erste Aufgabe dieser Organisation bestand in der Betreuung von sechshundert Studenten. Mittellos waren sie, vereinsamt, beladen mit psychischen Problemen. Ohne Eltern, ohne Kenntnis der Landessprache, ohne abgeschlossene Schulbildung, gezeichnet von Krankheit und Lageraufenthalt standen sie da. Aus den verschiedensten Gründen hatten sie vor, ihr Studium rasch zu absolvieren.

Nicht alle waren aus Lagern gekommen. Einigen war es gelungen, sich zu verstecken. Andere waren aus dem Osten geflüchtet, aus Polen, Ungarn, der Tschechoslowakei, aus Lettland, Litauen und Rumänien. Auch altersmäßig war die Gruppe dieser sechshundert keineswegs homogen. Neben Zwanzigjährigen saßen Fünfunddreißigjährige, Vierzigjährige auf der Schulbank, um ihr unterbrochenes Studium fortzusetzen.

All diese Leute dachten vor allem an sich, an ihr Fortkommen. Im doppelten Sinn. Manche wollten nur zu Geld kommen, um endlich Familien gründen und ein sorgenfreies Leben führen zu können. Viele wollten einfach fortkommen von hier. Vorerst galt es jedoch, den Tag zu überleben. Dazu bedurfte es nicht nur des Essens, sie brauchten auch Gemeinschaft. Die sechshundert suchten diese Gemeinschaft, aber es mußte auch jemanden geben, der sich um die Organisation dieser Gemeinschaft kümmerte.

Gründungsvorsitzender der Vereinigung Jüdischer Hochschüler war Alexander Guttmann. Auch er kam aus Polen, war ein paar Jahre älter als ich. Unter den Gründungsmitgliedern befand sich mein Freund Frante Spitzer. Durch ihn stand ich von Anfang an in engem Kontakt mit der VJH, beteiligte mich sogar zu einer Zeit an ihren Aktivitäten, als ich noch gar nicht studierte.

Mein selbstgestecktes Ziel, durch soziale Arbeit den Preis für mein Überleben zu zahlen, traf sich mit meinem Talent. Schon in Bad Goisern hatten sie mich „Häuptling“ genannt, weil ich schnell aufstand, wenn es etwas durchzusetzen oder zu organisieren gab. Ich hatte nie Schwierigkeiten, frei heraus meine Meinung zu sagen. Es fiel mir um so leichter, als ich nicht für eine Gruppe oder Fraktion sprach, sondern für mich. Mein Schicksal war wie das meiner Brüder, und wenn ich auf das hörte, was mein Herz sagte, gab ich auch ihren Emotionen Ausdruck. Ich eignete mich zum Redner.

Wir organisierten Erholungslager am Semmering, wo der

jüdische Sportverein Hakoah eine Hütte hatte. Wir organisierten in Reichenau-Edlach ein Lager für *DP*-Studenten. Dreihundert Leute kamen dort zusammen, der *Joint* versorgte uns mit Lebensmitteln, die Amerikaner mit Feldbetten. Allerdings lag Edlach in der russischen Zone. Häuptling Leon machte sich auf zur Kommandantur der Russen in Gloggnitz und suchte einen Offizier. Ich sprach ihn an und erzählte ihm, ich sei Jude, sei im KZ gewesen, jetzt sei ich hier und bräuchte eine Durchfahrtsgenehmigung für die Lebensmittellieferung des *Joint*. Er ließ mich einen Moment stehen, kehrte dann mit einem anderen Offizier zurück, der begann, sich mit mir auf jiddisch zu unterhalten. Natürlich erhielt ich die Durchfahrtserlaubnis.

Ich habe am Semmering dann sogar ein Fußballmatch zwischen Engländern und Russen organisiert. Im Hotel neben unserem Sommerlager hielten sich vornehme Damen auf. Sie veranstalteten unter sich eine Kollekte, um uns Butter und Milch kaufen zu können. Einmal lud uns ein reicher Jude, dessen Tochter Geburtstag feierte, alle zu dieser Feier ein. Es schien uns wie ein Märchen, weil wir soviel zu essen bekamen.

Von 1949 bis 1952 arbeitete ich als Sozialreferent, übrigens zeitweise neben Paul Grosz, dem späteren Präsidenten der Kultusgemeinde, und neben der besonders engagierten Ruth Herzl. Von 1952 bis 1959 wählten die jüdischen Hochschüler Österreichs mich zum Präsidenten ihrer Vereinigung. Da konnte ich meiner Mutter mit Stolz Bericht erstatten, was ich geschafft hatte. Der kleine Taubenzüchter aus dem Stetl war Präsident der Jüdischen Hochschüler im großen Wien geworden. „Bist du stolz auf mich, Mammi?" fagte ich sie. Wir beide wußten, es war eine rhetorische Frage.

Jetzt hatte ich ein deutliches Ziel vor Augen. Meine Arbeit für die jüdische Gemeinschaft bestand in meiner Arbeit für die Jugend dieser Gemeinschaft. Sie brachte mich unausweichlich in Konflikt mit der Israelitischen Kultusgemeinde.

Die Gründe dafür waren nur oberflächlich politischer Natur. Wir osteuropäischen Juden waren zionistisch gesonnen, was hauptsächlich bedeutete, unsere jeweilige Weltanschauung war zionistisch getönt. Die deutschösterreichischen Juden sahen ihre Interessen in Wien, was ihnen den Vorwurf fehlenden jüdischen Bewußtseins eintrug. Wir trafen auf eine andere Welt, als diese sogenannten Wiener Juden aus dem Exil zurückkehrten. Das waren in der Regel Leute, die 1938 nicht mehr in dieser Stadt erlebt hatten, weil sie schon zuvor emigriert waren.

Die Führung der Kultusgemeinde, zuerst in Händen des von Unterrichtsminister Ernst Fischer eingesetzten Brill, ging nach den Wahlen an Sozialdemokraten über. Der kalte Krieg brach 1947 aus und erzeugte politische Frontstellungen, die Leuten mit unserer Lebensgeschichte unverständlich bleiben mußten. Unter den sechshundert waren sämtliche politischen Überzeugungen vorhanden, von Kommunisten über Sozialisten bis Zionisten.

Die Entstehung des Staates Israel gab uns Sicherheit und Selbstvertrauen, ja, auf eine gewisse Weise hatte unser sinnloses Leiden doch noch einen Fluchtpunkt außerhalb unserer selbst bekommen, auf den es sich beziehen konnte. Die Generation, die die Shoah erleiden mußte, erlebte die Entschädigung, daß nach zweitausend Jahren ein eigener Staat der Juden errichtet wurde. Wir Jungen nahmen Israel persönlich, ohne je dort gewesen zu sein.

Als 1949 Theodor Herzl, der Begründer des Zionismus, seinem Wunsch entsprechend aus seinem Grab am Döblinger Friedhof exhumiert und nach Israel überstellt wurde, war das für uns ein erhabener Moment. Zum ersten Mal sahen wir ein Flugzeug des Staates Israel mit seinen Emblemen, zum ersten Mal sahen wir junge israelische Soldaten in ihren Uniformen. Wir spürten den Judenstaat zum Greifen nahe.

Um so weniger hatten wir dafür übrig, einen kalten Krieg im kleinen auszufechten. Es kam zum ersten Konflikt mit der Israelitischen Kultusgemeinde, weil deren Führung eine Trennung der VJH von ihrem kommunistischen Flügel verlangte. Ich wehrte mich dagegen, noch ehe ich zum Präsidenten gewählt worden war. „Ich stehe nicht zur Verfügung für eine Selektion von Juden", war meine Begründung. Der neue Präsident der Kultusgemeinde, Emil Maurer, ein aus London zurückgekehrter Sozialdemokrat, unterstellte den Jüdischen Hochschülern hingegen pauschal „kommunistenfreundliche Tendenzen", was mich um so mehr ärgerte, als ich selbst überzeugter Sozialdemokrat war.

Zwei unterschiedlichere Betrachtungsweisen ein und desselben Konfliktes kann man sich nicht vorstellen. Wir jüdischen Hochschüler hatten nicht wirklich politische Interessen. Wir waren mit unseren sozialen Aufgaben so ausgelastet, daß für Politik innerhalb unserer Organisation erst in zweiter Linie Platz blieb. Das erste Ziel bestand noch immer darin, das Überleben zu ermöglichen, die Gemeinschaft zu sichern, physisch und psychisch. Wir waren die, die etwas erlebt hatten. Nun kehrten Leute zurück, die rechtzeitig ins Exil gegangen waren und die nun dort anknüpften, wo Österreich damals aufgehört hatte: beim Zwist der Parteien. Uns aber interessierte dieser Zwist nicht. Wir wollten Wärme, forderten Zuneigung.

Natürlich waren wir dabei ungerecht. Die beträchtliche Organisationsarbeit der Kultusgemeinde bei der Beschaffung von Wohnraum, Kleidung und Nahrung, in der Flüchtlingsbetreuung und bei Verhandlungen mit Behörden nahmen wir für selbstverständlich. Es gab durchaus Leute in der Kultusgemeinde, die uns verstanden. Jakob Bindel, der Sozialreferent, der die Kleiderausgabe in der Seitenstettengasse organisierte, stand uns mit viel Sympathie gegenüber und versuchte oft, in diesem Konflikt zu vermitteln.

Amtsdirektor Krell, ein ernster, intelligenter Mann, war selbst in Auschwitz gewesen und hatte dort seine Frau verloren, sein Kind war im Lager in seinen Armen gestorben. Er diskutierte viel mit mir, und manchmal hatte ich den Eindruck, ihn in ernstem Zweifel zu sehen, ob wir mit unseren Forderungen und unserer Kritik nicht doch im Recht waren. Krell war es übrigens, der Simon Wiesenthal aus Linz nach Wien holte und ihm beim Aufbau seines Dokumentationszentrums half. Der „rechte" Wiesenthal hatte in der „linken" Wiener jüdischen Gemeinde keinen leichten Stand. Er stützte sich bei seiner Arbeit auf eine Dokumentationsstelle für Naziverbrechen, die vor ihm bereits Tovje Friedmann und Kurt Weigel in Wien gegründet hatten. Später verfeindete er sich mit Krell.

Wir Jungen jedenfalls forderten ein Heim, einen Raum für die Jugend. Für uns waren diese „Wiener Juden" fremde Leute, sie wiederum sahen in uns wahrscheinlich seltsame KZ-Juden aus dem Osten. Auch äußerlich bestand die Differenz. Maurer, geboren 1884, ein ehemaliger revolutionärer Sozialist, war wohlbeleibt und kam in Steirerhut und Lodenmantel daher. Obwohl uns viele von ihnen persönlich leiden mochten, fehlte ihnen doch insgesamt jene Großzügigkeit und Herzlichkeit, nach der wir verlangten. Im Haus der Kultusgemeinde, einem fünfstöckigen Palais am Schottenring, fand sich kein Platz für die Organisationen der jüdischen Jugend. Jeder Beamte saß dort in einem großen, hellen Raum für sich allein, uns drängten sie in die dunkle, abgerissene, unrenovierte Seitenstettengasse ab.

Wir waren der Meinung, wir hätten ein Recht auf alles. Wir wollten eine Öffnung dieses Hauses. Wir betrachteten uns als die Gemeinde von morgen. Sie gaben uns nichts. Nicht einmal einen Raum für unsere Aktivitäten. Weder Liebe noch Fürsorge erhielten wir von ihnen, nur Vorwürfe, daß wir bei unseren wöchentlichen Zusammenkünften tanzten, „bis die Scheiben klirrten". Freilich wurde nicht erwähnt, daß wir bei diesen Zusammenkünften gemeinsam jüdische Feste feierten, Vorträgen lauschten oder uns Filme ansahen, ehe wir zu tanzen begannen.

Wir kritisierten den Ausverkauf des jüdischen Eigentums an die Gemeinde Wien. Ich habe mich dagegen gewehrt, daß die Kultusgemeinde, rot wie sie war, mit der Gemeinde Wien gemeinsame Sache machte und ihr Grundstücke zu billig verkaufte. Mancher Gemeindebau im zweiten Bezirk steht auf zu günstig von der Kultusgemeinde erworbenen Grundstücken. Natürlich hörte die Kultusgemeinden-Bürokratie meine Vorwürfe, sie verschleudere ihr Eigentum, nicht besonders gern.

Ich sah darin eine Geste der Selbstaufgabe. Wie sollte hier eine lebensfähige Gemeinde entstehen, wenn sie daranging, ihr rückgestelltes Eigentum zu verschenken? Deswegen kämpfte ich dagegen und stellte die Forderung auf, Wien müsse wieder eine blühende jüdische Gemeinde werden. Die sozialistische Leitung der Kultusgemeinde beschwerte sich deshalb über mich, den Sozialisten, bei der sozialistischen Partei und warf mir parteischädigendes Verhalten vor. Es kam zu einem Schiedsgerichtsverfahren. Otto Probst und Hofrat Lachs saßen im Parteischiedsgericht. Lachs, der auf Krücken ging, schwang eine dieser Krücken in die Luft, zeigte damit auf mich und rief empört: „Wenn noch einer sich gegen diesen jungen Menschen beschwert, wird er es mit mir zu tun kriegen!“ Womit dieses Verfahren zu meinen Gunsten beendet war.

Was Leute wie Emil Maurer aber noch mehr ärgerte, war mein Vorwurf, sie machten ihre Arbeit ohne Herz. Dieser Vorwurf traf. Er hatte auch den Anlaß für die Gründung eines kleinen Mitteilungsblättchens der Jüdischen Hochschüler gebildet. 1951 rief ich es gemeinsam mit meinen Studienkollegen Rita Koch, Otto Kahn, Kurt Weigel und Iszek Merdinger in die Welt. Wir nannten es „Das Jüdische Echo“ und finanzierten es von Anfang an zur Gänze aus Spenden. Die ständig gleichbleibende Richtung meiner Äußerungen könnte man mit dem Titel eines meiner Artikel zusammenfassen: „Wo das Herz fehlt“, lautete seine Überschrift, seine Tendenz richtete sich gegen die Politik der Kultusgemeinde. „Ja, man kümmert sich um Alte und Arme, soweit das Budget und die *Joint*-Zuwendungen es gestatten. Aber statt mit Schwung und Frische wird alles mit Routine und ‚Amtswürde' erledigt, und wo das Herz des Beamten noch durchbricht – gottlob kommt das auch vor –, ist es gegen die allgemeine Atmosphäre und trotz ihr", schrieb ich 1955.

Man kann sich vorstellen, daß das „Jüdische Echo" für die Kultusgemeinde ein permanentes Ärgernis darstellte. Besorgt fragte Emil Maurer etwa im „Demokratischen Bund", der sozialdemokratisch-jüdischen Zeitung: „Ist es nicht schade um das Geld für ein Blatt, das weder politisch noch literarisch von Nutzen ist?" Ein gewisser Zelman wurde als „Führer" der jüdischen Hochschüler apostrophiert, diese forderte Maurer auf, sich Zelmans zu entledigen.

Sie dachten nicht daran. Im Gegenteil, sie stellten sich einmütig hinter mich, wir verstärkten noch unsere Polemik gegen Assimilation und unsere Bemühungen um ein eigenständiges Judentum, das, um selbstbewußt und stark agieren zu können, sich unserer Meinung nach auf die Jugend stützen mußte. Einer, der uns vorbehaltlos unterstützte, war der Kultusrat Elias Shapira, ein Holzhändler. Er und andere jüdische Bürger ermöglichten durch ihre Zuwendungen, daß aus dem ursprünglichen Mitteilungsblättchen „Das Jüdische Echo" mit der Zeit eine respektable und späterhin auch international renommierte Kulturzeitschrift wurde.

*

Die jüdische Gemeinde hatte in Wahrheit mit ihrer Leitung wenig zu tun. Die wahre jüdische Gemeinde entstand in den Jahren unmittelbar nach Kriegsende, weil aufgrund der geopolitischen Situation Wiens manche Juden hierblieben. Weil sie nicht weiterkonnten, weil sie nicht weiterwollten, oder weil sie – wie ich – hierher verstellt wurden. Von den 1945 noch in Wien befindlichen Juden waren nur wenig mehr als tausend hiergeblieben, noch weniger waren zurückgekehrt. Nicht Wiener, sondern arme, alte und kranke KZler und Menschen, die aus dem Osten geflüchtet waren und hierblieben, weil sie müde waren, bildeten den Kern der Wiener jüdischen Gemeinde.

Um österreichische Politik kümmerten sie sich nur am Rande. Der aufkommende Antisemitismus war nicht zu übersehen; ich erinnere mich, an Demonstrationen gegen einen Rommel-Film Anfang der fünfziger Jahre teilgenommen zu haben. Uns erschütterten aber weniger diese öffentlichen Manifestationen, sondern vielmehr die privaten, nach Art meines Erlebnisses bei Erika, die jeder von uns auf seine Weise machte. Diejenigen, die das Jahr 1938 hier erlebt hatten, sahen zu, daß sie wegkamen. Sie sagten zu uns: „Ihr kennt die Österreicher nicht.“ Genau diese pauschale Einschätzung zu teilen, habe ich mich trotz allem geweigert.

Das Buhlen der österreichischen Parteien um die Stimmen der alten Nazis nahmen wir wahr, aber wir ließen uns gern beruhigen. Den Worten der Figls und der Helmers beschlossen wir zu trauen, wenn sie zu unseren Gedenkfeiern kamen, um süße Worte zu sprechen. Wir wußten damals nicht, daß sie alles taten, um die Lösung der Wiedergutmachungsfrage zu hintertreiben. Daß sie uns belogen und täuschten, daß sie beschlossen, jüdische Österreicher nicht zur Rückkehr nach Österreich einzuladen, ahnten wir nicht. Daß sie die Schuldfrage an Krieg und Vernichtung auf Deutschland abwälzten, daß sie sich mit der Ausrede, Österreich sei selbst ein Hitler-Opfer gewesen, aus jeder Verantwortung stahlen, bemerkten wir wohl.

Andererseits waren wir dankbar dafür, daß sechshundert jüdische Studenten die Möglichkeit der Schnellmatura und des Studiums in Österreich erhielten. Unsere Dankbarkeit darüber und unser Bemühen, miteinander eine Welt aufzubauen, eine jüdische Welt nach Hitler, hat tiefes Nachdenken über Nazivergangenheit und Konsensgegenwart verhindert. Unwissend allerdings waren wir nicht. Wir fühlten mehr, als wir über die Haltung der Regierung wußten. Vielleicht aber drängten wir dieses Gefühl beiseite, um hier leben zu können. Aus diesem Grund beschäftigten wir uns nicht sehr eingehend mit der österreichischen Realität; uns schien das Schicksal Israels wichtiger als das Schicksal Wiens.

Möglicherweise erklärt auch das unsere Wut gegen die Politik der Israelitischen Kultusgemeinde: Von den Österreichern zu verlangen, daß sie uns verstünden, erschien uns sinnlos. Von den Juden aber verlangten wir es. Wir verlangten, daß sie unsere Aufbauarbeit als das verstanden, was sie für uns war, die Überwindung des Hitlerregimes durch Lebenspraxis. Ich forderte eine menschliche Politik, die fortführte, was wir in den ersten Nachkriegsjahren gemeinsam begonnen hatten: Gemeinschaft zu schaffen. Ich konnte nicht begreifen, warum die Kultusgemeinde nicht ihrer Jugend alles geben, alles öffnen, alles zur Verfügung stellen wollte. Erst viel später haben wir bekommen, was wir forderten. Da aber waren die sechshundert längst in alle Winde zerstreut.

Vielleicht verlangte ich zuviel von der Leitung der Kultusgemeinde. Sie war mit der Organisation des Lebens beschäftigt, mit der Regelung von Wohnungs- und Verwaltungsfragen, mit der Einrichtung von Rückkehrerheimen. Sie wußte wenig von unseren Aufbaujahren. Wenig davon, wie wir versuchten, das Leben nach dem Überleben in der Landessprache unserer Peiniger zu schaffen. Wenig von unserem gierigen Klammern an jede Art von Gemeinschaft. Gar nichts wußte sie davon, daß die Suche nach Gemeinschaft bei mir noch ein Stück weiter ging, weil ich spürte, daß mein Überleben mehr von mir verlangte als die Sicherung der bloßen Existenz.

Wenig wußte sie, daß unser Hunger nach Gemeinschaft mit unserem buchstäblichen Hunger zu tun hatte. Obwohl die Küche des *American Joint* für unser Essen sorgte, obwohl wir Lebensmittel erhielten, litten wir oft genug unter leeren Mägen. Statt mich zum Schleichhandel herzugeben, ging ich auf der Kärntner Straße auf und ab, um einen wohlhabenden Bekannten zu treffen, der mich, in ein Gespräch verwickelt, vielleicht zum Essen einladen würde.

Umtriebig, wie ich war, fand ich bald heraus, daß sich diese Essen organisieren ließen. Wie seinerzeit im Stetl die Armen am *erev schabbes,* wurden jetzt wir *DP*-Studenten am Freitagabend eingeladen. Ich verteilte die Gastadressen und schärfte den Eingeladenen ein, sich auf jeden Fall dankbar zu zeigen und das Essen für wunderbar zu erklären, auch wenn es nicht ganz so gut geschmeckt hatte. Wir wollten ja weiterhin eingeladen werden!

Leider war da ein junger Mensch, der sich nicht ganz an diese Regeln hielt. Zwei Tage später erhielt ich einen Anruf der Gastgeberin. „Lieber Leon Zelman, du darfst mir keine frechen Burschen schicken!“ Sie war ganz verzweifelt, aber sie sagte mir nicht, was geschehen war. Ich stellte den jungen Mann zur Rede.

„Was hast du getan?“

„Na, sie hat mich gefragt, wie der Fisch schmeckt. Da hab' ich gesagt, bei meiner Mutter war er besser.“

Ich war wütend. Der Junge kam aus keinem Lager, er war des Studiums wegen nach Wien gekommen und wußte den Wert dessen, was er geboten bekam, nicht zu schätzen.

„Du wirst nicht mehr eingeteilt“, sagte ich zu ihm. Dabei blieb es.

Es ging uns nicht nur ums Essen, es ging uns um den Kontakt zu Familien. Wir waren ja alle ganz allein. Auch nach zwei Jahren lebten wir mit unseren Erinnerungen. Diese jüdischen Familien öffneten sich uns, obwohl sie selbst noch auf ihren Koffern saßen. Sie saßen darauf, weil sie selbst nicht sicher waren, wie lange ihres Bleibens hier sein würde. Im übrigen blieben die meisten, auch wenn sie vielleicht niemals alle Koffer auspacken werden. Heute haben wir zahlreiche jüdische Primarärzte, Ärzte, Ingenieure und Rechtsanwälte in Wien. Es sind die Söhne und Töchter jener Ost-Juden, die auf ihren Koffern saßen.

Ihre Namen rufen bei mir Gefühle von Dankbarkeit und Heimat hervor, verbunden mit solchen wohligster Sättigung. Ein paar wenigstens muß ich nennen. Da gab es die Blodingers im dritten Bezirk, die Schragers, die Laufs, die Rosenkranz in der Mariahilfer Straße, die Mandelbaums in der Taubstummengasse, die Landaus. Bei den Gleichers gab es doppelten Genuß: Sie war eine famose Köchin, er verstand es, uns auf nüchterne und moderne Weise den Sinn der jüdischen Feiertage zu vermitteln. Bei den einen ging es eher elegant zu, fast schon salongemäß, bei den anderen deftiger, wie im Stetl. Bei manchen rochen wir schon im Stiegenhaus den vertrauten Geruch nach *schabbes,* nach „gefillte Fisch und Huhn".

Wir stürzten uns auf diese jüdischen Mammes, sie nahmen uns an wie Söhne, stopften uns, bis wir nicht mehr konnten. Die Väter waren wunderbare, verständnisvolle und kultivierte Männer. Sie spielten ihre Vaterrolle, wie es sich gehörte: zurückhaltend. Diese Sabbate, diese Feiertage waren für mich ein Ersatz für mein Stetl. Man warf mir tatsächlich vor, ich wolle aus der Wiener jüdischen Gemeinde ein Stetl machen. Dieser Vorwurf ließ mich unglaublich kalt. Er traf zu, aber mein Vorhaben war richtig. Ja, genau das wollte ich. Ich wollte eine Heimat schaffen. Ich organisierte diese Essenszuteilungen, ich schärfte den Kollegen ein, wie sie sich zu benehmen hatten, ich kassierte die Rügen, wenn es einmal eine Panne gab.

Ich übernahm sozusagen die Rolle des säkularisierten *schammes,* der die *schabbes*-Gäste vermittelte. Die Synagoge besuchten wir nur zu hohen Feiertagen. Von der Religion hatten sich die meisten abgewendet. Der Gedanke, wie unser Gott zulassen konnte, was geschehen war, verbitterte uns. Aber an Jahrestagen gingen wir in den Tempel. Wir schätzten die Synagoge als soziale Institution. Der Rabbiner sprach uns mit sehr menschlichen Worten aus der Seele. Wir weinten gemeinsam. Nur nicht allein sein mit der Erinnerung.

Ein jüdisches Haus stach unter allen hervor, das der Pollacks. Hofrat Pollack war der Chefarzt der Wiener Polizei. Mit einer Nichtjüdin verheiratet, die ihren Kindern freiwillig nach Theresienstadt gefolgt war, hatte er selbst Auschwitz überlebt. An hohen Feiertagen trat er, ein kleines Männchen, in seiner imponierenden Uniform auf, geschmückt mit sämtlichen Orden und einer überdimensionierten Uniformmütze. An der Seite trug er einen riesigen Säbel. Auf mich wirkte er wie eine Art Köpenick, gerade weil die Uniform echt war. Vielleicht stammte der Eindruck von der Tatsache, daß er hohe Sohlen trug, um größer zu erscheinen als seine Einsfünfundsechzig. Sein gütiges Gesicht kontrastierte aufs merkwürdigste mit seiner martialischen Erscheinung. Diese Pollacks kümmerten sich in rührender Weise um uns alleinstehende Studenten. Ihre riesige Wohnung in der Porzellangasse stand uns immer offen. Sogar Schachtische hatten sie für uns aufgestellt.

Wie konnten wir all diesen Menschen unsere Dankbarkeit zeigen? Die jüdischen Hochschüler organisierten einen Ball. Wir waren großssprecherisch genug, ihn „bal paré“ zu nennen. Ich weiß bis heute nicht, was das genau heißt, aber es klingt sehr vornehm. Ich weiß auch nicht mehr, wer die Idee dazu hatte, aber der Gedanke war gut. Den alten Leuten, die aus KZs, aus den *DP*-Lagern, aus Verstecken in Wäldern nach Wien gekommen waren, wollten wir eine Freude machen. Die Säle des Messepalasts wurden festlich geschmückt, Fritz Muliar als Rezitator engagiert, Maxi Böhm spielte für eine Suppe den Conférencier. Vor allem Herbert Reisner und Hanka Weigel organisierten diese Programme; tagelang davor backten und kochten die Mütter für das Buffet, Elmayer studierte die Polonaise ein.

Das war nun wirklich eine Polonaise, mit all den alten und jungen Polen, Ungarn, Rumänen und Tschechen aus den Lagern, dazu wir in unseren hochstaplerischen, von Lambert Hofers Kostümverleih ausgeborgten Anzügen – in Wirklichkeit glich die Veranstaltung eher einer gespenstischen Maskerade. Aber die alten Leute weinten vor Freude, daß sie nach Konzentrationslager, Zwangsarbeit und Todesmarsch das noch erlebten. Sie bewunderten einander und ihre Kinder in ihren ausgeliehenen Smokings und Abendkleidern. Wild gingen alle Moderichtungen durcheinander, funkelnagelneuer Schmuck glitzerte auf verblichenen Spitzen. Tränen der Freude flossen nach all dem Leid. Der falsche Glanz verlieh diesen Menschen echte Würde. Sie kamen zu uns, zu mir und umarmten mich. „Danke Leon, das war so schön", sagten sie.

Durch solchen Zuspruch, durch solche Anerkennung wurde ich allmählich jemand, den ich selbst anerkennen konnte. Heute kann ich es sagen: Ich suchte nach einem Alibi für meinen Aufenthalt. Jeder Erfolg des Judentums in dieser Stadt war ein Teil meines Erfolgs über Hitler. Er wollte die judenreine Stadt. Ich wollte eine stolze, selbstbewußte und menschliche jüdische Gemeinde, keine angepaßten Kriecher, geduldeten Duckmäuser und sturen Bürokraten.

*

1947 erreichte mich ein Brief, der mich in helle Aufregung versetzte. Endlich, endlich meldete sich jemand von meinen Verwandten. Meine längst totgeglaubte Cousine Hanka schrieb mir aus Schweden. Sie hatte meine Adresse über das Rote Kreuz herausbekommen und setzte nun alles daran, daß ich ein Visum erhielt und sie besuchen konnte. Weihnachten 1947 war es soweit. Ich setzte mich in den Zug nach Helsingborg. Welch ein Kontrast zu Wien! Keine Düsternis, keine Ruinen, kein Schutt, kein Hunger. Ruhig und sauber lag die Stadt im Schnee. Hanka war schon verheiratet, lebte mit ihrem Mann Jack in einer jüdischen Nachbarschaft, die bunten Häuser voller Kinder.

Die Freude über dieses Wiedersehen in diesem Idyll, die Wärme, der Friede, das offensichtliche Wohlergehen, die Aufnahme als Mitglied dieser Familie überwältigten mich. Ich stopfte vom überall reichlich Angebotenen so viel in mich hinein, daß meine Leber Schaden nahm. Zwei Wochen lag ich im Spital. Die Pflege dort, der Besuch von Verwandten und Bekannten, die Aufmerksamkeit, die Zuwendung, die Wärme waren fast noch schöner als der Aufenthalt bei Hanka. Still lag ich da und lauschte dem Läuten der Kirchenglocken. Ich wünschte, dieser Spitalsaufenthalt möge ewig dauern.

Ausstaffiert mit vier Koffern voller Schuhe, Kleider und Lebensmittel kehrte ich zurück. Hanka und Jack hatten mich noch bis Kopenhagen begleitet und waren dort mit mir einkaufen gegangen. Sie waren fortan für mich wie Schwester und Bruder. Es war ein gutes Gefühl, nicht allein auf der Welt zu sein.

Kaum hatte ich Wien wieder betreten, packten mich die alten Fragen wieder. Warum lebte ich, warum nicht Bruder, Vater, Mutter? Trotz aller Gemeinschaftsarbeit kam ich über das Erlebte nicht hinweg. Ich sprach viel mit Rysiek darüber, aber wir konnten einander nicht wirklich helfen. Unsere Probleme glichen einander zu sehr. Wenn wir versuchten, darüber zu reden, rissen wir nur Wunden auf. Rysiek wurde bitter und suchte nach Antworten in seinen Geschichtsbüchern. Ich klammerte mich an das Bewußtsein, daß es ein paar hundert junge Leute gab, die mich brauchten. Ich redete mir ein, das sei meine Familie, für sie müsse ich etwas tun, um mein Überleben zu rechtfertigen.

Uns fehlte jede psychologische Betreuung. Manche heirateten hastig, um ihrer Einsamkeit zu entkommen. Meine

Depressionen führten manchmal zu Apathie, diese zu Durchhängern beim Lernen. Aufgeschobene Prüfungen wieder brachten mich zur Verzweiflung. Dazu die Lungenkrankheit mit ihren Fieberanfällen, Schweißausbrüchen, regelmäßigen Spitalskontrollen. Einer von uns lief jahrelang ständig mit einem Stück Brot und einer Rolle Klopapier in der Tasche herum. Unser Wille war durch jahrelange Unterstellung unter Befehle, deren Nichtbefolgen den Tod bedeutete, nicht besonders ausgeprägt. Sich-gehen-Lassen hieß die Versuchung, Selbstmord schien eine naheliegende Lösung. Viele in unserer Umgebung wählten ihn. Auch ich dachte mehr als einmal an diesen Ausweg.

Ich hatte Glück. Das *Joint* vermittelte mir einen des Antisemitismus und Nationalsozialismus unverdächtigen Lungenarzt, Professor Felix Mlczoch. Er war der Schwiegersohn Friedrich Funders, des ehemaligen Herausgebers der monarchistischen „Reichspost" und jetzigen Herausgebers der „Furche". Mlczoch nahm sich auf rührende Weise meiner an. Ich brachte ihm meine Befunde aus Bad Goisern. Er setzte sich mit dem Lagerarzt telefonisch in Verbindung. Wenn ich nicht zur Therapie erschien, weil ich depressiv zu Hause lag, rief er mich an und beschimpfte mich. Dann munterte er mich auf: „Komm, steh auf, geh weiter, du wirst es schaffen." Aufstehen, weitergehen, weitergehen. Ich schien diese Befehle zu brauchen, denn ich stand auf und ging weiter.

Einmal, als ich mich besonders schlaff durchhängen ließ, gab er mir sogar eine Ohrfeige. „Reiß dich zusammen!" schrie er mich an. Anfangs ging ich noch zu Gedenkfeiern nach Mauthausen, nach Ebensee. Mlczoch hat es mir verboten. Er empfahl mir, diese Konfrontation nicht zu suchen. Er ermutigte mich aber, den inneren Dialog mit meiner Mutter fortzuführen, ihr von meinen Lernerfolgen zu berichten. Er hat mir geholfen. Er war alles für mich.

Er nahm mich zu sich nach Hause mit. Ich konnte in seine

Ordination am Otto-Wagner-Platz kommen, wann immer ich wollte. Hatte ich schlecht geschlafen, rannte ich zu ihm. Manchmal saß ich stundenlang in seinem Wartezimmer. Wenn ich ihm berichtete, ich könne nicht schlafen, erklärte er: „Du hast zwei Teile in deinem Körper. Dein Kopf ist durcheinander, aber dein Herz ist gut." Er versicherte mir, ich sei intelligent, klug, ich sei es Vater, Mutter und Bruder schuldig, mein Studium weiterzubringen. Er nahm sich viel Zeit für mich. Als ich anfing zu rauchen, schleppte er mich in die Röntgenkammer und zeigte mir auf Bildern, wie meine Lungen aussehen würden.

Fast zehn Jahre lang war ich bei ihm in Behandlung. Einmal bin ich bei ihm zusammengebrochen, weil ich einen Horrortraum hatte. Er wußte oft nicht, wie er sich verhalten sollte, entschloß sich aber, den strengen Vater zu spielen. Die Ohrfeige, die er mir einmal verpaßte, habe ich ihm niemals übelgenommen, entsprang sie doch einer guten Absicht. Diese gilt zwar, wie er mir viel später schrieb, nicht als Entschuldigung, aber doch als Erklärung seines Verhaltens.

Durch Mlczoch kam ich in den Kreis um Friedrich Funder, in den Kreis der „Furche", seinerzeit eine bedeutende katholische Wochenzeitung. Der Kreis ihrer Redakteure repräsentierte das Beste, was aufrechter Katholizismus in dieser Zeit in Wien zu bieten hatte. Ich wußte nicht, daß sie fortschrittliche Katholiken waren. Es wäre mir egal gewesen. Mich faszinierte ihre Geistigkeit. Sie nahmen sich des kleinen, ebenso ahnungslosen wie neugierigen Leon Zelman an.

Den Historiker Friedrich Heer lernte ich dort kennen. Er lud mich zu sich nach Hause ein. Mit seiner von weitem Atem getragenen Sprechweise erschien er mir wie ein Heiliger. In seiner Wohnung im vierten Bezirk stand eine riesige Bibliothek, die mich tief beeindruckte. Offensichtlich hatte er auch viele dieser Bücher gelesen. Ich war hingerissen. Von ihm lernte ich erst den geschichtlichen Hintergrund des Judentums kennen. Er gab mir das Gefühl, als Jude wichtig zu sein. Er erklärte mir auch den Nationalsozialismus, breitete seine Thesen aus, weshalb die Nazis das Judentum ausrotten wollten, weil sie nämlich Antichristen waren. Und wieso der Dialog zwischen Juden, Christen und ihren Feinden überlebensnotwendig sei. Damals war gerade sein Erfolgsbuch „Dialog der Feinde“ erschienen.

Das philosophische Kolloquium legte ich beim Soziologen August Maria Knoll ab. Er lud mich in seine Bassenawohnung im fünfzehnten Bezirk. Ich half ihm, das Wasser vom Gang hereinzutragen, um nur ja keinen Augenblick seiner Gegenwart zu versäumen. Auch Knoll erklärte mir die Schuld der christlichen Zivilisation gegenüber dem Judentum. Im Gegensatz zu Heer, der die Worte fast verschluckte, sprach Knoll ganz langsam, mit erlesener Wortwahl. Erst da wurde mir klar, was wir, die Untermenschen, der Welt gegeben hatten. Er redete wie Heer von den Leistungen der berühmten Wiener Juden. Er nannte mir all die klingenden Namen, von Mahler bis Freud, von Schnitzler bis Schönberg.

Durch Heer und Knoll fing ich an zu erfassen, an welch einem Platz ich gelandet war. Jetzt erwachte in mir erst das Interesse am Judentum auch auf einer geistigen Ebene. Leon Zelman gehört einem bedeutenden Volk an! Ich liebte den Mann für diese Erkenntnis. Einer der Plätze, an dem dieses Volk seine bedeutendsten Leistungen erbracht hatte, war Wien. Ich war in Wien. Wunderbar! Wenn ich diesen aufrechten Christen zuhörte, glaubte ich beinahe, Wien sei der Mittelpunkt der jüdischen Welt!

Ich begann, all das nachzulesen. Und ich begann Selbstbewußtsein daraus zu schöpfen, daß mir Heer erklärte, als was für einen mächtigen geistigen Feind die Nazis das Judentum empfunden hatten, daß sie ihn mit derartiger Vehemenz zu vernichten suchten. Er zählte mir die jüdischen Philosophen auf, er sprach von Buber, von den Marxisten, erklärte mir, die österreichische Verfassung, eine der besten der Welt, stamme von Kelsen, einem Juden. Er lieh mir die Bücher dieser Leute, nannte mich „mein lieber Junge“ (dabei war er nur zwölf Jahre älter als ich), legte seinen Arm um meine Schultern und ging mit mir durch den vierten Bezirk, unausgesetzt sprechend, die Favoritenstraße hinauf, vorbei am Theresianum, hinüber zum Belvedere, wo Wien Horizont gewinnt.

Zu meinem schlichten Gedanken, mir hier eine Heimat aus Gemeinschaft und jüdischer Familie zu bauen, trat jetzt der geistige Hintergrund des Judentums. Die Existenz Israels als Staat und die Präsenz der Amerikaner in Wien gewährten uns existentielle Sicherheit. Das Studium der Publizistik gab mir Ausblick auf Broterwerb und eine Aufgabe. Die selbstauferlegte Verpflichtung, mich um die sechshundert zu kümmern, verlieh mir Daseinsberechtigung. Was fehlte, war eine Perspektive.

*

Einmal in der Woche ging ich, meiner Lungenkrankheit wegen, zur Kontrolle ins Spital. Dort lernte ich, ganz zufällig, Peter Strasser kennen. Ich erinnere mich nicht mehr an die genauen Umstände dieser Begegnung, um so besser aber an meine augenblickliche Faszination. Strasser, elf Jahre älter als ich, war vor den Nazis nach Frankreich emigriert, ihnen dort in die Hände gefallen, konnte jedoch flüchten. Gleich 1945 wurde er in den Parteivorstand der SPÖ, zum Vorsitzenden der Sozialistischen Jugend Österreichs und zum Vorsitzenden der Jugendinternationale gewählt. Ab 1949 hatte er auch ein Nationalratsmandat inne, ab 1950 war er Mitglied des Europarats.

Strasser war eines der größten politischen Talente der zweiten Republik. Bruno Kreisky nennt ihn in seinen Memoiren „einen der begabtesten Jungen in der Sozialdemokratie“. Auf tragische Weise ist er 1962 viel zu früh an Leukämie gestorben. Dieser Peter Strasser nahm mich mit zu sich nach Hause, in die Währinger Straße im 18. Bezirk, wo er eine für politisch gleichgesinnte junge Leute offene Wohnung unterhielt. Dort saß ich mit Leuten wie Otto Probst, Heinz Nittel, Karl Czernetz, später auch Heinz Fischer und Leopold Gratz beisammen.

Probst war seit 1946 Zentralsekretär der SPÖ. Als ehemaliger KZ-Insasse von Buchenwald faßte er besondere Zuneigung zu mir. Nittel war der jüngste in diesem Kreis, er war zwei Jahre jünger als ich und von Israel fasziniert; später wurde er Präsident der österreichisch-israelischen Gesellschaft. Wahrscheinlich kostete ihn sein Liebe zu Israel auch das Leben, denn er fiel 1981 in Wien einem Attentat durch Palästinenser zum Opfer. Leopold Gratz war mir als einer der intelligentesten in diesem Kreis aufgefallen. Er interessierte sich für meine Geschichte. Nicht nur, weil er sich als Parlamentssekretär sehr um Kontakte zu Israel bemühte, ergab sich zwischen uns eine bis heute dauernde Freundschaft. Nein, es war seine trotz offenbarer rhetorischer Begabung ruhige, zurückhaltende Art, die mich für ihn einnahm.

Wir saßen viele Nächte beisammen, diskutierten, sangen Lieder. Zum ersten Mal hatte ich außerhalb meines kleinen Lebenskreises eine Gemeinschaft gefunden, die mir wirklich Hoffnung gab, Hoffnung auf eine andere Welt. Denn immer war es die Suche nach Heim, nach Geborgenheit, Familienersatz, die mich umtrieb. Ich gebe zu, ich drängte mich an alle und an jeden, um etwas Liebe zu bekommen. An Erika und ihre Mutter. An einen amerikanischen Rabbiner, der mich gerne mit sich mitgenommen hätte, aber mich fallenließ, weil ich lungenkrank war. An die Kommilitonen auf der Publizistik, an die Heers und Knolls.

Jetzt saß ich mit vielen offenbar Gleichgesinnten, denen mein Hiersein, mein Judesein, mein Anderssein auf eine ganz besondere Weise kein Thema war, auf dem Boden der Strasserschen Wohnung und lauschte den Entwürfen einer neuen Welt. Karl Czernetz war aus dem Londoner Exil zurückgekehrt und hielt Plädoyers gegen den Geist der Koalition mit der ÖVP, aber für deren Notwendigkeit. Ich verstand schon weit besser Deutsch, freilich noch lange nicht gut genug. Aber mir kam es nicht auf den Buchstaben des Gesagten an. Hier war der radikale Bruch mit der Nazi-Vergangenheit, hier waren Kampfansage und Zukunft, hier war eine neue Welt. Ich war leicht zu begeistern, hier war ich begeistert. Hier war meine neue Heimat. Peter Strasser legte mir die Hände auf die Schultern, sah mir in die Augen und sagte: „Leon, es wird eine schöne Welt für dich werden.“ Selbstverständlich trat ich der Sozialistischen Partei bei.

Damit hatte meine Anstrengung, Wien in gewisser Weise zu meinem Stetl zu machen, zum Ziel geführt. Die sechshundert Mitstudenten und die alten Juden aus dem Osten ersetzten mir die Familie. Amerika und Israel waren an die Stelle der großen, unerreichbaren Städte getreten. Die katholischen Denker nahmen die Stelle des philosophischen Onkels Jakob ein, der mir die Welt erklärte, und der *Joint* mit seinen Carepaketen ersetzte mir die Buchteln von Tante Ruchele. Jetzt hatte ich auch die Schwärmer gefunden, die am Brunnen und im Wald von einer besseren Zukunft schwärmten.

Und der kleine, neugierige Leon war unterwegs zwischen all diesen Welten, pendelte von einer zur anderen. Die jungen Sozialisten zeigten mir die Zukunft. Sie umarmten die Welt. Sie waren international orientiert, sie glaubten an Europa, an die Überwindung nationaler Egoismen. Strasser war Mitglied des Europarats, Czernetz Mitglied des europäischen Parlaments. Sie redeten gegen den Konservativismus, auch in der eigenen Partei, waren aber für eine Westbindung Österreichs, für ein sozialdemokratisches Europa. Hier fand ich ein Stück Brunnen von Szczekociny, ein Stück Mondschein und ein Stück des Waldes bei der Pilica, wo die hochfliegenden Zukunftspläne geschmiedet worden waren. Hier lebten diese Pläne fort, hier flogen die Worte genauso hoch.

Hier konnte der kleine Leon, groß geworden, selber mitreden. Und ich erzählte nachts meiner Mutter von dieser Welt. Ich liebte diese Leute. Ich liebte ihre Lieder. Hier fand ich das Herz und die Begeisterung, die ich bei der Leitung der Kultusgemeinde so sehr vermißte. Ich ging zu jeder Versammlung. Am Ersten Mai stand ich auf der Tribüne vor dem Rathaus. „Brüder, zur Sonne, zur Freiheit!" sangen wir, und die „Internationale". Begeistert sang ich mit. Jetzt bot mir Wien Zukunft, Studium, Arbeit, Freunde. Mein Entschluß stand fest: Ich bleibe in dieser Stadt.

Nur eines hätte mich vielleicht fortreißen können. Noch immer hatte ich die kleine Lusia im Sinn, die uns auf dem Marysin erschienen war und um die ich mich wie um eine Schwester gekümmert hatte. Vielleicht sogar ein bißchen mehr als um eine Schwester. Lusia hatte meine Adresse gefunden und schrieb mir. Eine kindisch-hoffnungsvolle Korrespondenz begann. Ich hing Tagträumen nach, die dem Muster des edlen Ritters folgten: „Ich werde kommen und dich befreien." Ehe dies geschehen konnte, wollte ich etwas darstellen im Leben, mehr sein als ein armer Student mit kleinem Stipendium.

Noch vor Abschluß meines Studiums zog Lusia zu einer Tante nach New York. Der Briefkontakt riß ab. Kaum hatte ich meinen Doktortitel, fühlte ich mich gerüstet, Lusia gegenüberzutreten. Ich flog nach New York, bekam mit Hilfe eines jüdischen Polizisten ihre Adresse heraus und meldete mich an. „Laß sie in Ruhe!", keifte die Tante am Telefon. Ich ließ mich nicht abhalten. Als ich an ihre Türe klopfte, öffnete mir ihre kleine Tochter. Natürlich war Lusia verheiratet, natürlich fanden unsere Herzen einander nicht mehr. So stellte sich der Traum von Leon dem Eroberer als Luftschloß heraus. Ich kehrte zurück nach Wien.

Obwohl ich bereits 1954 mein Doktorat erworben hatte, blieb ich bis 1959 Präsident der Vereinigung Jüdischer Hochschüler. Erst als die letzten der sechshundert ihr Studium beendet hatten und in alle Winde verstreut waren, konnte ich meine Funktion guten Gewissens zurücklegen. Nun ging es um die Frage der Berufswahl. 1951/52 war ich als Präsident der Vereinigung Jüdischer Hochschüler eingeladen worden, Israel zu besuchen. Zu Israel hatten wir jüdischen Hochschüler eine besondere Beziehung: Wir vertraten die Ansicht, daß die jüdische Nation ein Recht auf ihren Staat habe. Während die altsozialistische Führung der Kultusgemeinde dies als plumpen Zionismus auffaßte, waren wir mit den jungen Sozialisten einer Ansicht, der Kampf Israels um seine Eigenstaatlichkeit müsse im Interesse der gesamten jüdischen Sache unterstützt werden.

In Israel lernte ich schon damals den Tourismus als wichtiges Mittel zu diesem Zweck kennen. Ich war durch mein Studium zu der festen Überzeugung gelangt, daß der Vernichtungskampf der Nazis gegen die Juden nur auf Basis einer weitgehenden und weitverbreiteten Unkenntnis des Judentums möglich war. Es ist schwieriger, Menschen zu hassen, die man kennt. Länder, die man kennenlernt, lernt man besser zu verstehen. Kosmopolitismus und nationaler Haß schließen einander aus. Jeder junge Mensch, der Israel kennenlernte, würde kein Antisemit mehr sein können. Mein Hauptinteresse bestand jedoch vorläufig darin, den alten Juden eine Begegnung mit dem israelischen Staat zu ermöglichen.

Also meldete ich mich nach Abschluß meiner Studien beim Österreichischen Verkehrsbüro mit dem Vorschlag, den Tourismus nach Israel aufzubauen. Das Verkehrsbüro hielt meinen Vorschlag für eine gute Idee. Ich bekam den Job und saß Ende der fünfziger Jahre in einem Büro im AEZ am Anfang der Landstraßer Hauptstraße. Die Sache lief langsam an, aber sie lief. Eines Tages ergab es sich, daß die israelische Fluglinie El Al ihr Büro am Stephansplatz nicht mehr halten wollte, weil alle anderen Fluglinien ihre Büros an den Ring verlegten.

Zufällig um diese Zeit fragten mich Probst und Nittel: „Leon, was können wir für dich tun?“ Sie dachten wohl an einen Posten bei einer Botschaft oder an einem Kulturinstitut. Ich antwortete, ich sei schon zu Hause hier in Wien. Ich wolle bleiben. Aber ich hätte eine phantastische Gelegenheit. Ich schlüge vor, am Stephansplatz einen Ort der Begegnung zu errichten und das Büro der El Al als Filiale des Verkehrsbüros zu führen. Ich würde diese Filiale hauptsächlich auf die Begegnung mit Israel ausrichten und für jüdisches Publikum zur Verfügung stellen.

1963 eröffnete das Verkehrsbüro seine Dependance, das „Reisebüro City“, unter der Leitung von Dr. Leon Zelman, an der Adresse erster Bezirk, Stephansplatz zehn, im Herzen Wiens.

Voller Stolz berichtete ich es meiner Mutter. Statt des zerstörten Platzes vor dem Westbahnhof blickte ich auf den restaurierten Stephansdom. Die drei Freunde hatten es zu etwas gebracht. Frante lebte als Repräsentant großer amerikanischer Verlage in der Schweiz, Rysiek als Arzt in Wien. Ich hatte nun eine Aufgabe, die meinen Wünschen entsprach. Ich war blind vor Glück und Lebenslust. Ich wollte eine Gemeinschaft organisieren. Und ich wollte die Juden mit einem Wien versöhnen, das meine Heimat geworden war. Mit einer Stadt, die die Schatten ihrer Vergangenheit überwunden hatte.

Ich war ein Kind, bis es mich nach Wien verschlug. Ab diesem Moment mußte ich ein Mann sein. Ein Mann ohne Jugend. Eines habe ich trotzdem oder vielleicht gerade meiner verlorenen Jugend wegen nie aufgegeben: zu träumen. Mein größter Traum: die Stadt, in die es mich verschlagen hatte, die Stadt, die der sogenannte Führer judenfrei machen wollte, zu meiner Stadt zu machen.

Ich fand hier Menschen, die mir die Hand reichten und mir bei meinem Vorhaben halfen. Ich half ihnen auch bei ihrem. Und wenn sie glauben, daß sie mich benützt haben, dürfen sie das glauben. Aber ich habe es nicht für sie getan. Ich war leicht zu benützen, aber für mich, für meinen Traum. Daß andere von meiner Benützbarkeit profitiert haben, die Stadt Wien, die Republik, das gebe ich gerne zu.

Aber alles in allem habe ich es für mich gemacht. Weil ich der ganzen Welt zeigen wollte, daß ich meinen Kampf gegen Hitler in moralischer Absicht geführt habe. Aus Hitlers unrechtmäßig begangenen Taten leitete ich mein Recht ab, mein Leben so zu führen, wie ich es geführt habe. Ich habe gesiegt, weil es in Wien gegen jede Hoffnung wieder eine lebendige jüdische Gemeinde gibt, weil es ihm nicht gelungen ist, die Stadt judenfrei zu machen. Und ich habe gesiegt, weil es mir gelungen ist, mein Leben nach dem Überleben zu leben. Weil ich, anders als viele meiner Leidensgenossen, will und glaube, daß ein solches Leben möglich ist.

Als junger Mensch muß ich vielen wie ein seltsamer Heiliger vorgekommen sein, der wenig Interesse an seinem materiellen

Fortkommen zeigte und sich statt dessen die Verantwortung für die Betreuung einer Gemeinschaft auferlegte. Ich führte philosophische Reden und erklärte die Welt, statt zuzupacken und sie mir anzueignen.

Ich hatte meinen eigenen Begriff von Aneignung. Da saß ich an meinem Schreibtisch im Verkehrsbüro, um den Tourismus mit Israel aufzubauen. Ein normaler Fremdenverkehrsmanager hätte die Hände über dem Kopf zusammengeschlagen. Ich kann bis heute nicht einmal ein Ticket ausstellen. Aber ich wußte, was ich wollte. Ich wollte diese meine kleine Welt mit dem Staat der Juden in Verbindung bringen, und mit allen Wiener Juden, wo immer sie sind.

Kapitel 5

WILLKOMMEN IN WIEN

Ich fühlte mich wohl in meiner neuen Welt. Ich stand bei den Feiern zum Ersten Mai auf der Tribüne, auf die mich meine neuen Freunde mitgenommen hatten, unter mir das Meer von rotem Fahnentuch, Jugend marschierte auf, Lieder von Brüderlichkeit und Zukunft und Glauben an die neue Welt erklangen. Ich weinte vor Freude. Die Freudentränen machten mich blind.

Ich sah das Schlechte an diesem Österreich nicht, weil ich es nicht sehen wollte. Mein privater Akt des Verdrängens, um leben zu können, traf sich mit den Akten des offiziellen Verdrängens der zweiten Republik auf absurde Weise. Die Stimmung im Land war von Anfang an gegen uns. Wo sie sich zeigte, manifestierte, zu offener Gegnerschaft Anlaß gab, traten wir ihr entgegen. Selbst von den direkt gegen uns gerichteten antisemitischen Demonstrationen in den *DP*-Lagern fühlten wir uns nicht bedroht, da wir uns von den Amerikanern geschützt wußten. Wo diese Stimmung aber untergründig blieb, nicht zu fassen, heimtückisch, unterzog ich mich nicht der Arbeit, sie zu analysieren. Die Verbindung zwischen dem manifesten Antisemitismus und dem auf stille Weise fast die ganze Gesellschaft durchziehenden Antisemitismus stellte ich nicht her. Die Verweigerung dieser Einsicht war Notwehr. Ich wollte, ich mußte hier leben können.

Wie sehr diese Stimmung aber da war, wie sehr auch jene von Antisemitismus infiziert waren, die bei Gedenktagen schöne Worte an uns richteten, ahnte ich nicht. Daß vieles an der Nachkriegspolitik in Österreich rein taktisch motiviert war, kam mir nicht zu Bewußtsein. Daß sich Österreich als Nazi-Deutschlands erstes Opfer hinstellte, um nicht als mitschuldig zu gelten, was wiederum politische und materielle Folgen gehabt hätte, entging mir weitgehend. Für Fragen der Wiedergutmachung interessierte ich mich nicht. Sie stellten für mich kein existentielles Thema dar. Wir hatten mit uns selbst genug zu tun. Außerdem war es Österreich gelungen, die Schuldfrage an die Bundesrepublik Deutschland als Rechtsnachfolgerin des Dritten Reichs abzugeben. Allerdings hat das Adenauer-Deutschland diese Frage 1952 geregelt, während Österreich in den Worten von Innenminister Oskar Helmer vorhatte, „die Sache in die Länge zu ziehen". Was auch glückte. Bis heute ist „die Sache" nicht endgültig geklärt.

Ich ließ mir möglicherweise die Opferrolle Österreichs gerne einreden. Sie paßte zu meiner eigenen Rolle. Sie machte mir die Vorstellung erträglicher, hier zu leben. Ich hatte es geschafft, hier leben zu können. Dazu bedurfte es einiger Verdrängungskunststücke. Dem Staat Österreich ging es nicht anders. In meinem Fall war es allerdings nicht notwendig, um meiner Existenz willen Lügen zu erzählen. Ich war nur möglicherweise bereit, um meiner Existenz willen ein paar Lügen zu glauben.

In Abgründe zu blicken, hatte ich keine Lust. Ich wollte lernen, ich wollte nach vorne schauen. Wie hätte ich als hierher verschlagener KZ-Junge wissen sollen, daß beispielsweise ein Karl Popper oder Richard von Mises, ein Karl Menger oder ein Ludwig Wittgenstein an der Universität fehlten, daß man dort von 400 rückkehrwilligen Emigranten bis 1948 gerade sieben zurückgeholt hatte? Wie hätte ich mir die freiwillige Selbstverarmung des Kulturlebens klarmachen können, das kaum einen seiner berühmten jüdischen Protagonisten zurückhaben wollte? Da mir all das entging, wie hätte ich die im Kontrast dazu schamlos schnelle Entnazifizierung und Wiedereinstellung aller durch ihre Tätigkeit im Dritten Reich belasteten Dirigenten, Professoren, Schauspieler in ihrer vollen Tragweite erkennen können?

Ich habe nicht genau hingesehen. Hätte ich gewußt, daß derselbe Minister Kolb, der bei einem Hakoah-Jubiläum im Festkomitee saß, schon 1946 öffentlich die Republik Österreich als den „ersten Anspruchsberechtigten“ der Rückstellungsgesetze bezeichnet hatte, weil „der größte Teil des (von den Nazis) entzogenen Vermögens nicht aus rassischen, sondern aus politischen Gründen entzogen worden sei“, wie hätte ich seine Anwesenheit ertragen?

Wäre mir Figls Wort „Die Juden möchten halt rasch reiche Leute werden“ bekannt gewesen, wie hätte ich die freundlichen Töne interpretiert, die er bei Reden zu unseren jüdischen Gedenkfeiern anschlug? Was hätte ich von jenem Memorandum der Staatskanzlei für auswärtige Angelegenheiten gehalten, in dem es 1945 schlicht hieß: „Einen Judenstaat gibt es nicht. Nichtsdestoweniger spielen die Juden in der Welt eine große Rolle in der Außenpolitik, einesteils, weil ein großer Teil der Presse sich in ihren Händen befindet … andernteils, … weil … sich das internationale Finanzkapital weitgehend in jüdischen Händen befindet.“ Wie hätte Außenminister Grubers Wort in meinen Ohren geklungen: „Die entsprechenden Schriften des Jewish World Congress sind in gehässiger Tonart vorgetragen und fordern unverblümt, daß Österreich die Verantwortung für seine Kriegsteilnahme aufgebürdet werde“?

Das ganze Panorama österreichischen Antisemitismus wäre vor mir gelegen, hätte ich mir nicht selbst die Blindenbinde der Zuversicht umgelegt. Glaubte ich den Ausführungen des Bürgermeisters Körner, die er 1947 in der „Wiener Zeitung“ veröffentlichte, oder mußte ich nicht vielmehr wissen, daß ein derart wohlbegründetes Dementi nicht ohne Anlaß geäußert werden konnte? Körner schrieb darin zum Thema des Wiener Antisemitismus: „Die Urheber solcher unwahrer Erzählungen, die als ärgste Brunnenvergifter bezeichnet werden können und geradezu an Rufmord an der Heimat grenzen, sind uns bekannt. Ein für allemal sei festgestellt, daß es, außer den von den Nazis in der Zeit ihrer Herrschaft über Österreich organisierten Ausschreitungen, in Wien Judenpogrome überhaupt niemals gegeben hat … denn der Wiener ist Weltbürger und daher von vornherein kein Antisemit." Dazu paßte Innenminister Helmers Warnung davor, „daß ganz Österreich mit Juden überflutet wird".

Daran verblüfft die Heutigkeit der Sprache und Motive. Man braucht nur wenige Worte auszutauschen, man könnte solche Statements noch immer anwenden. Im Fall Waldheim, im Rechtsradikalismus und bei der Ausländerfeindlichkeit kehrt diese Sprache wieder. Oder war sie nie weg gewesen? Konservative und Sozialisten, alle folgten sie derselben Taktik. Nach außen schön zu sprechen, Antisemitismus abzustreiten, uns entgegenzukommen, uns einzulullen, das ja, aber im Kabinett und bei Regierungssitzungen die Sache in die Länge zu ziehen, sofern sie nicht eigene Parteibelange betraf. Selbst Leuten wie Kreisky und Czernetz schlug bei ihrer Rückkehr in der eigenen Partei nicht überall Begeisterung entgegen. Helmer soll Kreisky nur als „unser Jud" bezeichnet haben.

Vieles davon konnte ich nicht wissen. Manches war ich bereit, wegzuschieben, als vorübergehende Zeiterscheinung zu bewerten, als Reste einer Vergangenheit, die von einer neuen Generation in einem neuen Staat beiseite geräumt würden wie der Bombenschutt von den Straßen. Nach den Ghetto- und Lagerjahren hatte ich einfach keine Lust mehr, mich abgeschnitten und demoralisiert zu fühlen. Ich hatte mit mir selbst zu kämpfen, ich lebte in einer Stadt, in der ich jeden zweiten, dritten jungen Menschen als Feind identifizieren konnte – wie hätte ich es verkraftet, viele von denen, die ich mir als Verbündete wünschte, als das Gegenteil zu durchschauen?

Und noch etwas kam dazu. Ich hatte 1938 nicht in Wien verbracht. Ich hatte nicht miterlebt, wie Wiener ihre jüdischen Mitbürger demütigten, beraubten, bestahlen. Später, als meine Tätigkeit viele Auslandsreisen zu Wiener Emigranten in aller Welt mit sich brachte, und diese ehemaligen Wiener mir erzählten, was sie 1938 in Wien erlebt hatten, verstand ich, wie tief ihre Entfremdung ging. Wenn ich das alles hier erlebt hätte, wäre ich vermutlich ebenfalls nie mehr hierher zurückgekehrt. Von einem Tag auf den anderen war der Freund kein Freund mehr, der Hausbesorger ein Spitzel, der Greißler ein SS-Mann. Überall nur Hitlerjubel, Folterknechte, grinsende Zaungäste.

Zu den erlittenen Demütigungen und Beraubungen trat jetzt, nach 1945, eine zweite Demütigung und Beraubung. Niemand forderte die Vertriebenen auf, zurückzukehren. Im Gegenteil. Staat und Parteien arrangierten sich schnell mit den alten Nazis, in einigen skandalösen Prozessen wurden KZ-Baumeister, Referatsleiter der Gestapo, führend an der Judenvernichtung beteiligte Männer entweder freigesprochen oder zu lächerlich geringen Strafen verurteilt. Ab Mitte der siebziger Jahre wurden Nazi-Verbrecher in Österreich überhaupt nicht mehr gerichtlich verfolgt. Durch die „Minderbelastetenamnestie 1948" kamen viele Nazis zurück in Eigentum, Amt und Würden, während sich das Opfer Österreich im Fall der Juden um die Rückgabe des Geraubten drückte, so gut und so lange es konnte. Den Juden gehe es nur ums Geld, hieß es. Wobei ich aufgrund meiner Erfahrungen mit Sicherheit sagen kann: Es wäre nicht ums Geld, es wäre um die Geste gegangen. In Wirklichkeit ging es nicht den Juden, es ging dem österreichischen Staat ums Geld.

Geradezu rührend hingegen kümmerte sich der Staat um die Integration der alten Nazis, denn allein in Österreich hatte die NSDAP über eine halbe Million Mitglieder gezählt, während die Zahl der Wiener Juden Ende 1948 10.000 nicht überstieg. Dabei befand sich die Regierung über die Tatsachen durchaus im klaren. „Was den Juden weggenommen wurde, kann man nicht auf die Plattform ‚Großdeutsches Reich' bringen", sagte Innenminister Helmer. „Ein Großteil fällt schon auf einen Teil unserer lieben Mitbürger zurück." Dennoch setzte er im gleichen Atemzug hinzu: „Ich sehe überall jüdische Ausbreitung, beim Handel vor allem in Wien. ... Auch den Nazis ist im Jahre 1945 alles weggenommen worden, und wir sehen jetzt Verhältnisse, daß sogar der nat. soz. Akademiker auf dem Oberbau arbeiten muß." Solch offene Sprache wurde nur hinter verschlossenen Kabinettstüren gesprochen; die Protokolle wurden erst in den achtziger Jahren publiziert. Aber die Atmosphäre war zum Greifen dicht. Ich wollte nicht begreifen.

Ein weiteres Motiv trug zu meiner verblendeten Zuversicht bei. 1948 war der Staat Israel gegründet worden. Für alle Juden, auch für nicht zionistisch gesinnte, war klar, daß damit ein Stück sicherer Boden geschaffen war, auf den sie sich vor Verfolgung flüchten konnten. Israel war tatsächlich ein Fluchtpunkt, auf den wir unseren Optimismus richteten. Die Zyniker in der Regierung hingegen redeten von „Grausamkeiten der Juden in Palästina", welche das internationale Ansehen der Juden verschlechtern und es der Regierung erleichtern würden, die Sache in die Länge zu ziehen.

In gewisser Weise zog sich die verdrängte Vergangenheit in die Länge, während ich mich glauben machen wollte, sie sei abgeschnitten. Umfragen ergaben, daß um die gleiche Zeit, als Israel gegründet wurde, etwa fünfzig Prozent aller Wiener den Nationalsozialismus für eine gute Sache hielten, die nur schlecht umgesetzt worden war. Sie glaubten an die alte, ich aber an meinen Kampf für die neue Welt. Die offen antisemitischen Auftritte der Neonazis bestärkten mich in dieser Ansicht, denn sie provozierten Reaktionen. Wenn wir, manchmal nur zweihundert Leute, manchmal über tausend, kleinere und größere Kundgebungen gegen sie organisierten, gaben wir uns auf diese Weise Zuversicht. Ich ging mit meinen jungen Sozialistenfreunden, mit Katholiken und

Kommunisten gegen Friedhofsschändungen, Hakenkreuzschmierereien und „Schillerfeiern" auf die Straße, wir demonstrierten gegen Filme, die nationalsozialistisches Gedankengut verherrlichten, wir bekämpften die frechen Vereine der Neofaschisten.

Den Höhepunkt dieser Kämpfe stellte die Borodajkewicz-Affäre dar. Taras Borodajkewicz war einer jener unverbesserlichen Professoren, die sich mit ihrer Unverbesserlichkeit brüsteten, Antisemitisches und Neonazistisches äußerten und dabei rege Zustimmung von den Studenten des RFS erhielten. Gleichzeitig war er, der bereits als illegaler Nationalsozialist registriert gewesen war, 1955 wieder als Universitätsprofessor zugelassen worden und hielt nun Vorlesungen an der Hochschule für Welthandel. Die sozialistischen Studenten führten seit 1962 eine offene Kampagne gegen ihn, die aber nicht viel mehr als eine folgenlose Anfrage im Parlament einbrachte.

Erst als sich Borodajkewicz 1965 im Rahmen einer vom Fernsehen übertragenen Pressekonferenz zu Antisemitismen und Verhöhnungen Israels hinreißen ließ, die sein rechtes Publikum mit Hohngelächter begleitete, kam es Ende März zu zwei großen Kundgebungen. Einer der Protagonisten im Kampf gegen Borodajkewicz hieß Ferdinand Lacina. Er hatte bereits Mitschriften von Borodajkewicz-Vorlesungen angefertigt, nun ging er in der ersten Reihe einer Menge von Tausenden Demonstranten in einer Kundgebung, zu der die österreichische Widerstandsbewegung aufgerufen hatte. Ich ging neben ihm, mit mir meine Freunde, darunter Nittel, Schieder, Gratz und Lanc. Ich kannte Lacina nicht, aber Stolz erfüllte mich, daß diese Stadt, in der ich lebte, solche jungen Männer hervorbrachte.

Die Neonazis, die uns angriffen und „Hoch Auschwitz" brüllten, erschienen mir als feige Wichte. Sie drehten sich nach jedem Angriff um und rannten davon. Sie hatten die Hosen voll. Die Nazis hatten Angst vor uns, und neben mir ging eine Zukunft, auf die ich mich verlassen konnte. Bei dieser Kundgebung tötete einer der Nazis einen Demonstranten, den Kommunisten Ernst Kirchweger. Daraufhin bekundeten beim Begräbnis fast 20.000 Menschen, darunter viele Spitzenpolitiker von SPÖ und ÖVP, ihre Solidarität mit dem Ermordeten.

Trotz des tragischen Anlasses war Borodajkewicz für mich ein Sieg. Als ich Lacina auf der Kundgebung reden hörte, hatte ich meine Bestätigung, daß ich hierbleiben konnte. Da war Logik, Begabung, Begeisterungsfähigkeit, Engagement. Diese Leute würden uns nicht im Stich lassen. Und da war ich selbst, als Kämpfer, als Redner. Ich hatte keine Angst, die Nazis hatten Angst. Ich empfand die Szenen der Straßenschlachten und der Reden wie eine zweite Befreiung. Das alte System hatte verloren. Ich hatte gesiegt.

Borodajkewicz mußte gehen. Nach einem Jahr zwar erst, und bei vollen Bezügen, aber immerhin. Das Symbol war gesetzt. Ich zehrte von diesem Symbol. Das ist das neue Wien, das ist die neue Generation, sagte ich mir. Das war die Stadt, die ich im Ausland darstellen wollte, das war meine Heimat. Jahrelang habe ich dieses neue Wien im Ausland geschildert, zu einer Zeit, als man im Ausland von den Österreichern den Eindruck hatte, sie wären alle Nazis. Simon Wiesenthal hat mir deshalb sogar Vorwürfe gemacht. Ich gestehe ihm das Recht zu, mir diese Vorwürfe zu machen, denn sein Leben besteht in der Information über Kriegsverbrecher und darüber, wie in Österreich mit Kriegsverbrechern umgegangen wurde und wird.

Ich aber war der Meinung, wenn in Wien eine lebensfähige jüdische Gemeinde existieren sollte, müsse sie auch lebendige Beziehungen zum Ausland haben, das heißt zumindest zu Israel und zu allen anderen Orten, an denen ehemalige Wiener Juden leben. Wien wieder zur jüdischen Metropole zu machen, war ein unerreichbares Ziel. Aber Wien als lebendige jüdische Gemeinschaft zu etablieren, das mußte sich doch machen lassen. Um daran mitzuwirken, habe ich mich nicht gescheut, Wien zu verkaufen. Die Reaktionen auf den Provokateur Borodajkewicz und die Existenz von Leuten wie Lacina dienten mir als Bestätigung, daß ich recht hatte. Deswegen wurde Lacina zu einem Teil meiner Geschichte, obwohl ich ihn persönlich gar nicht kannte.

*

Mein Optimismus war nach dieser Demonstration auf dem Höhepunkt. Eines Tages hatte Heinz Nittel, der sich zu Israel besonders hingezogen fühlte, als nunmehriger Wiener Stadtrat für Verkehr auch für den Fremdenverkehr zuständig, die Idee, das Jewish Welcome Service zu gründen. Mehr als ein Vierteljahrhundert war seit Kriegsende vergangen, viele Juden, die der Meinung gewesen waren, sie würden nie mehr hierher zurückkehren, dachten nun doch daran, wenigstens, um die Gräber zu besuchen. Es bedurfte einer Stelle, die sich um diese Menschen kümmerte. Und Wien brauchte eine glaubwürdige Person, die sich dieser besonderen Gäste annahm.

Der Platz war richtig gewählt. Die Person offenbar auch. Ich stürzte mich auf meine neue Aufgabe. Im Reisebüro City teilte Architekt Hollein unter Verwendung von Steinen aus Israel einen Raum von wenigen Quadratmetern ab, der tatsächlich einen Hauch von Jerusalem, einen Eindruck der Klagemauer an den Stephansplatz brachte.

Die Eröffnung fand 1978 statt. Oberrabbiner Akiba Eisenberg, der Vater des jetzigen Oberrabbiners, weihte die neuen Räume ein. Leopold Gratz, der alte Freund aus Tagen des Strasser-Kreises, war damals Wiener Bürgermeister und verlieh mir das Silberne Ehrenzeichen der Stadt. Ich habe zahlreiche offizielle Ehrungen erhalten; diese aber bleibt mir eine der liebsten, weil die Übergabe der Urkunde im neuen Jewish Welcome Service stattfand, und vor allem, weil jener Jakob Bindel die Lobrede auf mich hielt, den wir zu Zeiten der Auseinandersetzungen zwischen jüdischen Studenten und Kultusgemeinde seiner Menschlichkeit und Wärme wegen so sehr geschätzt hatten.

Ich verwaltete nun einen doppelten Raum, um meine Ideen zu verwirklichen: das Reisebüro und das Welcome Service. Dazu trat ein dritter, sozusagen imaginärer, intellektueller. Das „Jüdische Echo“ hatte mit dem Zerfall unserer Sechshunderter-Gemeinschaft seine Funktion als internes Mitteilungsblatt verloren. Ich selbst war 1959 als Präsident der jüdischen Hochschüler zurückgetreten, gab aber weiterhin als Chefredakteur das „Echo“ heraus, nun im Namen der jüdischen Hochschüler und Akademiker.

Ich hatte vor, aus dem „Echo“ eine Kulturzeitschrift zu machen, die im deutschen Sprachraum einmalig dastehen sollte, und in der sich junge österreichische Intellektuelle äußern sollten, gleich ob jüdisch oder nicht. Bei den Protesten gegen Borodajkewicz hatte ich erfaßt, daß eine große Zahl junger Nichtjuden auf unserer Seite stand. Friedrich Heer und die jungen Sozialisten hatten mir die Notwendigkeit des Dialogs vor Augen geführt.

So entwickelte ich das „Echo“ zu einer Art gedrucktem Salon, wo die Besten des österreichischen Geisteslebens neben international renommierten Denkern sich einfinden sollten. Ich legte außerdem großen Wert darauf, daß auch junge, unbekannte Intellektuelle die Chance bekamen, hier zu publizieren. Es ist unmöglich, die Namen der Beiträger aufzuzählen. Es genügt, zu sagen, daß kaum einer der Besten fehlte. Mit Stolz konnte ich das jedes Jahr unter einem Leitthema stehende Heft in alle Welt verschicken.

Auch solches kann in Wien entstehen, auch solche Denker publizieren hier, war die Botschaft, und mit solch renommierten Köpfen, von Nahum Goldmann bis Jean Paul Sartre, von Isaac Bashevis Singer bis Manès Sperber, von Murray G. Hall bis Claudio Magris bevölkern sie meinen Wiener Salon und lassen darin mit ihren Stimmen das „Jüdische Echo“

nachklingen. „Ihre Zeitschrift habe ich mit Staunen und Nutzen gelesen; auf so hochstehende Aufsätze, fast unbemerkt, in diesem Lande hier, war ich nicht gefaßt", schrieb Peter Handke 1986 an die Redaktion und verbrämte mit solchem Lob die Begründung seiner Absage.

Dem „Echo" dachte ich mehr Aufgaben zu als einer herkömmlichen Kulturzeitschrift. Es sollte den Jungen als Bildungsprogramm dienen, sollte ihnen mitteilen, was heute leichter zu haben ist, damals aber nur spärlich und verstreut zu finden war, nämlich das Wissen über die Geschichte und Tradition der jüdischen Metropole Wien. Außerdem diente die Adreßkartei des „Echo" nicht nur der Verbreitung des Ruhms der Wiener Juden, sondern auch als unsichtbares Netz der sechshundert, die alle das „Echo" als Faden zu einem Platz verstanden, den sie erst in der Ferne wirklich als Heimat empfinden konnten: Wien. Das „Echo" wurde für sie zu einem jährlich übersandten Stück Heimat.

Der unscheinbarste Nebenzweck des „Echo" bestand nach wie vor in der Befriedigung meiner eigenen Neugierde, in der Erfüllung meines eigenen Wunsches, mein Wissen über jüdische Themen, über jüdisches Leben in Österreich zu vertiefen. Ich hatte kein Konzept. Ich hatte nur meine Euphorie und meine Wißbegierde, die mich von Themenstellung zu Themenstellung leiteten. Ich entwickelte mich zu so etwas wie einem Ideenträger.

Und immer ging es mir um die Jugend. Die Alten hatte ich nicht aufgegeben, dafür war mir der Grad der gesellschaftlichen Verdrängung zu wenig bewußt. Aber die Jungen lagen mir am Herzen. Die jungen Juden, bei denen es mich schmerzte, wenn sie die Stadt verließen, um in der Welt Karriere zu machen. Die jungen Christen und Sozialisten, die, nach dem Krieg geboren, ein neues Österreich bauen sollten. Dabei wollte ich ihnen helfen.

So erklärte ich mich sofort bereit, in die Schulen zu gehen und mich als Zeitzeuge zur Verfügung zu stellen. Unter Unterrichtsminister Sinowatz rief der spätere Wiener Stadtschulratspräsident Scholz ein zeitgeschichtliches Aufklärungsprogramm ins Leben. ORF-Mann Peter Dusek begleitete mich und dokumentierte die Gespräche für den Rundfunk. Junge Menschen brachten mir Nazi-Literatur in den Unterricht und sprachen mich auf die Erzählungen ihrer Großeltern an, in denen Hitler wesentlich besser wegkam als in den Schilderungen ihrer Lehrer.

Einmal wurde gemeinsam mit einer katholischen Schule ein Israel-Besuch organisiert, auf dem es beeindruckende Entdeckungen zu machen gab. Nicht nur der Besuch im Holocaust-Museum Yad Vashem gab den Kindern einiges zu verarbeiten. Als wir einen Kibbutz besuchten, sah ich, wie einige die Köpfe zusammensteckten und herumrätselten. Ich fragte nach und bekam heraus, daß sie der Anblick eines blonden Traktorfahrers verwirrt hatte. Blonde Juden, gibt's das?

Je mehr ich mich mit diesen Kindern beschäftigte, desto klarer glaubte ich, die Fehler zu erkennen, die im Umgang mit der Nazivergangenheit begangen wurden. Ein entscheidender Fehler schien mir darin zu bestehen, daß die Juden – allerdings aus verständlichen Gründen – das Hauptgewicht ihrer Argumentation auf ihr eigenes Schicksal legten und daß dadurch die Verbrechen des Nationalsozialismus gegen andere Minderheiten, ja gegen das eigene Volk, das immerhin in einen Weltkrieg gehetzt worden war, zu sehr in den Hintergrund traten. Zweitens hatten es die Nazis geschickt verstanden, die soziale Saite zu streichen und darauf das Lied zu spielen, alle Juden seien reiche Juden. Dem hatten die Juden bisher wenig entgegengesetzt.

*

Selbst mir, der ich aus dem Stetl kam und dieses Stetl stets in mir trug, selbst mir, der ich in meiner Alltagsarbeit mit höchst unterschiedlichen Arten von Leuten zu tun hatte, waren diese kleinen Leute überschattet von den Großen des geistigen Wien. Einerseits war Wien mein Stetl, andererseits schien es mir wie ein Wandelgang, eine Säulenhalle voller Büsten großer Köpfe. Nicht jeder wußte, daß viele von ihnen Juden waren. Aber diese Schüler machten mir mit ihren Fragen und mit ihrer Unwissenheit klar, daß sich mit dieser gutgemeinten Propaganda von jüdischer Kultur und Geschichte ein ganz falsches, zumindest ein unvollkommenes Bild vom Judentum in den Köpfen festgesetzt hatte.

Was fehlte, war ein Denkmal für jene kleinen Leute, die den Nährboden für die große jüdische Kultur bildeten. Gerade Wien schien mir ein geeigneter Platz, um der Welt des Stetls ein Denkmal zu setzen. Gerade Wien, weil so viele Juden aus dem Osten hierher gekommen waren, deren Söhne und Töchter dem Wiener Fin de siècle seine Prägung gegeben hatten. Gerade Wien, weil jetzt wieder Leute aus dem Osten gekommen waren, von denen viele beschlossen hatten, zu bleiben und eine neue Gemeinde zu bilden. Wien war aber auch eine Durchgangsstation, ein geopolitischer Angelpunkt für jene Juden, die aus der Welt des Ostens in jene Israels oder des Westens traten. Wien war wieder die Schnittstelle zwischen der alten und der neuen Welt des Judentums geworden.

Über die kleinen Juden, fiel mir auf, redete kein Mensch. Über die eigentlichen Träger dieser Kultur wußte man also kaum Bescheid, und schon gar nicht über jene Gesellschaft, welche die Grundlagen jener Kultur ermöglichten, über jene armen Teufel, die diese Gesellschaft des Stetls durch ihrer Hände Arbeit schufen. Man hatte höchstens ein literarisch wehmütiges Bild von ihnen, leicht k. u. k. gefärbt, sehr dekorativ. Wer aber las die Romane von Roth und Sperber? Jene Schüler, jene breitere Öffentlichkeit, um die es mir zu tun war, wohl kaum.

Anfang der achtziger Jahre kam mir die Idee, mit dem Jewish Welcome Service eine Ausstellung zu veranstalten.

Mit im Sinn hatte ich bereits damals, die Notwendigkeit eines jüdischen Museums in Wien zu zeigen. Bei einer meiner Reisen nach New York lernte ich durch Vermittlung Peter Marboes den Journalisten Joachim Riedl kennen, der, von meiner Idee begeistert, wesentliche Arbeit für das Zustandekommen der Ausstellung und für die Herausgabe des Katalogs leistete. Sein Freund, der leider zu früh verstorbene Peter Hoffman, stellte zur Ausstellung eine jüdische Filmwoche zusammen.

Es entbehrt nicht einer gewissen Ironie, daß mich die Recherche für eine Ausstellung, die den Titel „Versunkene Welt" trug, zuerst zu Peter Marboe führte, dem damaligen Leiter des österreichischen Kulturinstituts in New York. Über Marboe kann ich nur Gutes sagen, er hat sich sehr für meine Idee interessiert und mein Anliegen nach besten Kräften unterstützt. Er repräsentiert den Typus des klugen, liberalen Konservativen, mit dem zu reden mir immer leichtfiel.

Die doppelte Ironie unserer Begegnung in New York lag darin, daß Marboe später, in Zeiten von Waldheim, zum Geschäftsführer der ÖVP bestellt wurde. Genau dieser Marboe war es aber, der mich mit meinen Recherchen an die Bronfman Foundation verwies. Die hätten Bilder, Archivmaterial, alle Informationen, die ich für meine Ausstellung bräuchte. So stellte Waldheims späterer Wahlkampfleiter meine Verbindung zum World Jewish Congress her.

Beim World Jewish Congress lernte ich Israel Singer kennen, einen Besessenen der jüdischen Sache. Er war und ist Generalsekretär des WJC, hatte zuvor Politologie und Nahost-Studien an Universitäten in Israel und New York unterrichtet, war 1964 zum Rabbi ernannt worden und nennt sich selbst gern „Rabbi ohne Kanzel". Seine Eltern stammen beide aus Wien und sind 1938 emigriert. Singer sicherte mir zu, mich bei meinem Vorhaben, diese Ausstellung zu organisieren, nach besten Kräften zu unterstützen.

Der World Jewish Congress, sagte er offen, habe Interesse

an Wien, denn er brauche einen Stützpunkt, um die abgebrochenen politischen Beziehungen Israels zum Osten zu kompensieren. In den Ostblockstaaten besaß Israel damals keine diplomatische Vertretung. Der WJC brauchte eine Drehscheibe, einen Ort, um mit Politikern hüben und drüben Kontakt aufzunehmen. Er hatte größtes Interesse an Kontakten nach Polen, Ungarn, Rumänien, in die Tschechoslowakei. Ich war stolz, ihm bei diesen Kontakten behilflich sein zu können.

Ich vermittelte den Kontakt zwischen Kreiskys Büro und Israel Singer. Zwischen Wien und New York entwickelte sich nun eine rege Reisetätigkeit. Oft holte ich Singer am Flughafen ab, begleitete ihn zu Kreisky und traf mich anschließend wieder mit ihm. Singer trägt stets die *Jarmulke,* jenes Käppchen, das als Symbol jüdischer Selbstachtung gilt. Selbstverständlich trug er die *Jarmulke* auch zu seinen Besuchen bei Kreisky. Der kommentierte prompt, er fühle sich dadurch an seine Großeltern erinnert. Singer und Kreisky unterhielten sich über sehr praktische Fragen verfolgter und unterdrückter jüdischer Gemeinden, sie redeten aber auch über den Talmud, über jüdische Weisheit, kurz, über Gott und die Welt. Eines Tages verließ Singer mit einem glücklichen, ja fast erleuchteten Lächeln Kreiskys Büro am Ballhausplatz. Ich fragte ihn nach dem Grund. Er sagte nur: „A sehr gescheiter Jud!“

Österreichs Neutralität war ebenso hilfreich wie Kreiskys Reputation in aller Welt. Es kam gelegentlich auch zu absurden Konstellationen, wenn Hilfe zu leisten war. So berichtete Singer eines Tages über eine Tragödie jüdischer Mädchen, die in Syrien aus dem Ghetto in Bordelle verschleppt worden waren. Auf Anordnung Kreiskys gelang es Botschafter Amry mit Hilfe Kubas, diesen Mädchen die Emigration aus Syrien und damit ihre Rettung zu ermöglichen.

Der Hauptschwerpunkt der Arbeit des World Jewish Congress verlegte sich in den achtziger Jahren in den Osten.

Zwischen 1968 und 1986 verließen über 260.000 Juden die Sowjetunion via Österreich. Wien war nun ein politisch gefestigter Ort, an dem die Juden nicht nur nichts zu befürchten hatten, sondern von dessen Existenz als Drehscheibe sie sogar profitieren konnten. Verschiedene Interessen trafen hier zusammen. Einmal war da Kreiskys seit den fünfziger Jahren verkündetes Konzept, Wien auch und vor allem aus Sicherheitsgründen zu einem diplomatischen Platz der Begegnung zu machen und von Österreich ausgehend eine sichere Zone in Zentraleuropa zu schaffen. Dazu kamen die Interessen des WJC, den unterdrückten Juden in Osteuropa zu helfen und dort einzugreifen, wo Israel die Hände gebunden waren. Und dann waren da noch die Hoffnungen des kleinen Leon Zelman, jüdischen Menschen aus aller Welt eine Begegnung mit dieser Stadt zu vermitteln. Nun hatte ich also allen Grund, zufrieden zu sein mit der Rolle, die Österreich spielte.

Mit Kreisky stand immerhin ein Jude an der Spitze der österreichischen Bundesregierung. Darauf stolz zu sein war eine Selbstverständlichkeit. Wie bei allen großen Männern, war auch bei Kreisky manches zwiespältig. Das Bild seiner Beziehung zum Judentum, das Bild von Kreisky als antisemitischem Juden bedarf der Korrektur. Seine aggressive Kritik am israelischen Ministerpräsidenten Begin war rein politisch motiviert. Freilich hätte er die massiven Vorwürfe, die er gegen Begin richtete, schon aufgrund der Überlegung mäßigen müssen, daß es in Österreich egal ist, ob ein Jude oder ein Nichtjude etwas gegen Juden sagt. Man erhält immer den Beifall von der falschen Seite. Kreisky hätte wissen müssen, daß ein Satz, wie er ihn über Begin äußerte, nämlich dieser sei „ein politischer Greißler … ein kleiner, aus Warschau stammender polnischer Advokat, oder was immer er gewesen ist“, hierzulande nur antisemitisch wirken kann. Da nützte es auch nichts, daß sich Kreisky auf Ben Gurion berief, der Begin seinerseits als „Hitler-Typ“ bezeichnet hatte, als Rassisten, der „um der Idee der Unteilbarkeit des Landes willen bereit sei, alle Araber auszurotten".

Im übrigen waren Kreiskys Auffassungen über den Friedensprozeß im Nahen Osten, wie sich heute herausstellt, weitgehend richtig. Aber auch bei manchen seiner Kabinettsbesetzungen hatte ich ein zwiespältiges Gefühl. Seine Integration alter Nazis als Minister konnte man noch als Pannen hinnehmen. Vielleicht fehlt es mir diesbezüglich an realpolitischem Sinn. Die Liebesbeziehung Kreiskys mit der FPÖ des SS-Mannes Peter machte mir weit mehr zu schaffen, ich empfand sie als ungeheure Schizophrenie. Dennoch überwogen Stolz und Genugtuung, einen Juden als österreichischen Bundeskanzler zu sehen – was Kreisky übrigens selbst für unmöglich gehalten hatte – alles andere.

Natürlich ärgerte ich mich über seine antiisraelische Haltung. Ich konnte nicht begreifen, daß er sich den arabischen OPEC-Terroristen beugte und sein Innenminister Rösch den Terroristenführer Carlos auf dem Flughafen mit einem Händeschütteln verabschiedete. Gleichzeitig mußte ich zugeben, daß ohne Kreisky, ohne Wien und ohne Österreich seit 1948 die Auswanderung von fast einer Million Menschen aus der Sowjetunion nach Israel nicht möglich gewesen wäre. Und war es nicht Kreisky gewesen, der 1967, also bereits als Parteichef, mit Wiener Sozialisten an einer Kundgebung für das im Sechstagekrieg bedrohte Israel teilgenommen hatte?

Mit Kreiskys harschem Auftreten gegen Israel kam ich persönlich dennoch gut zurecht. Kreisky war kein Zionist. Er hielt Begin für einen Faschisten und war enttäuscht von seinem Parteigenossen Peres, von dem er sich nicht aufrichtig behandelt fühlte, worüber er sich mehr als einmal bei mir beklagte. Wahrscheinlich schmerzte es ihn, daß die Führer des jüdischen Staates, die seine Gesprächspartner hätten sein können, nicht das Format eines Sadat aufwiesen. Wenn man um Kreiskys persönliche Beziehung zu Israel wußte, stellte sich alles noch einmal anders dar. Er fühlte sich von den israelischen Politikern hinters Licht geführt, er empfand tatsächlich ernste Kränkung, weil sie ihm nicht glaubten, daß der Friedensprozeß von der Einführung der Demokratie für alle in Israel Lebenden, also auch für die Araber, abhänge.

Einmal begleitete ich ihn, Heinz Fischer und einige andere bei einer Tagung der Sozialistischen Internationale in Israel. Als ein Kinderchor die Internationale sang und dann die Hatikvah, die israelische Hymne, hatte Kreisky Tränen in den Augen. Voller Freude pflegte er mich anzurufen, wenn sein Neffe aus Israel zu Besuch kam, stolz nahm er ihn an der Hand zur Maifeier mit. Der Junge war damals beim Militär und trug Uniform, was Kreiskys Stolz noch erhöhte. Obwohl sein Neffe bloß ein gewöhnlicher Wehrpflichtiger war, stellte ihn Kreisky überall als Offizier vor.

Kreiskys Bruder lebte in Israel, seit seiner Kindheit unter psychischer Erkrankung leidend. Man hat versucht, seine Existenz Kreisky zum Vorwurf zu machen. Es gelang sogar, ihm Kritik am Kanzler zu entlocken. Angeblich, hieß es, lebe dieser Bruder als Bettler in Israel. Ich kannte ihn, ich wußte, daß ihm Kreisky monatlich einen ordentlichen Geldbetrag schickte. Kreiskys Mutter gab mir ebenfalls bei Gelegenheit einen Geldbetrag für ihn mit, wenn ich nach Israel flog. Weil die Beziehung zu seinem Bruder so schwierig und für Kreisky durchaus schmerzlich war, konzentrierte er seine ganze Zuwendung auf dessen Sohn.

Kreisky war ein Mann, den man lieben und achten mußte. Nicht nur, weil er in der Weltöffentlichkeit einen beträchtlichen Eindruck hinterlassen hat, auch und gerade wenn er sich kein Blatt vor den Mund nahm. Bei seinem Besuch in Washington konnte ich mich davon überzeugen; ich glaube nicht, daß sich die Weltpresse vom Politiker eines Kleinstaates je so beeindrucken ließ wie von Kreisky. Dazu kam, daß er bei allem intellektuellen Anspruch, bei aller Kritik immer von Liebe zur Sache getrieben war. So hat

Kreisky nicht nur die Infrastruktur für den Transit der Sowjet-Juden geschaffen. Er hat auch die Bedrohung religiöser jüdischer Identität – von der er selbst ganz andere Vorstellungen hatte – gesehen und den Auftrag erteilt, den Synagogen im Osten Gebetsbücher zu schenken.

*

All das lief über Wien. All das machte mich stolz. Und all das brach auch nicht ab, als Kreisky nach der Wahl 1983 zurücktrat. Rudolf Kirchschläger besuchte als Bundespräsident Amerika und traf sich, begleitet von Außenminister Leopold Gratz, mit führenden Repräsentanten des jüdischen Lebens, darunter auch zahlreichen emigrierten Österreichern. Gratz, der alte Freund aus den fünfziger Jahren, wurde vom berühmten Rabbiner Arthur Hertzberg, dem Vizepräsidenten des WJC, als „besonders willkommener Gast" begrüßt. Die Beziehungen zwischen Österreich und dem WJC schienen ungetrübt. So ungetrübt, daß auch ich es wagte, eine Forderung zu stellen. Ich wünschte mir, den nächsten Kongreß des WJC in Wien zu sehen. Ich erklärte Bronfman und Singer, wie wichtig es mir sei, Wien als Stadt mit normalisierten Beziehungen zum Judentum zu zeigen. Sie verstanden, was ich im Sinn hatte. Edgar Bronfman, Präsident des WJC, sagte: „Yes. We want to help you."

Im Herbst 1984 wurde die Ausstellung „Versunkene Welt" in Wien von Bundespräsident Rudolf Kirchschläger eröffnet, begleitet von einer Filmwoche und einem internationalen Symposium. Bronfman und Singer kamen zur Eröffnung und besuchten die Ausstellung. Singer erkannte auf einem der ausgestellten Bilder seinen Vater, wie er von den Nazis gezwungen wurde, die Straße zu waschen. Dennoch konnte ich ihn dazu bewegen, aus seiner Betroffenheit keinen öffentlichen Skandal zu machen.

Mittlerweile war Helmut Zilk Wiener Bürgermeister geworden. Als eine seiner ersten Handlungen lud er den New

Yorker Bürgermeister Koch zu einem Wienbesuch ein, weil dieser sich aus Anlaß soziologischer Studien, die Österreich noch immer einen kräftigen Anteil Antisemitismus bescheinigten, sehr deutlich über diesen österreichischen Antisemitismus geäußert hatte. Sein Besuch wurde von mir mitorganisiert. Koch besuchte die „Versunkene Welt“ und das „Dokumentationsarchiv des österreichischen Widerstands“, bekam insgesamt einen Eindruck von der Existenz eines anderen Österreich, so daß er zwei Jahre später, 1986, sogar die Renommier-Ausstellung „Wien 1900“ in New York eröffnete. Dort sollte sich erneut Gelegenheit bieten, „im Ausland“ ein anderes Österreich darzustellen, diesmal aber unter weit ernsteren Umständen.

Es war mir aber wichtig, nicht nur internationale Prominenz durch die „Versunkene Welt“ zu geleiten, sondern sie auch Schülern und Jugendlichen zu zeigen. Ich organisierte zahlreiche Führungen, auch für Bundesheersoldaten, und ich bilde mir ein, wenigstens in einigen jungen Köpfen etwas zur Aufklärung darüber eingepflanzt zu haben, was Juden sind und darüber, daß jüdische Kultur nicht nur aus den Repräsentanten der Hochkultur besteht. Nur Unwissenheit schafft den Boden für jenes Ressentiment, dem die Elterngeneration dieser Jungen zum Opfer gefallen war.

Im Januar 1985 fand tatsächlich der Weltkongreß des World Jewish Congress in Wien statt. Bundeskanzler Sinowatz eröffnete ihn in der Hofburg. Voller Stolz saß ich im Saal und sah einen der Höhepunkte, einen der schönsten Tage meiner Arbeit in Wien gekommen. Die politisch bedeutsame Organisation des WJC hatte den Bann gebrochen und ihr Mißtrauen gegen das Nachkriegsösterreich zwar nicht endgültig überwunden, aber doch zumindest einen ersten Schritt dazu getan. 600 Delegierte aus aller Welt hatten sich im Redoutensaal jenes Gebäudes versammelt, von dessen Balkon Hitler 1938 Hunderttausende begeisterte Wiener begrüßt hatte.

Während des Kongresses empfing der damalige Verteidigungsminister Frischenschlager den aus langjähriger Gefangenschaft entlassenen Nazi-Kriegsverbrecher, Wehrmachtsmajor und SS-Obersturmbannführer Walter Reder auf dem Grazer Flughafen mit einer Bundesheerdelegation und begrüßte ihn mit Handschlag. Reder hatte in Italien in den letzten Kriegstagen 1.830 Menschen, die gesamte Zivilbevölkerung des Dorfes Marzabotto bei Bologna, ausrotten lassen und war deshalb seit 1945 in italienischer Festungshaft interniert gewesen. Durch die österreichische Öffentlichkeit ging ein Aufschrei: Die einen empörten sich über die Geste des Ministers; die Freiheitlichen aber führten zu dessen Verteidigung an, Reder habe doch nur seine Pflicht getan.

Die Stimmung unter den ohnehin Österreich gegenüber mißtrauischen Delegierten des Jüdischen Weltkongresses schlug in Empörung um. Ich saß wie versteinert da. Mein Traum zerbröckelte. Die wenigsten dieser Juden hatten nach Wien gewollt. Israel Singer und ein paar andere Leute hatten zuerst protestiert und mir prophezeit, ein Kongreßort Wien würde nie akzeptiert, dagegen würden sich die Juden wehren. Erst als Außenminister Leopold Gratz in New York meine Einladung offiziell erneuert hatte, erst als Bronfman, Singer und Koch durch die „Versunkene Welt" die jüdische Gemeinde kennenlernten, hatten sie sich überzeugen lassen, nach Wien zu kommen.

Der Kongreß, mein Kongreß sollte abgebrochen werden, die Delegierten wollten Wien fluchtartig verlassen. Sie begannen, ihre Koffer zu packen. Man darf nicht vergessen, daß es nach 1945 die Ansicht des WJC gewesen war, in Österreich und Deutschland sollten und könnten keine jüdischen Gemeinden mehr entstehen. Man darf nicht vergessen, welche Erfahrungen in Sachen Wiedergutmachung der WJC mit Österreich gemacht hatte. „Österreich, das ist ein Kapitel für sich …", lautete der resignative Ausspruch des langjährigen WJC-Präsidenten Nahum Goldman, der wohl mit Adenauer, nicht aber mit Österreichs Repräsentanten eine Einigung über die Wiedergutmachung herbeizuführen vermocht hatte.

Ein abgebrochener Kongreß hätte eine Katastrophe dargestellt. Für Österreich, für Wien, für mich. Ich war, wie immer, ein Zerrissener. Obwohl ich die Tat Frischenschlagers verabscheute, obwohl es mich schauderte, wenn ich daran dachte, daß die FPÖ dieses Land mitregierte, saßen doch andererseits Heinz Fischer und Ferdinand Lacina, die Anti-Borodajkewicz-Demonstranten, genauso in dieser Regierung wie mein Freund Leopold Gratz. An der lauteren Gesinnung von Fred Sinowatz konnte kein Zweifel bestehen. Wenn der World Jewish Congress in dieser Situation abreiste, würde in der Weltpresse eine Welle der Empörung losbrechen, die sich diese Männer, dieses Österreich nicht verdient hatten.

Ich warf mich an die Front des Konfliktes und fragte in meiner Verzweiflung Edgar Bronfman, was zu tun wäre. Auch Bronfman plädierte für eine sofortige Abreise, war aber bereit, auf ein deutliches Signal des Kanzlers zu warten, wie er mir erklärte. Am Sonntag in aller Früh, ich glaube, es war um halb acht Uhr, rief ich Sinowatz zu Hause an, informierte ihn über die Lage des Kongresses und bat ihn eindringlich, mit Bronfman zu reden, um das Ärgste abzuwenden.

Sinowatz rief Bronfman sofort im Hotel Hilton an, entschuldigte sich für Frischenschlagers Benehmen und versicherte ihm, wie unangenehm und widerwärtig ihm die ganze Sache sei. Nach diesem Telefonat trommelte Bronfman um acht Uhr Früh die Delegierten des WJC im Foyer des Hotels zusammen und richtete an sie eine kurze Ansprache. Bronfman redete vom ehrenwerten Österreich und sagte ungefähr folgendes: „Five minutes ago I spoke with a very honourable man. Ich habe gerade mit einem überaus anständigen Herrn gesprochen, mit Herrn Bundeskanzler Sinowatz. Solange Leute wie Herr Sinowatz hier das Sagen haben, werden wir hier nicht weggehen. Wir werden es den anständigen Menschen in diesem Land nicht antun, abzubrechen und mit Eklat wegzufahren. Wir bleiben hier.“ Er berichtete im Detail, was zwischen Sinowatz und ihm gesprochen worden war. Schließlich applaudierten alle Delegierten. Die Krise war überwunden. Der glücklichste Mensch in jenem Hotel-Foyer war ein gewisser Leon Zelman.

Noch einmal hatte ich mich in meiner Zerrissenheit retten können, noch einmal brauchte ich nicht genauer hinzusehen, noch einmal konnte ich meinen Blick nach vorn richten. Die Ablehnung der Vorkommnisse bei der Rückkehr Reders war offenbar von einer überwältigenden Mehrheit der Bevölkerung geteilt worden. Die immer stärker werdenden Anzeichen der kontinuierlichen Präsenz einer verdrängten Vergangenheit erklärte ich mir noch immer damit, hier artikuliere sich eine alte Generation, deren Probleme sich biologisch erledigen würden. Die 140.000 Wähler des Neonazis Norbert Burger bei der Präsidentschaftswahl 1980, die zahlreichen Umfragen, die den Grad des strukturellen Antisemitismus belegten, die Rülpser des geifernden Boulevard erschienen mir noch immer als Rest- und Einzelerscheinungen, die den antifaschistischen und antirassistischen Konsens in der Mitte der Gesellschaft nicht tangierten.

*

Jetzt aber geriet dieser Konsens in Gefahr. Von einem Jahr auf das andere brach diese meine Welt zusammen. Aus der Mitte der Gesellschaft brach ein Strom des Antisemitismus. Ein Strom, dessen untergründiges Fließen ich mir die ganze Zeit nicht eingestehen hatte wollen. Die Bruchstelle, an der dieser Strom aus der Decke des Nachkriegskonsenses an die Oberfläche quoll, hieß Waldheim.

Ich möchte hier nicht noch einmal die Affäre Waldheim aufrollen. Mir geht es um etwas anderes. Ich hatte mir mein Leben in dieser Stadt aufgebaut. Ich hatte mir eingebildet, diese Stadt sei reif für ihre moralische Wiedergeburt. Waldheim zeigte mir, wo ich wirklich lebe. Was all die Kriegsverbrecher, die Wiedergutmachungsverweigerer, die kleinen und großen Antisemiten, die Boulevardhetzer und Rassisten nicht zuwege brachten – Waldheim gelang es. Er zwang mich zur Konfrontation mit meinen Illusionen. Er, der Oberverdränger, zeigte mir, wieviel ich selbst verdrängt hatte, um mein Leben vor mir selbst zu rechtfertigen.

Kriegsverbrecher war er keiner. Darum ging es nicht. Leute, die seinen Fall mit dem Mitterands verglichen, dessen Kollaborateurs-Vergangenheit ebenfalls spät, aber doch aufgedeckt wurde, übersehen, daß Mitterand sich nach der Aufdeckung ohne lange herumzuleugnen der Diskussion gestellt hat. Waldheim aber hat sich dieser Diskussion entzogen. Das konnte ich ihm nicht verzeihen. Er war nicht imstande, zu erkennen, daß die Katastrophe seiner entdeckten Vergangenheit eine Chance dargestellt hätte. Nicht die Chance, die er ergriff, nämlich sich durch Mobilisieren antisemitischer Ressentiments („Wir Östereicher wählen, wen wir wollen") ins Amt wählen zu lassen. Sondern die Chance, als Präsidentschaftskandidat und möglicherweise später als Präsident diesem Land zu zeigen, wie es mit seiner Vergangenheit umzugehen hat.

Statt dessen schickte er sich an, die Hetze gegen „gewisse Kreise" zu ermöglichen, mindestens zuzulassen. Meine eigene Blockierung löste sich erst in der Zeit der Affäre Waldheim. Für mich war die Frage bedeutungslos, ob er ein Verbrecher war oder nicht, denn ich hatte mich an den Gedanken gewöhnt, jede Minute einem Naziverbrecher begegnen zu können, mit ihm eingeladen zu sein, mit ihm an einem Tisch zu sitzen – es liefen ja genug von ihnen herum.

Waldheim stellte sich mir nicht als historische, sondern als gegenwärtige Figur dar. Zwar wurde mir schlecht, als ich das erste Foto von ihm in Nazi-Uniform sah. Aber nicht sein Verhalten in der Nazizeit, sondern sein Verhalten in der Gegenwart war das Problem.

Eine der vielen Versionen der Geschichte, wie es zur Aufdeckung der Affäre Waldheim überhaupt gekommen sei, geht so. 1985 (!) ließ eine reaktionäre Offiziersvereinigung an der Wiener Stiftskaserne eine Gedenktafel für den österreichischen Nazigeneral Löhr anbringen. Löhr hatte auf dem Balkan grausam gewütet und war deswegen nach 1945 hingerichtet worden. Einer der Löhr am nächsten stehenden hohen Offiziere sei Waldheim, der UNO-Generalsekretär und Kandidat für das Amt des Bundespräsidenten, gewesen. Damit entschuldigte sich der für die Gedenktafel verantwortliche Offizier. So kam die Idee auf, sich nach Waldheims Vergangenheit zu erkundigen. Das berichtet Bruno Kreisky in seinen Memoiren, der die Geschichte wiederum von keinem anderen hatte als von Israel Singer, dem Generalsekretär des World Jewish Congress.

Der Unwille der westlichen Welt richtete sich gegen Waldheim, weil er die halbe Nation als Geisel nahm. „Man klagt mich an? Damit klagt man auch dich an, deinen Vater, deinen Großvater, denn ihr alle wart Soldaten“, ging die Argumentation. Und wir alle, so Waldheim, „haben nur unsere Pflicht erfüllt“. In Waldheim begegnete Österreich sich selbst. Gedächtnisschwach, verdrängend, wegschiebend, nichts zugebend, die Sache in die Länge ziehend, sich dabei vielleicht nicht einmal einer Schuld bewußt.

Waldheim hätte erkennen müssen, daß in ihm Österreich mit seiner Vergangenheit konfrontiert wurde. Alles, was das Land zu verbergen versucht hat, ist ihm in Waldheim sichtbar gemacht worden. Waldheim hätte vieles tun können, um die Verkrampfung zu lösen. Aber auch seine Gegner machten Fehler. Statt die Diskussion über die Rolle des Landes zu führen, hat man nach Beweisen für Waldheims individuelle Schuld gesucht; er wiederum glaubte, mit dem Nachweis seiner Nicht-Beteiligung an Morden sei auch die Richtigkeit seines Verhaltens bewiesen.

Auch der SPÖ fehlte der Mut zu einer solchen Diskussion. Sie hatte Angst vor einem Bürgerkrieg, vor einer radikalen Konfrontation. Das hielt und halte ich für reichlich übertrieben. Eine bittere Konfrontation war der Fall Waldheim so oder so geworden. Schon begannen die alten Juden, sich zu fürchten. Der World Jewish Congress fühlte sich moralisch im Recht, gegen Waldheim zu agitieren. Ich pflichtete dem WJC moralisch bei, aber ich konnte aus meiner Haut nicht heraus. Mir ging es nach wie vor um dieses Wien. Ich suchte nach allem, was mir recht geben könnte. Absichtlich warf ich mich zwischen die Fronten, um die Attacken zu mildern. Hatten nicht 53 Prozent aller Wiener gegen Waldheim gestimmt? Ich schrieb einen Brief an Edgar Bronfman und bat ihn im Namen der anständigen Bürger dieser Stadt, mit der Informationskampagne gegen Waldheim aufzuhören. Die Juden hier würden wieder in Angst leben. Israel Singer, dessen Eltern aus Wien vertrieben worden waren, gab mir die von seinem Standpunkt aus verständliche, von meinem aus aber unerträgliche Antwort: „Wenn die Wiener Juden Angst haben, sollen sie weggehen.“

In dieser Situation tat es gut, Leute wie Gratz zu haben, der wegen Waldheim als Außenminister zurücktrat, wie Zilk, wie Vranitzky, die sich bemühten, im Inland das Schlimmste zu verhüten, bei meinen jüdischen Freunden im Ausland aber dafür zu sorgen, daß nicht der Eindruck entstehen konnte, Waldheim sei Österreich. Auch unter ÖVP-Politikern war man mit Mocks Rolle als fanatischem Waldheim-Verteidiger mehr als unglücklich. Sowohl Stefan Koren als auch Erhard Busek haben mir das zu verstehen gegeben. Ich selbst konnte nicht aus meiner Haut. Ich kämpfte, ich gab die Hoffnung nicht auf, Waldheim möge das Beste aus der Situation machen und sich zu einem klärenden Wort durchringen.

Auch Peter Marboe und Waldheims Pressesprecher Gerold Christian zählten für mich zu den positiven Erscheinungen dieser Tage, obwohl sie parteipolitisch auf der anderen Seite standen. Ich wollte Waldheim im Interesse des Landes die Chance geben, rechtzeitig ein klärendes Wort zu sprechen. Aber nicht, weil Christian und Marboe für mich positive Persönlichkeiten waren, erklärte ich mich bereit dazu, zu vermitteln. Sondern weil ich mein Österreichbild, mein Wienbild wiederhaben wollte. Während des Höhepunkts der Krise trafen wir einander beinahe täglich. Ich verfiel auf die Idee, als sich Ari Rath, der renommierte damalige Chefredakteur der „Jerusalem Post“, zufällig in Wien befand, ein Gespräch mit Waldheim zu arrangieren. Rath und Waldheim kannten einander aus dessen Zeit als UN-Generalsekretär.

Ari Rath teilte meine Meinung. Die Lösung konnte für Waldheim nur darin bestehen, daß er sich an die Nation wandte und sagte: „Ich war ein Zeuge dieser schlimmsten Zeit unserer Geschichte. Ich sah keinen Ausweg, als diesem Regime zu gehorchen. Ich habe vieles gesehen und habe begriffen, um was für ein Regime es sich handelte. Ich will der Jugend sagen, daß wir einem Verbrecherregime gedient haben.“

Natürlich gab es nie ein offizielles Treffen zwischen Rath und Waldheim. Die Szene lief reichlich bizarr ab. Bei einer Aufführung des „Herrn Karl“ von Qualtinger/Merz stellte ich Rath und Christian einander vor. Rath sollte sich danach nur mit Pressesprecher Christian treffen. Als er in dessen Büro in der Hofburg saß, öffnete sich diskret eine Tapetentür, und Waldheim steckte den Kopf ins Zimmer. „So eine Überraschung, der Herr Rath ist in Wien!“ Und er zog ihn in sein Büro auf einen Plausch, wo er das Gespräch auf sein Problem lenkte. Ari Rath berichtete mir noch am selben Abend, Waldheim habe ihm versprochen, seinen Rat zu befolgen. „Ich will die Uhr zurückdrehen“, habe er gesagt. Und Rath erklärte ihm, wie das zu bewerkstelligen wäre.

Sofort rief ich Israel Singer an und drohte ihm alles Mögliche für den Fall an, daß Waldheim diese Worte sagen und der World Jewish Congress dann keine Ruhe geben würde. „Ich will endlich einen Schluß dieser Affäre haben", sagte ich und bat inständig um Zurückhaltung bis zu Waldheims allgemein mit Spannung erwarteter Fernsehrede. Am Tag nach Waldheims Ansprache rief mich Singer an und sagte: „Du bist ein Narr. So sind sie!" Waldheims Ansprache hatte kein Wort von dem enthalten, was er Rath versprochen hatte zu sagen.

Auch uns, den wohlmeinenden Juden gegenüber, die zwar seine politischen Gegner waren, aber in Sorge um Österreich und um ihre jüdische Existenz in Österreich handelten, war Waldheim nicht aufrichtig. Statt offene Worte zu sprechen, den Bann der Verdrängung zu brechen, eine möglicherweise befreiende Diskussion herbeizuführen, zog er es vor, die Herren Mock, Molden und Gruber mit Millionen auszustatten und in der Welt herumzuschicken, um gute Stimmung für sich zu machen. Kein Wunder, daß sie mit der Erkenntnis zurückkehrten, die Juden seien nur gegen Waldheim, weil sie Wiedergutmachung, also Geld, wollten.

Waldheim hat all das nicht nur zugelassen, sondern gefördert. Er hat die Reden von den „gewissen Kreisen" zugelassen, womit das jüdische Finanzkapital an der Ostküste gemeint war. Er hat den Wahlslogan „Wir Österreicher wählen, wen wir wollen" und den vom „Jetzt erst recht" nicht unterbunden und damit dem offenen Antisemitismus ein kräftiges Signal gegeben. In der Tageszeitung „Die Presse" fiel das Wort vom „Weltjudentum", dort schrieb man davon, daß „aus der Vergangenheit ein düsteres Geschäft gemacht werde". Waldheim zerstörte mir die Welt der Heers, der Knolls, der Strassers, der Mlczochs, der Lunzers und Lacinas.

Trotzdem habe ich einen Prozeß, den Waldheim gegen Bronfman angestrengt hatte, verhindert. Der Termin war taktvollerweise zu Jom Kippur, dem jüdischen Festtag der Versöhnung, 1987 angesetzt. Bronfman kam diese Provokation gar nicht ungelegen, er war drauf und dran, ein Flugzeug für seine Juristen und seinen Stab zu chartern und nach Wien zu kommen. Das hätte der jüdischen Welt noch einmal so richtig gezeigt, wie gefühllos Österreich ist, daß es ausgerechnet zu diesem Datum den Prozeß ansetzte. Es wäre eine Tragödie geworden. Bronfman hatte vor, noch einmal die Rolle der Wehrmacht beim Holocaust aufzurollen, der ohne ihre Logistik gar nicht möglich gewesen wäre.

Es wäre eine fürchterliche Diskussion losgebrochen in diesem Land, das noch immer darauf besteht, daß seine Wehrmachtsoldaten nur ihre Pflicht getan haben und das damals noch weniger als heute reif war, eine solche Diskussion zu verarbeiten. Ich sprach mit Vranitzky darüber. Er gab mir recht in meiner Ansicht, daß der Prozeß nicht stattfinden dürfe. Ich gab ihm die Idee, Bronfman zum jüdischen Neujahr ein Telegramm zu schicken. Bronfman war beeindruckt. Er schätzte Vranitzky nicht nur als Politiker, als Mann der Wirtschaft und als Menschen, sondern vor allem als Mann eines neuen Österreich, als Mann ohne Schuld. Ich war schon nach London geflogen, um noch einmal mit Israel Singer zu sprechen, der Waldheim gegenüber unerbittlich war. Schließlich aber gelang es Gerold Christian, Waldheim zu überzeugen, daß es besser wäre, die Klage zurückzuziehen, was auch geschah.

Als ich Waldheim Jahre später, im Mai 1992, beim 150-Jahre-Jubiläum der Philharmoniker traf, kam er auf mich zu, beugte sich über mich, seine Nase schwebte fast drohend über mir, er nahm meine Hand und ließ sie nicht los, bis wir fotografiert waren. Er sagte zu mir: „Dr. Zelman, ich weiß, was Sie erlebt haben. Sie haben Recht, ich muß mit Ihnen reden." Nach dem ersten Schock schaute ich ihn an, sah ihm in die Augen. Da verstand ich, daß dieser alte Mann noch immer nicht begriffen hatte, worum es geht. Trotzdem mußte ich ihm antworten: „Herr Dr. Waldheim, ich kann Ihnen keine Absolution erteilen. Das müssen Sie schon selber tun. Sie müssen schon selber den richtigen Weg und die richtigen Worte finden!" Irgendwie hat er mir herzlich leid getan, weil er genau dazu den Mut nicht hatte. Und weil er nicht verstand, daß es nicht um mein gestriges Leid, sondern um sein heutiges Tun ging.

Auf eine gewisse Weise aber hatte er mich besiegt, und *das* konnte ich ihm nicht verzeihen. Gegen alle anderen Anfechtungen durch Nazis, Rassisten und Unverbesserliche hatte ich meine Illusionen und Träume aufrechterhalten können. Nicht gegen Waldheim. Dennoch bin ich mir im klaren, daß deutliche Fronten entstanden, daß die Empörung über das, was in der Folge zutage trat, auch eine Welle von Geschichtsinteresse und Engagement gerade bei den Intellektuellen und bei der Jugend nach sich zog. Ich wünschte nur, ich hätte diese Welle auf andere Weise mobilisieren können.

Zu den positiven Folgen der Waldheim-Affäre zähle ich auch die Erklärung Franz Vranitzkys im Parlament, der als erster österreichischer Regierungschef die Tatsache einer historischen Schuld Österreichs zur Sprache brachte. Dabei durfte ich am Rand mitwirken, denn ich unterhielt mich lange mit meinem Freund und Studienkollegen von einst, Hugo Portisch, über dieses Thema, ehe er für den Bundeskanzler diese Erklärung verfaßte. Sie wurde, wie das Vranitzkys vorsichtiger Art entspricht, im Parlament in eine Stellungnahme zum Thema Jugoslawien eingebaut; Portisch und ich hatten die Vision einer feierlichen Sondersitzung des Parlaments gehabt, an der Vertreter aller am Krieg gegen Hitler-Deutschland beteiligten Länder hätten teilnehmen sollen.

Völlig zufrieden stellte mich dann die Erklärung Vranitzkys auf seiner Israel-Reise, dem ersten offiziellen Israel-Besuch eines österreichischen Kanzlers. Ich war richtiggehend stolz auf diesen jungen, von Schuld unbelasteten Mann, als er von der israelischen Ehrengarde empfangen wurde. Er repräsentierte in Israel mein Land auf eine Weise, für die ich mich nicht zu schämen brauchte. Er versteckte sein Verhältnis zur Vergangenheit Österreichs nicht, er stellte es sogar in den Vordergrund. Das machte Eindruck. Insgesamt muß ich sagen, daß Vranitzky Österreich mit größtmöglichem Anstand durch die Waldheim-Affäre gesteuert hat. Stolz erfüllte mich auch, als Teddy Kollek Unterrichtsminister Scholten mit den Worten „The new face of Austria" vorstellte. Kollek war angetan von diesem intelligenten, sensiblen jungen Österreicher, in dem er eine neue Liberalität dieses Landes repräsentiert sah.

Im Zusammenhang mit Waldheim kann ich es mir nicht ersparen, von einigen dunklen Facetten dieser Affäre zu erzählen. Simon Wiesenthal hielt sich die längste Zeit in dieser Sache zurück. Er tat es aus offensichtlicher Parteiräson in einer Sache, die es nicht erlaubte, parteipolitisch zu denken. Es gab kein Recht, aus Waldheim Parteipolitik zu machen. Wiesenthal hat es dennoch getan. Gegen Kreisky wußte er die progressive Jugend auf seiner Seite. Wer ihn kritisierte, bekam Applaus von den Nazis – das genügte für seinen Heiligenschein.

Wiesenthal, der keinen Augenblick zögerte, Leopold Gratz vorzuwerfen, er sei als Zwölfjähriger bei der Hitlerjugend gewesen, schwieg zu Waldheim. Wiesenthal wußte die ganze Zeit, daß Waldheim zwar kein Kriegsverbrecher war, aber einfach log, wenn er behauptete, nichts gesehen und gehört zu haben. In Saloniki war tagelang der ganze Markt voll mit Juden, die nach Auschwitz verfrachtet wurden, jeder konnte sehen, wie man diese Leute in den Kirchen zusammenpferchte. Waldheim war fünf Kilometer davon entfernt stationiert und wollte nicht einmal von der Tatsache von Judentransporten gehört haben.

Wiesenthal hat von den Juden immer Gefolgschaft verlangt, aber er ließ kein Wort gegen Mock verlauten, als dieser versuchte, „die gewissen Kreise" ins Treffen zu führen. Er hat sich im Gegenteil beinahe jeden Tag mit Mock im Kaffeehaus getroffen, um ihn zu beraten. Wiesenthal ist während der ganzen Affäre nicht ein einziges Mal aufgestanden und hat gesagt: „Meine Herren, so geht das nicht. So wird dieses Problem nicht gelöst. Hier sollte eine Diskussion stattfinden, statt dessen schüren Sie Antisemitismus! Hören Sie auf damit! Und Sie, Herr Dr. Waldheim, bekennen Sie sich zu dem, was Sie gesehen haben!" Auf solche Worte habe ich vergeblich gewartet. Wiesenthal hätte das zu Mock und Waldheim sagen müssen. Von den Juden verlangte er, sie sollten hinter ihm stehen, und sie taten es. Mock gegenüber aber schwieg er. Und Waldheim gegenüber sprach er erst spät und erst auf amerikanischen Druck.

Mock selbst hat ja sein ganzes Außenministerium in den Dienst dieser Sache gestellt. Aber nicht im Sinn der Diskussion, sondern im Sinn des Verhinderns einer Diskussion. Der Außenminister des Landes jedenfalls hat nicht die Interessen der Juden dieses Landes vertreten. Es ging ihm nicht um die Auseinandersetzung mit der Wahrheit im Dienste des Landes, es ging ihm um die Pflege des Images.

In diesen Monaten geschahen unglaubliche Dinge. So unterbreitete mir jemand die Idee, jeder Jude sollte tausend Schilling spenden. Da es 50.000 Juden in Wien gebe (in Wahrheit sind es weit weniger!), käme sicher eine schöne Summe zusammen, um die Juden zu beschützen. Ich bin aufgestanden und habe ihn ein Schwein genannt. „Glaubst du, wir sind noch im Mittelalter, als die Juden Tribut bezahlen mußten, um sich zu retten?" rief ich empört, so daß sich die Leute im Kaffeehaus verdutzt umdrehten.

Auch Juden selbst wurden von der Vertuschungsinfektion erfaßt. Peter Landesmann, nach Eigendefinition „ein aktives Mitglied der jüdischen Gemeinde" merkte in der „Presse" in einem kuriosen Artikel zum Thema Antisemitismus an, Edgar Bronfman sei „Miteigentümer einer international bedeutenden alkoholischen Getränkeerzeugungsfirma", wogegen der World Jewish Congress ein kleines Büro „mit rund 30

Angestellten“ betreibe und wegen „Bedeutungslosigkeit“ nicht einmal Spaltungstendenzen unterliege. Daß hier von jüdischer Seite der rassistische Vorwurf wiederholt wurde, Bronfman sei bloß ein „Whiskyhändler“, störte mich weit mehr als die Tatsache, daß er ausgerechnet von einem Fleischhändler wiederholt wurde.

Landesmann gab sich dazu her, brieflich für Waldheim einzutreten, ohne jemals mit einem einzigen Wort zu fordern, Waldheim solle Stellung nehmen. Ja, er verstieg sich noch dazu, mit dem Nationalbankpräsidenten Kienzl eine Organisation mit dem schönen Namen „Freunde der Juden“ zu gründen. Es fehlte nur noch eine Kolumne in einer Boulevardzeitung, wo die „Freunde der Juden“ nach Art der Tierfreunde „Wer will mich“ spielen hätten können.

Was den World Jewish Congress betrifft: Er wurde hierzulande tatsächlich als verblendetes Häufchen irregeleiteter Fanatiker dargestellt, wenn auch nur ausnahmsweise von jüdischer Seite. Die Juden wissen genau, was der WJC ist. Er versteht sich als freiwilliger, loser Zusammenschluß jüdischer Gemeinden und Organisationen in aller Welt. 1936 gegründet, griff er sofort in Zeiten der Judenverfolgung ein, wo er konnte, gründete Hilfskomitees, suchte Aus- und Einwanderungsmöglichkeiten. Merkbar für Österreich: Nur Mexiko und der WJC protestierten 1938 gegen den Anschluß Österreichs an das Dritte Reich.

Nach 1945 organisierte der WJC Such- und Hilfsaktionen. Später verhandelte der Präsident des WJC, Nahum Goldman, die Frage der Wiedergutmachung mit Konrad Adenauer und, mit weniger durchschlagendem Erfolg, mit der österreichischen Regierung. Der WJC kümmerte sich um die Verfolgung von Nazi-Kriegsverbrechern, gehört zu den Hauptsponsoren des Yad-Vashem-Museums in Israel, nimmt sich der unterdrückten Juden im Osten und in den arabischen Ländern an, kämpft gegen Antisemitismus und Rassismus. Eines seiner Hauptziele ist und bleibt die Pflege der

Beziehungen zwischen Israel und der Diaspora. Israel und der WJC arbeiten, einander ergänzend, auf vielen Gebieten zusammen.

Nur in Österreich konnte es geschehen, daß die Mitarbeiter dieser Organisation als giftspritzende, wichtigtuerische Kreaturen eines Whiskyhändlers hingestellt wurden, und das nicht bloß von den Antisemiten des Boulevard, sondern von einem „aktiven Mitglied der jüdischen Gemeinde". Manche hatten mit dem WJC noch eine Rechnung offen; es zeugt in diesem Zusammenhang von besonderer Feinfühligkeit, ausgerechnet jenen Ex-Außenminister Gruber auf Public-Relations-Tour zu schicken, der sich nach 1945 darüber beklagt hatte, der WJC wolle Österreich einen Teil der Kriegsschuld „aufbürden".

Es scheint, als hätten viele Interesse daran gehabt, zu verhindern, daß dieses Land nach fünfzig Jahren in den Spiegel blickt. Es ging vielmehr darum, diejenigen, die solches verlangten, zu Nestbeschmutzern und zu bösen Juden zu erklären. Mock war sogar bereit, einer Gruppe antiisraelisch eingestellter Juden in Amerika Geld zu bezahlen, nur um zu zeigen, daß es auch gute Juden gäbe, die kein Interesse hätten, sich mit Waldheim auseinanderzusetzen. Statt in meiner Brüder-zur-Sonne-Welt lebte ich jetzt von einem Tag auf den anderen in einer Welt voller schmutziger kleiner Konfliktgewinnler mit lauter ehrlichen Gesichtern. Und ich lebte in einer Welt, in der eine sich neu formierende Rechte es plötzlich wieder wagte, revisionistische Provokationen zu setzen. „Wer Waldheim sät, wird Haider ernten", sagte ein kluger Kopf auf dem Höhepunkt der Waldheim-Krise. Tatsächlich war der revisionistische Zusammenhang seit 1945 niemals abgerissen. Die Offenheit, mit der ein Jörg Haider seine Provokationen setzt, wenn er von der „ordentlichen Beschäftigungspolitik im Dritten Reich" redet oder statt Konzentrationslager „Straflager" sagt und somit millionenfachen Mord leugnet, gehört in diesen wieder gesellschaftsfähig gewordenen Zusammenhang und zeigt mir, wo ich lebe.

*

Nach Waldheim stand ich unter Schock. Dennoch sah ich wieder das Positive, nahm ich den Kampf wieder auf. Der Aufschrei der Intellektuellen, die Empörung der Jugend, die Standfestigkeit vieler Politiker dienten mir als Trost. Ich tat meine Arbeit weiter, im Bewußtsein, daß ich als Teil dieser Stadt benützt und ausgenützt wurde. Ich flog nach Amerika und erklärte, Wien sei nicht antisemitisch, Wien habe zu 53 Prozent gegen Waldheim gestimmt.

Gleichzeitig warf ich mir vor, der Öffentlichkeit Konzessionen zu machen. Andererseits galt noch immer der Hintergedanke: Wenn ich mich benützen ließ, wollte ich etwas dafür haben. Dafür schämte ich mich oft, daß ich die anderen glauben ließ, sie würden mich benützen, während in Wahrheit ich sie benützte. Stets habe ich versucht, keine Kompromisse zu schließen. Stets bin ich wieder bei den Kompromissen gelandet. Ich wolle stets nach einem Konzept leben und konnte es nicht.

Nach Waldheim stand für mich mehr denn je fest, daß der Schwerpunkt meiner Arbeit auf den nach 1945 Geborenen zu liegen hatte. Das Projekt „Willkommen in Wien, der Stadt eurer Großeltern“ war zum Bedenkjahr 1988 (fünfzig Jahre nach dem Anschlußjahr 1938) geplant. Die Idee: Enkel vertriebener Juden sollten als Gäste zu nichtjüdischen Wiener Familien eingeladen werden. Die Journalistin Susi Schneider organisierte eine Reihe von „Jewish Heritage“-Ausstellungen in New York, Miami, Los Angeles, Chicago. Peter Marboe, Erhard Busek, Anton Pelinka sprachen bei Ausstellungseröffnungen. Das Interesse der Jugend war groß.

Da opponierten die Großeltern. „Kommt nicht in Frage“, sagten viele, „wir werden unsere Enkelkinder nicht nach Wien schicken, wenn man es nicht einmal der Rede wert findet, sich um uns zu kümmern, sich bei uns zu entschuldigen." Damals entstand bei mir der Gedanke, systematisch und aktiv alte, vertriebene Wiener Juden einzuladen. Die Kinder durften erst kommen, als die Eltern der Kindern es erlaubten. Und diese mußten sich gegen das Veto der Großeltern durchsetzen. Danach schrieben mir die Großeltern Dankesbriefe. Ich habe Stapel davon. Ihr Tenor: „Herr Dr. Zelman, Sie sind ein weiser Mensch. Man muß es so anfangen, wie Sie es angefangen haben." Und wieder sagten mir viele, es sei großartig, was ich tue, wäre ich aber 1938 in Wien gewesen, ich würde es nicht tun können.

Erstaunlich für mich war, daß diese alten Leute, als sie kamen, nie auch nur ein Wort über Entschädigung oder Wiedergutmachung verloren. Es waren über 400 junge Leute, die ich 1988, und über 1.200 alte Menschen, die ich in den folgenden Jahren nach Wien einladen konnte. Ich verlangte zu diesem Zweck von Zilk und Vranitzky das für den abgesagten Kongreß des America Jewish Comitee budgetierte Geld und bekam es. Die Alten waren über diese Geste gerührt. Wie sich herausstellte, empfanden sie am meisten Verbitterung darüber, daß sie seit 1945 von Wien, von Österreich nichts, nicht einmal ein Wort gehört hatten.

Ich habe mein Leben darauf konzentriert, der Welt zu zeigen, daß hier eine kosmopolitische Situation entstehen kann, wozu die Möglichkeit der Entfaltung einer jüdischen Gemeinde gehört. Wenn ich die alten Wiener in die Synagoge führe, wenn sie dem Rabbiner begegnen, weinen viele, weil sie diesen Ort noch kennen. Manche wollen ihre alten Wohnungen besuchen, um sie nur einmal zu sehen. Manche wünschen sich ein Zimmer mit einer Aussicht auf einen bestimmten Park. Wenn es möglich ist, erfülle ich ihnen alle diese Wünsche.

Es geht mir darum, die kleinen Leute, die vielleicht gar nicht das Geld für eine Reise hatten, nach Wien zurückzubringen. Einer von ihnen war der einzige jüdische Lokomotivführer der österreichischen Eisenbahn gewesen. Ein anderer interessierte sich weder für Museen noch fürs Sacher. Er wollte nur heim nach Floridsdorf. Er war ein echter Prolet. Jenseits der Brücke angekommen, stellte er sich breitbeinig hin, riß sein Sakko auf, klopfte sich auf die Brust und brüllte im breitesten Floridsdorferisch: „I bin do!"

Die ersten zwanzig Kinder, die lange vor „Willkommen in Wien" hierher gekommen waren, waren Studenten, die ich spontan bei einem Treffen in New York nach Wien eingeladen hatte. Sie nannten sich die „Zelman-Kids" und sind mitterweile geachtete Leute, Professoren, Ärzte. Wir haben noch immer Kontakt miteinander. Sie schenkten mir einen schweren silbernen Bleistift. Ich habe diesen Bleistift Helmut Zilk weitergeschenkt, als er mir das Goldene Ehrenzeichen der Stadt Wien verlieh. Zilk schätze ich sehr, er hat Visionen und Emotionen, ich habe ihn wüten, lachen und weinen gesehen. Ich bin überzeugt, daß Politik nicht nur von trockenen Realisten gemacht werden sollte. Ich konnte mit emotionellen Menschen als Partnern immer besser umgehen. Seine Gewohnheit, loszubrüllen, wenn ihm etwas nicht paßte, mußte man kennen. Danach war er bald wieder guter Dinge. Als sich der Dirigent Lorin Maazel kritisch über Wien äußerte, tobte Zilk. „Warum? Warum?" fragte er mich, als hätte *ich* mich kritisch geäußert. Ich antwortete: „Helmut, man hat ihm Unrecht getan." Er dachte kurz nach. Vielleicht gab er mir insgeheim Recht. Ausgesprochen hätte er es nie. Er ist ein Mann des letzten Wortes.

Teddy Kollek, der legendäre, aus Wien stammende Bürgermeister von Jerusalem, hatte oft festgestellt, er komme nicht nach Österreich. Zilk bestand darauf. Er bockte wie ein verwöhntes Kind, das nicht kriegt, was es will. Er wollte diesen Kollek-Besuch. Also machte ich mich auf nach Jerusalem und sagte zu Teddy Kollek: „Vor dir steht ein kleiner Junge, der im KZ war, dem Wien vieles geschenkt und gegeben hat. Wien ist für ihn die Stadt, in der er seinen Kampf mit Hitler ausgefochten hat. Hitler wollte sie vernichten, heute existiert eine lebendige jüdische Gemeinde in Wien. Zilk steht an der Spitze dieser Stadt. Er meint es ehrlich. Bitte, komm!"

Kollek sah mich an und sagte: „Was für ein großes Herz du hast! Wir werden es uns überlegen."

Ich habe das für Zilk getan, weil ich überzeugt war, daß es ihm ernst ist. Kollek überlegte es sich tatsächlich, sein Wien-Besuch wurde ein riesiger Erfolg. Kollek war für mich zu einer Bezugsperson geworden. Er träumte wie ich seinen Traum. Er handelte von einem freien, friedlichen Jerusalem, in dem jeder seinen Platz haben sollte. In Los Angeles besuchte Kollek die Ausstellung „Jewish Heritage and Mission". Das war der Durchbruch in unserer Beziehung. Der große alte Mann besuchte, in Gegenwart des damaligen Wiener Vizebürgermeisters Busek, meine Ausstellung. Das erfüllte mich mit Stolz.

In Jerusalem begann ich, junge Österreicher ins Gespräch mit Kollek zu bringen. Obwohl Kollek tief frustriert darüber war, daß die Österreicher im Gegensatz zu den Deutschen so wenig für ihre Beziehung zu Israel taten, lockerte sich seine Frustration durch diese Gespräche. Als er sich schließlich mit Zilk in Jerusalem traf, spürte ich mit großer Befriedigung, daß beide auf einer Wellenlänge kommunizierten. Ich sah sie auf einer Steinbank oberhalb des Panoramas von Jerusalem sitzen und miteinander reden. Meine beiden Bürgermeister. Kollek war der Bürgermeister meines Herzens, aber Zilk war der Bürgermeister meiner Stadt.

Zilk hatte ein Problem, seine Ungeduld. Er wollte eine schnelle Versöhnung. Als der ORF die Dokumentation Wien–Jerusalem gestaltete, zu der ich die Idee hatte, kamen darin auch ein paar Leute vor, die sagten, sie kämen nie mehr zurück, sie wollten Wien nicht mehr sehen. Zilk rief mich wütend an: „Wieso erlauben sich diese Leute, so etwas zu sagen, nach allem, was wir gemacht haben!"

Ich habe ihm immer zu erklären versucht, daß es noch Generationen brauchen wird, um 1938 bis 1945 und die Jahre danach wiedergutzumachen. Österreich hat jahrzehntelang nichts getan, um eine Versöhnung herbeizuführen. Wie konnte Zilk glauben, nach fünf Jahren Arbeit gleich die Früchte dieser Versöhnung genießen zu können? Jahrzehntelang hatte man diese Menschen keines Wortes gewürdigt. Von Wiedergutmachung will ich gar nicht reden. Man hat ihnen nicht einmal gesagt: „Kommt zurück, ihr seid Bürger!" Zilk hatte Mühe, das zu begreifen. Er konnte nicht verstehen, daß ihm nicht sein Verdienst abgestritten wurde, sondern daß der allgemeinen Anerkennung dieser Verdienste durch die Juden die Geschichte der zweiten Republik entgegenstand. Fünfzig Jahre ohne Liebe, ohne ausgestreckte Hand. Die Republik war nach 1945 verblendet. Diese Gesten hätten sie nichts gekostet, denn die vertriebenen Juden wären, nach dem, was sie erlebt hatten, sowieso nicht zurückgekehrt. Es wäre nicht um Geld gegangen, nur um ein Zeichen.

Dennoch hat mich Zilk mit seinen Ideen motiviert, er seinerseits hat sich von den meinen motivieren lassen. Er hat im Verein mit seinem Berater Kurt Scholz, dem Denker im Hintergrund, und seiner Kulturstadträtin Ursula Pasterk so viel für die Juden in dieser Stadt getan wie kaum ein Politiker. Das Jüdische Museum, jüdische Schulen, das Mahnmal gegen Krieg und Faschismus gehen auf Zilk und sein Team zurück. Sogar die Hochzeit meiner Tochter war seine Idee. Zum ersten Mal in der Geschichte des Wiener Rathauses fand dort eine jüdische Hochzeit statt. Zilk wollte damit zeigen, welch integrierter Teil seiner Stadt die jüdische Gemeinde geworden war.

Andererseits begann er in seiner bekannten Art zu toben, wenn er hörte, daß in New York ein Jude einen Wien-kritischen Artikel verfaßt hatte. Er konnte es nur schwer verwinden, daß seine Leistungen, so groß sie auch waren, die

Geschichte nicht wegwaschen konnten. Wenn er am Telefon brüllte, habe ich ihn manchmal darauf hingewiesen, daß die spanischen Juden Spanien erst 500 Jahre nach der Entschuldigung des Königs verziehen haben. Seit der Entschuldigung Vranitzkys seien aber gerade ein paar Jährchen vergangen!

*

Das Leben mit der Vergangenheit, das Leben mit und nach dem Überleben, bringt mitunter die schönsten, tollsten, aber auch die traurigsten und absurdesten Geschichten hervor. Zwei davon möchte ich noch erzählen.

Die erste spielt in Florida, 1993, auf einem sogenannten Holocaust-Schiff, auf dem sich überlebende Juden treffen. Mit einem Boot werden die Gäste auf einer Insel abgesetzt. Mir fällt eine Frau auf, die sich durch lautes und exaltiertes Benehmen bemerkbar macht. Sie erkundigt sich bei jedem, woher er komme, so auch bei mir. Aus Wien, ist die Antwort.

Am Abend sehen wir sie wieder, höchst elegant gekleidet. Wieder kommen wir ins Gespräch. Es stellt sich heraus, sie war in Bad Ischl und Bad Goisern als *DP.* Ich auch? Ja, ich auch! An wen sie sich erinnere? An nicht sehr viele Menschen. Aber da waren zwei aufgeweckte Jungen, Typus Träumer, aus Polen, mit Namen Leon und Rysiek, an die könne sie sich gut erinnern. Ob ich sie gekannt habe? „Ja", sagte ich, „und wie! Der eine der beiden steht vor Ihnen!" Sie schrie auf vor Freude und lief im Restaurant umher, erzählte jedem die Geschichte von Leon, der nun wieder aufgetaucht sei. Die Gesellschaft hatte den ganzen Abend kein anderes Thema mehr.

Zweite Geschichte. Eine Reise zu einem Kongreß nach New York. Ich komme am Kennedy Airport an. Ein Beamter sieht meinen österreichischen Paß, sucht im Computer, nimmt mich beiseite, führt mich in einen Nebenraum. Dort sitzen zwei Leute. Er sagt:

„Sie müssen hier warten."

„Ich muß zu meinem Kongreß."

„Das kann jeder sagen. Wo waren Sie bei der deutschen Armee?"

„Was heißt Armee, ich war im KZ!"

Nebenan sitzt ein Offizier, der das hört.

„Wo sind Sie geboren? In Polen? Schreiben Sie mir Ihren Namen und Ihre Adresse auf!"

„Kinder, ihr seid verrückt! Draußen wartet der österreichische Konsul!" Langsam werde ich nervös.

Ein weiblicher Offizier erscheint, auf ihrem Namensschild steht „Rosenblum". Ich erhebe mich höflich.

„Setzten Sie sich!"

„Frau Rosenblum, ich bin Jude, genau wie Sie!"

„Was machen Sie dann hier?"

„Ich weiß es nicht."

Nach drei Stunden Wartezeit brachte man mich mit dem Taxi ins Hotel. Der Konsul war längst weg. Ich rief meine Freunde vom WJC an, es war schon ein Uhr nachts. Ich wollte wissen, was geschehen war. Sie versprachen mir, mich am nächsten Tag mit einem Zuständigen in Washington in Verbindung zu bringen.

Am nächsten Tag rief ich an: Der Zuständige war kein anderer als Neil Sher, der „Waldheim-Watchlist-Mann". Als der hörte, was mit Zelman geschehen war, klemmte er sich dahinter. Folgendes kam zum Vorschein: Aufgrund der Watchlist wurden alle Österreicher und Deutschen über Fünfzig, denen die Einreise in die USA verboten ist, in den Computer eingegeben. Mein Name schien ebenfalls in diesem Computer auf, weil man damals auch jene auf die Liste gesetzt hatte, die aus gesundheitlichen Gründen kein Visum bekamen.

Das Department of Justice schrieb mir einen Entschuldigungsbrief. Am nächsten Tag kam Frau Rosenblum, entschuldigte sich ebenfalls, erklärte, sie habe nur ihre Pflicht getan, denn mein Name habe ja auf der Liste gestanden.

Dann weinte sie, aus Scham, mir das angetan zu haben. Ich tröstete sie. Immerhin. Die Einreisenden werden kontrolliert. Sie suchen die Nazis. Und aufgrund meines Falles wurden die Listen korrigiert. Alle, die aus gesundheitlichen Gründen damals Einreiseverbot erhalten hatten, ersparen sich jetzt Schwierigkeiten. Ein Glück, daß es mir passierte, der sich auflehnen konnte.

*

Wenn ich schon absurde Geschichten erzähle, muß ich wohl auch von den schönen Ehrungen sprechen, die mir zuteil wurden. An solchen hat es nicht gefehlt, Preise, Ehrenzeichen und allerhand Lob wurden auf mich abgeladen. Alles hat mich sehr gefreut und mächtig mit Stolz erfüllt; viel gab es an Mutter zu berichten, aber meinen Lesern kann das meiste getrost vorenthalten werden. Einmal hat mir sogar der Präsident aller Präsidenten, der amerikanische namens Bill Clinton, die Hand gereicht. Das war schon was für den kleinen Leon aus dem Stetl.

Von zwei Ehrungen in Wien wäre noch zu berichten. 1992 erhielt ich den Renner-Preis. Daran freute mich, daß ich die Idee hatte, die Hälfte des Preisgelds den Roma und Sinti zu widmen, zum Zeichen, daß die Vernichtungsmaschinerie der Nazis ebenso wie der heutige Antisemitismus nicht nur die Juden getroffen hatte und trifft. Die schönste Ehrung aber fand anläßlich meiner Ernennung zum Professor statt. Ich ersuchte den damaligen Unterrichtsminister Moritz, die Zeremonie ausnahmsweise nicht im Ministerium stattfinden zu lassen. „Private Feiern machen wir nicht", informierte mich der zuständige Beamte. In meinem Fall erklärte sich der Minister zur Ausnahme bereit.

Die Feier fand in den frisch renovierten Festräumen der israelitischen Kultusgemeinde in der Seitenstettengasse statt, dort, wo für uns Studenten 1947 alles begonnen hatte. Dort, wo ganz in der Nähe Eichmann kalkuliert und spekuliert hatte. Erika Weinzierl hielt die Laudatio, die sie vor Rührung mehrfach unterbrechen mußte. Weinzierl, eine der ersten Mitarbeiterinnen des „Echo", ist für mich geradezu der Inbegriff des aufrichtigen und aufrechten Österreich. Und alle waren da, nicht nur die Politikerprominenz, sondern die alten Juden, die uns zu *schabbes*-Essen eingeladen und uns anschließend ein Stück Kuchen in die Tasche gesteckt hatten, die Freunde, auch Professor Mlczoch. Es schneite, trotzdem standen die Leute bis hinaus auf die Straße. „Hier hat mein Traum in Wien begonnen", sagte ich in meiner Dankesrede.

Alle Ehrungen aber wären nichts, hätten nicht Politiker wie Zilk, wie Vranitzky, wie Scholten, wie viele an anderer Stelle in diesem Buch Genannte meine Tätigkeit überhaupt erst möglich gemacht. Gäbe es sie nicht, hätten auch meine Träume keinen Sinn. Ich habe mich benützen lassen, habe vor manchem Augen und Ohren verschlossen, um dann einmal doch jene Rede zu hören, die Vranitzky in Israel hielt und auf die wir alle so lange hatten warten müssen. Oder um Geld aufzutreiben für die Einladungen an Hunderte vertriebene Juden. Oder um eine Schule entstehen zu sehen, die in Jerusalem mit Mitteln der österreichischen Bundesregierung renoviert wird.

In jener Schule, dem Rehavia-Gymnasium, wird eine Mehrzweckhalle stehen, die nicht mit öffentlichen Geldern finanziert ist, sondern mit Spenden und mit der zweiten Hälfte meines Renner-Preises. Es werden hauptsächlich Spenden von Schülern sein, von jungen Österreichern, denen diese Halle als Stätte der Begegnung und der Versöhnung mit jungen Israelis dienen soll. Im Mai 1995, zum fünfzigsten Jahrestag der Kapitulation Nazi-Deutschlands, wird diese Halle mit einem Fest für jüdische, moslemische und christliche Jugendliche, 500 von ihnen aus Österreich, eröffnet werden.

Sie wird den Namen Leon-Zelman-Halle tragen. Ein kleiner Junge von 67 Jahren wird dort stehen. Er wird wahrscheinlich weinen vor Freude, denn er ist ein Mensch der Gefühle. Am Abend aber wird er seiner Mutter erzählen, wie schön es war. Und daß es jetzt gut ist. Nicht alles. Aber doch ein großes Stück seines Lebens nach dem Überleben.

Wien, im März 1995

Nachwort

ZEHN JAHRE SPÄTER

Österreich sah trügerisch ruhig aus im Jahr 1995, im Jahr, als mein Buch zum ersten Mal erschien. Wie hat sich dieses Österreich verändert! Nicht alles wurde schlechter, gewiß nicht. Franz Vranitzky fand als Bundeskanzler endlich – 46 Jahre nach Kriegsende – ein befreiendes Wort über Österreichs Rolle im Nationalsozialismus. Österreich wurde Mitglied der Europäischen Union, es liegt nicht mehr an deren Ostgrenze. Aber der Konsens, der vor zehn Jahren noch unerschütterlich schien, daß nämlich mit Jörg Haiders Rechtspopulisten kein Staat zu machen, keine Regierung zu bilden sei, wurde 2000 weggewischt. Und zwar nach einer Kampagne, in der Ressentiments gegen Ausländer und Minderheiten in einer Weise mobilisiert wurden, daß es zum Fürchten war. Andererseits zeigten große Teile der österreichischen Gesellschaft deutlich, daß sie keineswegs damit einverstanden waren.

Heinz Fischer, in meinem Buch noch der jüngste unter jenen jungen Sozialdemokraten, die mir zu einer neuen Identität verholfen haben, wurde 2004 zum Bundespräsidenten gewählt, und Ende 2004 verlieh er mir das Große Silberne Ehrenzeichen für Verdienste um die Republik Österreich. Ich muß sagen, die Rede, die er bei dieser Gelegenheit hielt, enttäuschte mich nicht. Er hatte sein vorbereitetes Manuskript weggelegt und sprach frei. Daß er dabei einen Konflikt nicht überging, der die Beziehung zwischen uns getrübt hatte, rechne ich ihm hoch an.

In diesem Konflikt ging es um das Palais Epstein. Ich hatte die Idee gehabt, aus dem 1868–1871 von Theophil Hansen für Gustav Ritter von Epstein erbauten Haus ein Haus der

Geschichte, ein Haus der Toleranz zu machen. Kein anderer Ort schien mir dafür so geeignet. Das Epstein ist eines jener von jüdischen Eigentümern erbauten Ringstraßenpalais, die für den Glanz des Wiener Fin de Siècle sorgten; ein Haus mit bewegter Geschichte, in den zwanziger Jahren Sitz des Stadtschulrats, in der Nazizeit des Reichsbauamts, dann der sowjetischen Kommandantur und schließlich wieder des Wiener Stadtschulrats. Als zentral gelegener, mit Geschichte aufgeladener Ort schien mir das Palais Epstein wie geschaffen dafür, den Anteil der Wiener Juden an der Geschichte dieser Stadt zu dokumentieren, aber auch einen Ort zu schaffen, wo junge Generationen „mit Formen von Ausgrenzung, Konflikten und Intoleranz konfrontiert werden", wie das der Politologe Anton Pelinka ausdrückte.

Pelinka erstellte im Auftrag des Wissenschaftsministeriums ein Gutachten über die Nutzung des Epstein nach Vorbild des Jerusalemer Gedenkzentrums Yad Vashem. Viele Prominente sprachen sich dafür aus. Aber es nützte nichts. Obwohl der Wiener Bürgermeister Michael Häupl auf meiner Seite stand, obwohl er dem Parlament Ausweichgebäude anbot, obwohl Wissenschaftsminister Caspar Einem und schließlich auch Helmut Zilk mit einem Proponentenkomitee mein Projekt unterstützten, blieb das Parlament dabei: Es erhob Anspruch auf das Epstein, weil es Bedarf an zusätzlichen Büros hatte.

Heinz Fischer fühlte sich als Nationalratspräsident an einen Vierparteienabschluß gebunden, der vorsah, das Epstein für das Parlament zu nutzen. Meinen Argumenten zeigte er sich unzugänglich, natürlich ergab das einen dramatischen Konflikt. In den Prunkräumen der Präsidentschaftskanzlei brachte ihn Fischer noch einmal zur Sprache; man merkte, er war froh, ihn kraft seines neuen Amtes hinter sich zu haben. Auch ich war froh darüber, als ich in den Prunkräumen des neuen Bundespräsidenten um mich blickte.

Ich sah ein Publikum der eher ungewöhnlichen Art. Die

ersten Reihen waren von großen Alten der Politik wie Altkanzler Vranitzky und Altbürgermeister Gratz sowie Wiens Vizebürgermeister Rieder besetzt, dazu kamen die Spitzen der jüdischen Gemeinde, Ariel Muzicant und Oberrabbiner Chaim Eisenberg. Am Rand und im Hintergrund standen Spitzenbeamte, Historiker, Ärzte, Journalisten, etwa Hugo Portisch. Wer aber den Saal der Präsidentschaftskanzlei in der Hofburg zum Bersten füllte und der Zeremonie die besondere Note gab, das waren gut hundert Wiener Juden, die durch Vertreibung längst zu Staatsbürgern und Staatsbürgerinnen anderer Länder geworden und nun vom Jewish Welcome Service eingeladen waren, ihre Stadt noch einmal zu besuchen.

Darauf hatte ich bestanden: Wenn die Republik mich ehrt, dann möchte ich jene Menschen bei mir haben, die im Zentrum meiner jahrzehntelangen Arbeit standen. Es war nicht mein erster Orden, nicht meine erste Auszeichnung. Gewiß, schön war der Goldene Ehrenring der Gemeinde Wien, den ich 2001 zum 75. Geburtstag und aus Anlaß des 50. Jahrgangs des „Jüdischen Echo" erhielt. Schön war auch der Menschenrechtspreis, den mir Oberrabbiner Eisenberg bei der Rabbinerkonferenz 2004 im Rathaus überreichte.

Es war zwar nicht das erste Mal, daß ein Bundespräsident Gäste des Jewish Welcome Service empfing; Thomas Klestil hat das immer in besonders engagierter Weise getan. Aber es war das erste Mal, daß Gäste des Jewish Welcome Service bei einer solchen Feier dabei waren. Diesmal kamen sie aus den USA, aus Israel, aus Uruguay, Australien, England, Kanada und der Schweiz. Ich habe nachgezählt. Über 3000 Leute konnte ich im Lauf der Jahre dank des Jewish Welcome Service in Wien begrüßen, in jener Stadt, aus der sie einst vertrieben wurden. In jenem Land, das ihnen mit keiner Geste zu verstehen gab, sie wären wieder willkommen hier. In jenem Land, dessen Innenminister nach 1945 sagte, er sei dafür, die Entschädigungssache in die Länge zu ziehen. In dem der

Landwirtschaftsminister sagte: „Ich weiß aber nicht, wie gerade jetzt eine Rasse besondere Privilegien bekommen soll. Andere, die nicht weggingen, bekommen keine Unterstützung, die Juden aber sollen eine solche erhalten", und in jenem Land, wo selbst dem Kanzler Figl zum Thema Entschädigung nichts Besseres einfiel als die Bemerkung: „Die Juden wollen halt rasch reich werden."

Ich sah meine Gäste vor mir, und diese Worte gingen mir nicht aus dem Kopf. Stellen Sie sich vor, man hätte Ihnen Haus, Hab und Gut weggenommen, sie mußten flüchten, und ein paar Jahre später, als das Unrechtsregime gestürzt ist, welches Ihnen das angetan hat, verweigert man Ihnen dennoch Ihr Recht. Mehr noch, man verweigert Ihnen die Anerkennung geschehenen Unrechts und wirft Ihnen dazu noch vor, weggegangen zu sein. Darüber komme ich nicht hinweg. Darüber nämlich, dass es so schwer sein soll, die richtigen Gesten und die richtigen Worte dafür zu finden.

Es geht doch nicht um Geld. Es geht um Haltung und Anerkennung. Insofern war meine Arbeit nichts anderes als eine politische Reaktion auf diese offiziellen Unterlassungen. Denn was immer in Sache Wiedergutmachung spät genug geschah, der Nationalfonds für die Opfer des Nationalsozialismus oder die Regelung für die Zwangsarbeiter, es geschah aus politischer Einsicht, aber auch ohne Liebe. Liebe kann Geld nicht ersetzen, abgesehen davon, daß immer noch täglich Leute sterben, die ihr Geld vom österreichischen Staat noch immer nicht bekommen haben.

Als ich 1998 die englische Übersetzung dieses Buchs in New York präsentierte, war das Leo-Baeck-Auditorium überfüllt. Fast ausschließlich mit emigrierten Österreicherinnen und Österreichern und mit deren Kindern und Kindeskindern. Sie stellten mir Fragen über Österreich und Wien, als wären Helmer und Figl noch Innenminister und Kanzler in Österreich. Ihr Bild dieses Landes hatte sich seit 1945 kaum gewandelt, und das war noch vor der Beteiligung der Partei

Jörg Haiders an der Regierung! Man ist sich hierzulande wenig bewußt, wie sehr es in diesen Fragen um verletzte Gefühle geht. Unter Außenminister Leopold Gratz brach nach dessen Besuch in einer New Yorker Synagoge bei einem Essen mit Rabbiner Hertzberg erst die Tatsache das Eis, dass unter Gratz als Bürgermeister das Jewish Welcome Service gegründet wurde und ich anwesend war, um das zu dokumentieren.

Während des Empfangs bei Fischer, während seiner Rede und ehrlich gesagt auch während meiner eigenen träumte ich meinen alten, neuen Traum. Wien als Stadt Hitlers, das war vorbei. Diesen Kampf hatte ich gewonnen. Die Demokratie funktioniert, es gibt eine starke jüdische Gemeinde in Wien. Das wäre mein neuer Traum: Wien als neue (nicht als alte) Hauptstadt eines neuen Mitteleuropa. Eine Stadt, die ihre Beziehungen zu den neuen und kommenden EU-Mitgliedsstaaten und zu allen anderen in Ostmitteleuropa unter besonderer Berücksichtigung ihrer jüdischen Geschichte pflegt. Eine Stadt, die in diesen Beziehungen den außerordentlichen Beitrag nicht unterschlägt, den die Juden zum Glanz der Reichshauptstadt leisteten, zu ihrer Moderne und zur Blüte ihrer Künste.

Ich kann es nur immer wieder sagen, das Epstein wäre dafür nicht nur ein idealer Ort, es wäre zugleich auch eine angemessene Geste. Epstein – das ist kein toter Stein, das ist Zeugnis für das lebendige Judentum und zugleich für all das Nichtgetane. Meine Idee, mein Traum ist, daß sich Wien als Hauptstadt der Geschichte Europas präsentiert. Die Geschichte dieses Kontinents ist eine Geschichte des Verbrechens und der Intoleranz. Aus meiner Erfahrung weiß ich, daß sich heute viele junge Menschen mit dem Holocaust beschäftigen, ohne Kenntnis von dem Weg zu haben, der zum Holocaust geführt hat. Auschwitz war nicht der Beginn, Auschwitz war das Ende. Ein „Haus der Toleranz", meine ich, würde Wien die einmalige Chance bieten, ein Projekt zu realisieren, das, mehr als jedes Denkmal, eine erzieherische und in die Zukunft weisende Funktion erfüllen könnte, ein Haus, das gleichermaßen Archiv, Bibliothek und Museum ist. Nationalratspräsident Andreas Kohl geht heute, 2005, mit viel Respekt vor der Geschichte des Palais Epstein an die Verwirklichung eines Projektes in diesem Haus heran.

In jenes Gefühl, diesen Menschen, die da in der Hofburg saßen, meist keineswegs reiche Juden, oft als arme Handwerker vertrieben, ein Stück Versöhnung mit meinem Wien ermöglicht zu haben, mischt sich ein anderes Gefühl. Ein Schuldgefühl. Es ist nie genug. Nie genug, was ich tue. Ich kann das Gefühl der Schuld nicht loswerden, überlebt zu haben. Deswegen kann ich auch trotz meines Alters nicht aufhören mit dem, was ich tue. Deswegen kann ich keine Einladungen annehmen, meinen Lebensabend in Florida zu verbringen. Ich muß weitermachen, egal, welche Hindernisse man mir in den Weg legt.

Als ich Anfang 1970 wieder in die USA reisen durfte, wurde ich von einer Cousine, der einzigen Überlebenden unserer Familie, nach New York City eingeladen. Ich sprach dort im Radio, und als ich ins Hotel zurückkehrte, wartete eine mir unbekannte Dame auf mich. Sie stellte sich als die Frau eines amerikanischen Armee-Rabbiners vor, eines Offiziers, der sich 1945 in Bad Ischl rührend um mich gekümmert hatte. Er riet mir damals, nach Wien zu gehen, vermittelte mir die Kontakte zum American Joint Service in der Währinger Straße. Jedenfalls kümmerte er sich nicht nur rührend um mich, er sprach auch davon, mich zu adoptieren.

Allerdings wurde er bald nach den USA zurückversetzt, und ich hörte nie mehr etwas von ihm. Nun stand seine Frau vor mir, fragte mich, ob ich jener Leon sei, von dem ihr Mann so viel erzählt habe. Sie gab mir ein Foto von mir, das erste, das nach meiner Befreiung aufgenommen wurde (es befindet sich auf dem Umschlag der amerikanischen Ausgabe dieses Buches und jetzt auch auf dem der Neuausgabe der deutschen Fassung), und erzählte mir, ihr Mann sei bald nach der

Heimkehr gestorben. Deshalb also hatte ich nichts mehr von ihm gehört, deshalb wurde nichts aus der Adoption.

Er hatte mich nicht mitnehmen können, ich war ja lungenkrank. Geh nach Wien und lerne, sagte er zu mir. Als seine Frau vor mir stand, wurde mir klar, daß dieser Mann, der dann nicht mein Adoptivvater wurde, weil er zu früh starb, über mein weiteres Schicksal entschieden hat! Wien wurde meine Stadt. Wien, die Stadt, in die ich verliebt bin. Wien, die Stadt, an der ich leide, weil ich sie mit den Augen der Zurückgekehrten sehe, die ich eingeladen habe und mit denen ich mich doch über das ersehnte Wiedersehen freue.

„Was habt ihr aus der Kärntner Straße gemacht?" rief eine entsetzte alte Jüdin, die noch den Ringstraßenkorso vor Augen hatte und nun die Fußgängerzone sah. Ein anderer alter Jude, Sozialdemokrat, brachte seine beiden Enkelsöhne mit, führte sie schnurstracks zum Karl-Marx-Hof und hielt ihnen einen Vortrag über die Errungenschaften der Sozialdemokratie und über 1934. Eine alte Dame begann in der Josefstadt zu weinen, als der Vorhang hochging. Da war sie doch immer mit ihrer Mutter gewesen.

Ich könnte stundenlang solche Geschichten erzählen, stundenlang von Freude und Schmerz des Wiedersehens reden. Von jener alten Dame, die zu einer Jause mit Helmut Zilk nicht erschien, sodaß die ganze Gruppe warten mußte. Schließlich hörten wir, sie sitze auf einer Bank im Rathauspark. Zilk und ich gingen hinunter, um sie zu holen. Sie erklärte, auf dieser Bank habe sie unter den Nazis nicht sitzen dürfen, und sie habe sich geschworen, wenn sie je zurückkehre, werde sie so lange auf dieser Bank sitzen bleiben, wie sie wolle. Aber daß sie der Bürgermeister persönlich holen kam, das hat sie doch zu Tränen gerührt.

Eine andere Dame wollte unbedingt im Hotel Imperial wohnen. Wir hatten andere, ebenfalls sehr anständige Unterkünfte vorgesehen, aber in diesem Fall mußten wir eine Ausnahme machen. Die Dame, Tochter eines Anwalts, hatte nämlich hinter dem Imperial gewohnt. Ihre Freundin hatte sie noch 1938 auf den Heldenplatz mitgenommen, um Hitler zu begrüßen. Zu diesem Zeitpunkt hatte sie nicht einmal gewußt, daß sie Jüdin war. Sie erfuhr es schnell genug. Ich sprach mit der Direktion im Imperial, und sie erhielt jenes Zimmer, in dem einst Hitlers Adjutant gewohnt hatte. Kaum war sie drin, riß sie das Fenster zum Ring auf und rief, so laut sie konnte: „I am here!"

Ich kann nicht anders, als zu sagen: Wir sind es diesen Menschen schuldig, wenigstens diese eine Geste zu setzen. Ihre Vorfahren haben die Ringstraße erbaut, wir sollten ihnen an der Ringstraße ein Denkmal setzen. Vor allem aber kann ich nicht aufhören, sie hierher einzuladen. Wenn sie kommen, bin ich glücklich, sie begrüßen zu können, wenn sie gehen, habe ich das Gefühl, meine Familie geht. So ging ich hinaus aus der Hofburg, um eine Anerkennung der Republik reicher, froh über einen Bundespräsidenten, der seine Rolle für die Republik erfüllt, aber vor allem stolz auf die Beziehung, die ich immer wieder zwischen meiner Stadt und meinen Leuten in aller Welt herstellen darf und herstellen muß.

Nachwort des Chronisten

Das vorliegende Buch entstand 1994 nach mehreren auf Tonband festgehaltenen Gesprächen. Insgesamt sprach ich 24 Stunden lang mit Leon Zelman. Das war nicht immer leicht, denn die Erinnerung war stark und überwältigte ihn bisweilen so, daß er nicht vermochte, weiterzusprechen. Auch gibt es bei aller journalistischen Neugier Grenzen, an denen man nicht mehr fragt, an denen ich weder weiter fragen wollte noch fragen konnte. Wir beide fanden es erleichternd, diese Gespräche nicht in seiner Wohnung oder in seinem Büro zu führen, sondern in neutralem Ambiente: im Café Gerstner, das mittlerweile selbst Geschichte geworden ist, wie man sagt. Es hat zugesperrt.

Mir ist bewußt, wie prekär es ist, ein Erinnerungsbuch dieser Art zu schreiben. Nicht wegen jener Polemik, die neuerdings gegen „Geschichtspolitik" oder „Erinnerungspolitik" laut wird. Sondern der Schwierigkeiten wegen, die es mit sich bringt, wenn man „jemandem seine Stimme leiht". Es ist nicht einfach, Dinge aufzuzeichnen, die man nicht aufzuzeichnen vermag. Wenn Sätze fallen wie: „Die Toten waren zu unseren Lebensbegleitern geworden. Und wir mußten lernen, daß das Leben nichts bedeutet", kann man das aufschreiben. Aber man kann nicht wissen, was sie bedeuten. Und wie schreibt man die Erinnerungen eines, der von sich sagt, er habe seine Erinnerung töten müssen, um leben zu können? Als Ghostwriter, als Geisterschreiber zeichnet man es auf. Die Schwierigkeiten des Erinnerns, die Scham beim Fragen, die Fragen beim Schreiben – kann man sie verschwinden lassen in einem Text?

Zumindest die Frage sollte man sich gestellt haben. Den Vorwurf der „Geschichtspolitik" kann man mit dem einfachen Hinweis auf den Historiker Christian Meier entkräften, auf den sie sich bezieht, meist ohne ihn zu zitieren. Meiers zentrales Argument lautet, daß bei der überwiegenden Mehrzahl aller historischen Friedensschlüsse die Verpflichtung inkludiert war, das Vergangene vergangen sein und Amnesie walten zu lassen. Folgenschwere Ausnahme: der Friedensschluß nach dem Ersten Weltkrieg, mit den bekannten Folgen. In Meiers Plädoyer für das Vergessen findet sich jedoch folgende Passage: „Wenn sich aber, zumal für Juden und Deutsche (obzwar auf total divergierende Weise), die Erinnerung an Auschwitz geradezu aufdrängt, so bedeutet das zugleich, daß es sinnlos ist, zu versuchen, ihr durch irgendein Hintertürchen zu entkommen respektive sie zu manipulieren. In diesem Fall ist es einfach nicht möglich, daß vergessen wird, sondern es gilt, die Erinnerung wachzuhalten. Man muß sich ihr stellen, muß (stets von Neuem) lernen, aufmerksam und würdig mit ihr umzugehen, auch wenn das, vor allem für die Deutschen, äußerst schwierig ist. Wir geraten damit immer wieder in eine Aporie: Erinnerung muß sein, angemessene Erinnerung aber ist unmöglich. Und, um das hier anzufügen, es ist schon viel bewirkt, wenn man sich diese Aporie allgemein bewußt macht.“ Darin sehe ich, neben dem Respekt vor dem Schicksal und der Lebensleistung des Menschen Leon Zelman, den Sinn dieses Buches. Darum habe ich es aufgeschrieben.

Wien, Dezember 2004 *Armin Thurnher*

1928	geboren in Szczekociny/Polen
1939	Tod des Vaters, Flucht nach Lodz
1940	Überstellung ins Ghetto von Lodz
1942	Tod der Mutter
1944	Überstellung nach Auschwitz, später Falkenberg
1945	Tod des Bruders, Überstellung nach Wolfsberg (bei Groß-Rosen), Mauthausen, Ebensee
1945–1946	Spitals- und Regenerationsaufenthalt in Bad Ischl und Bad Goisern
1946	Ankunft in Wien, Besuch der Maturaschule
1949	Abschluß der Matura und Beginn des Publizistikstudiums
1949–1952	Sozialreferent der Vereinigung Jüdischer Hochschüler
1951	Mitbegründer der Zeitschrift „Das Jüdische Echo“
1953–1959	Präsident der Vereinigung Jüdischer Hochschüler
1954	Doktorat der Publizistik
1963	Leitung des Reisebüros City
1979	Verleihung des Silbernen Ehrenzeichens der Stadt Wien
1980	Gründung des Jewish Welcome Service
1984	Ausstellung „Die versunkene Welt“
1985	Zuerkennung des Berufstitels Professor
1986	„Willkommen in Wien“ – Aktion für Jugendreisegruppen aus Israel und USA nach Wien; später auch für 1938 vertriebene Österreicher
1992	Preis der Karl-Renner-Stiftung
1994	Goldenes Ehrenzeichen der Stadt Wien
1995	Eröffnung der Leon-Zelman-Halle im Rehavia-Gymnasium Jerusalem

Folgende Bücher wurden verwendet, um die Erinnerungen Leon Zelmans zu stützen, anzuregen oder mit Daten zu ergänzen

Brigitte Bailer: Wiedergutmachung kein Thema. Österreich und die Opfer des Nationalsozialismus. Löcker Verlag, Wien 1993

Ruth Beckermann: Unzugehörig. Österreicher und Juden nach 1945. Löcker Verlag, Wien 1989

Hans Buchheim, Martin Broszat, Hans-Adolf Jacobsen und Helmut Krausnick: Anatomie des SS-Staates. dtv, München 1994[6]

Adolf Diamant: Getto Litzmannstadt. Bilanz eines nationalsozialistischen Verbrechens. Eigenverlag, Frankfurt am Main 1986

Debórah Dwork: Kinder mit dem gelben Stern. Europa 1933–1945. C. H. Beck, München 1994

Ray Eichenbaum: Romeks Wanderungen (Odyssee). Unveröffentliches Manuskript

Helga Embacher: Juden in Österreich nach 1945. Zur Rekonstruktion individueller und kollektiver Identitäten. Phil. Diss., Salzburg 1993

Florian Freund: Arbeitslager Zement. Das Konzentrationslager Ebensee und die Raketenrüstung. Verlag für Gesellschaftskritik, Wien 1991[2]

Gideon Greif: Wir weinten tränenlos. Augenzeugenberichte der jüdischen „Sonderkommandos" in Auschwitz. Böhlau, Köln 1995

Raul Hilberg: Die Vernichtung der europäischen Juden. Fischer Verlag, Frankfurt am Main 1990

Robert Knight: Ich bin dafür, die Sache in die Länge zu ziehen. Die Wortprotokolle der österreichischen Bundesregierung von 1945 bis 1952 über die Entschädigung der Juden. Athenäum, Frankfurt am Main 1988

Bruno Kreisky: Zwischen den Zeiten. Erinnerungen aus fünf Jahrzehnten. Siedler Verlag, Berlin 1988

Hermann Langbein: Menschen in Auschwitz. Europa Verlag, Wien 1972

Primo Levi: Ist das ein Mensch? Ein autobiographischer Bericht. dtv, München 1993[2]

Peter Pelinka, Gerhard Steger (Herausgeber): Auf dem Weg zur Staatspartei. Zu Geschichte und Politik der SPÖ seit 1945. Verlag für Gesellschaftskritik, Wien 1988

Oskar Rosenfeld: Wozu noch Welt. Aufzeichnungen aus dem Getto Lodz. Neue Kritik, Frankfurt am Main 1994

Hans Safrian: Amnestie durch Amnesie. In: Denn sie töten den Geist nicht, ihr Brüder. Festschrift für Richard Berczeller, herausgegeben von Joachim Riedl. Kulturverlag, Wien – St. Johann im Pongau 1992

Friedrich Stadler (Herausgeber): Kontinuität und Bruch 1938–1945–1955. Beiträge zur österreichischen Kultur- und Wissenschaftsgeschichte. J & V, Wien – München 1988

Mark Zborowski, Elisabeth Herzog: Das Schtetl. Die untergegangene Welt der osteuropäischen Juden. C. H. Beck, München 1992[3]

Das Jüdische Echo, Zeitschrift für Kultur und Politik, Wien 1951 ff.

INHALT